DEPOIS DE SER
PRINCESA

Jacqueline Pascarl

DEPOIS DE SER
PRINCESA

A luta de uma mãe para reencontrar seus filhos

Tradução
Débora Guimarães Isidoro

BestSeller

CIP-BRASIL. CATALOGAÇÃO-NA-FONTE
SINDICATO NACIONAL DOS EDITORES DE LIVROS, RJ.

Pascarl, Jacqueline, 1963-

P281d   Depois de ser princesa: a luta de uma mãe para reencontrar seus filhos / Jacqueline Pascarl; tradução: Débora Guimarães Isidoro. – Rio de Janeiro: Best*Seller*, 2010.

Tradução de: Since I was a princess
ISBN 978-85-7684-223-1

1. Pascarl, Jacqueline, 1963-. 2. Sequestro pelos pais – Malásia. 3. Mães de crianças sequestradas – Austrália – Biografia. 4. Guarda de menores. I. Título.

09-6412.   CDD: 920.9306893
                                      CDU: 929:-055.2-058.836

Texto revisado segundo o novo Acordo Ortográfico da Língua Portuguesa.

Título original norte-americano
SINCE I WAS A PRINCESS

Capa: Folio Design
Editoração eletrônica: Abreu's System

Direitos exclusivos de publicação em língua portuguesa para o Brasil
adquiridos pela
EDITORA BEST SELLER LTDA.
Rua Argentina, 171, São Cristóvão
Rio de Janeiro, RJ – 20921-380
que se reserva a propriedade literária desta tradução.

Impresso no Brasil

ISBN 978-85-7684-223-1

Seja um leitor preferencial Record.
Cadastre-se e receba informações sobre nossos lançamentos e nossas promoções.

Atendimento e venda direta ao leitor
mdireto@record.com.br ou (21) 2585-2002

Para meus quatro fabulosos, únicos e fascinantes filhos. Saibam que, aonde quer que a jornada da vida os leve, eu os guardarei com amor e orgulho em meu coração. Nunca desistam do que sabem ser justo e verdadeiro ou daqueles que amam e respeitam.

Agradecimentos

Ao longo dos anos tive a sorte de conquistar um incrível círculo de amizades sem as quais este livro nunca teria sido possível. Durante os anos em que meus filhos Iddin e Shah foram mantidos longe de mim, meus amigos foram a força que me manteve de pé. É por eles que professo minha mais profunda e sincera gratidão e meu amor.

Além disso, meu amor e minha gratidão vão também para meus filhos mais velhos, Shahirah e Iddin, por terem confiado em meu amor por eles e em nossas memórias, e por terem dado esse salto de fé. Verity, você é meu raio de sol, minha menina-milagre, e tem sido muito paciente, permitindo que eu escrevesse este novo livro, e agradeço a você com muito amor e muitos apertos. Lysander, embora não tenha nem 4 anos ainda há em você a sabedoria de um homem idoso, uma sabedoria que cintila em seus olhos, e eu o amo muito. Bill, a luz no fim do túnel; você detesta tanto qualquer tipo de publicidade que não posso dar mais detalhes. HBMMGSLA — obrigada!

Sem uma ordem específica, cada um de vocês esteve nessa árdua jornada comigo: Sue MacArthur, Deb Gribble, tia Connie e tio Kevin Coverdale, Gavin McDougall, Dean White, Heather Brown Sally Nicholes, Mike Fudge, Barry Goodman, Patsy Heymans, Judith Curran, Chris "Geeb" Allen, Sarah Beard, Andrew e Caroline Blackman, Charles Tapp, Dawn e Martin Bradley, Jane Allen (agora McLean) e Jason McLean, Valerie Hardy, Maria Balinska e John Udorovic (que sempre disse que o sol voltaria a brilhar).

Agradecimentos especiais à minha extraordinária amiga e agente literária, Deborah Callaghan, por ter cantado *eu acho que posso, eu acho que posso* durante meu período de insanidade doméstica.

Reconhecimento e gratidão a James Fraser, Sonny Mehta, srta. Jackie Collins, Tracey Chapman, John Judge, Shakira Caine, Steven Candries, tio Eric Waller, Richard e Joanne Waller, Ingrid Butters, Sonia Patterson, Anthony Blair, Martin Grant, Jocelyn Mitchell, Drewe Balmain, Jane Hill, Sophie Daou e Neil Milne. Minha gratidão a Rove McManus, por ter me permitido ouvir a música de Belinda Emmett, que me motivou e me lembrou de ser franca e menos que perfeita. Nossa querida Marianne "Mim" Henneveldt, que ajudou a entreter Lysander enquanto eu escrevia a maior parte deste livro, e Elizabeth Lew por seus 16 anos de "respaldo". Rob e Janine Goldstein, Lyn e Harold Jossel e todo nosso clã, quando os tempos pediram, vocês foram minha equipe sul-africana de apoio.

Algumas de minhas fotos preferidas estão reproduzidas neste livro, tiradas pelos talentosos Tod Stoddart, Luke Hardy e Jeffrey Sales; obrigada a todos por terem "extraído meus dentes" sem dor.

Obrigada pelo maravilhoso apoio e pelo compromisso incondicional de Fiona Brownlee e Bill Campbell, da Mainstream Publishing, e pelo brilhante trabalho de Deborah Warner, minha editora.

Meu reconhecimento ao pessoal da Care International, antigo e atual: Anthony Blair, Chloe Bayram, Stephen Gwynne-Vaughan, Guy Toussignant e Geoffrey Dennis.

Às pessoas que tive o privilégio de conhecer por meio do trabalho na área de ajuda humanitária, dos meus livros e das minhas viagens, tenho com vocês uma dívida que jamais poderei pagar. Vocês me permitiram ouvir seus pensamentos e gravar suas histórias, lembrando a meus leitores que a vida é muito maior e mais ampla que a sala de estar de nossa casa e a tela da tevê que brilha em um canto.

Minha sincera gratidão também para aquelas pessoas que desejaram o bem de minha família e se preocuparam conosco, torcendo por um desfecho favorável para essa experiência tenebrosa. A bondade de vocês me tocou e me fez seguir em frente.

Obrigada, *merci, danku, hvala, tack, grazie, thank you, danke, assanti-sana, pakka per fyrir, falemnderit.*

Nota da Autora

Ser princesa é um estado de espírito, não um estado de graça real. Toda criança viva no planeta tem direito à infância e a ocupar um lugar de príncipe ou princesa no coração de alguém. Proteção dos pais, nutrição, inocência e autoestima contribuem em grande medida para as expectativas, a autoimagem e a noção de lugar no mundo de um indivíduo jovem — e sem esses fatores todos temos a possibilidade de naufragar.

"Viva sempre com esperança..."

Maio de 1999

O lamento penetrou minhas entranhas e viajou até aquela região logo acima dos seios, onde dor e empatia residiam bem próximas.

Antes mesmo de perceber isso, reconheci o grito como o som que representa grande perda e dor. Eu conhecia bem sua origem, era íntima de sua ressonância e familiarizada com sua profundidade. Em meu passado, eu mesma havia produzido muitos daqueles gritos. Era um choro para o qual não havia resposta — nem ele esperava nada disso. Suas vibrações se espalharam por minhas têmporas e pela parte posterior do crânio, instalando-se, finalmente, como um grande nó no fundo de minha garganta. Enquanto caminhava com dificuldade pelo terreno rochoso do campo de refugiados, eu ia pensando em como era estranho e ao mesmo tempo confortante os sons da tragédia não diferirem entre os vários setores da humanidade.

Gritos agudos agora pontuavam os lamentos de dor, competindo com o repetitivo "tump, tump" emitido pelas hélices de um helicóptero blindado que passava pela área. A aeronave, provavelmente transportando mísseis, uma equipe de reconhecimento ou alguma outra carga da Otan, era visível apenas como uma presença enegrecida contra o céu da noite. Aquele pedaço de terra que a nave sobrevoava ficava espremido entre a zona de guerra de Kosovo e as luzes brilhantes da capital da Macedônia, Skopje, 30 quilômetros ao sul pela estrada escura. Nosso pequeno santuário, a apenas 11 minutos da fronteira da Macedônia, servia de minguado paraíso para 27 mil almas — mulheres, crianças e homens que haviam fugido do conflito armado em Kosovo e da perseguição incessante das forças militares da Sérvia.

Stenkovec II era um dos três maiores campos de refugiados e triagem na Macedônia, estabelecido sob a proteção do Alto Comissariado das Nações Unidas para os Refugiados (ACNUR) e administrado em bases diárias pela Care International — a agência global de desenvolvimento e ajuda humanitária. O campo era árido e vazio, localizado em uma área de gargantas profundas e penhascos altíssimos, interconectado por aberturas escavadas largas o suficiente para permitir a passagem de apenas um tanque. Uma pequena colina no centro proporcionava um ponto vantajoso, um local onde as crianças subiam durante o dia, e onde uma ação do Fundo das Nações Unidas para a Infância (Unicef) tentava construir alguma coisa parecida com uma escola e um jardim da infância. Antes território rochoso, utilizado até recentemente como depósito de armas e artilharia, o local era destituído de árvores, água corrente, eletricidade e saneamento básico.

A lua refletia no visor arranhado do meu relógio. Eram 3h25 da madrugada. Estávamos realizando a triagem e a recepção daqueles últimos ônibus de refugiados (ou "Indivíduos Internamente Deslocados", como insistiam em chamar os mais politicamente corretos entre nós) desde 1h da manhã. A contagem inicial indicava que cerca de oitocentas almas haviam sido distribuídas em seis ônibus, que normalmente deveriam transportar 55 passageiros cada um.

Seguindo o som do choro, passei por trás das grandes "tendas de cavalo" cáqui, assim chamadas, suponho, por terem sido doadas à ação por um regimento de cavalaria. Era ali que nossos recém-chegados seriam abrigados. Cada ser humano teria direito a um espaço de um metro de largura que teria de servir de dormitório, sala de estar e depósito para os bens pessoais que houvesse conseguido carregar nas costas, ou em sacolas plásticas, na fuga para a segurança. Dois metros entre as fileiras serviam de corredor central e passagem entre os dois lados de uma tenda. Esses eram os requisitos básicos da Organização Mundial de Saúde (OMS) e as diretrizes do ACNUR durante um período de emergência. Essa era a teoria, mas, na prática, quase uma centena de pessoas esgotadas dormiria naquela noite em uma tenda que deveria acomodar trinta, grudados em completos estranhos em meio a uma total escuridão. Essa era só uma das frustrantes realidades que enfrentávamos trabalhando com a ajuda: testemunhávamos a humanidade em sua mais baixa condição, forçada a agir como sardinhas.

Eu verificava cada tenda, tentando encontrar a mulher em prantos. A lanterna de mineiro em minha cabeça lançava sua luz sobre rostos assustados que olhavam para mim da escuridão. Havia soluços abafados em cada abrigo que visitei, sussurros, gemidos, e, algumas vezes, o choramingo de bebês e crianças, mas o som que eu procurava era diferente — tinha outra intensidade. Emaranhados de cordas e selvas de ganchos presos ao chão prejudicavam meu progresso. Tropecei, mas evitei a queda me segurando na cerca de arame que demarcava o perímetro de uma área, e foi como a encontrei.

Minha lanterna iluminou seus pés. Os sapatos eram velhos, gastos, mas de salto alto. Com os joelhos apertados contra o peito, ela estava sentada no chão e nem notou minha aproximação. A saia de gabardine marrom estava manchada, pude ver, e ela emitiu urros guturais enquanto batia repetidamente com a mão na testa. Testemunhar esse tipo de dor e ser capaz de identificá-la, olhando para dentro, é uma invasão indescritível. Mesmo agora, enquanto escrevo, meu peito se oprime, e meus olhos parecem querer saltar das órbitas pelo insight que a experiência promove.

Seu cabelo, curto, era castanho, com reflexos dourados, as mãos e as unhas estavam sujas e feridas. A blusa que ela vestia um dia fora branca — um uniforme de professora ou secretária, supus —, mas agora havia perdido alguns botões e exibia manchas que pareciam ser de sangue seco. Trinta e poucos anos, calculei, mais ou menos minha idade — jovem, mas já muito velha, pois toda normalidade foi pelos ares.

Agarrando seus punhos, eu a fiz abaixar os braços no mesmo instante em que ela jogou a cabeça para trás. Ela abriu a boca, deixou escapar um forte jato de ar e chorou, emitindo um lamento que brotava do fundo da garganta. Outra mulher emergia das sombras, uma avó, a julgar pela garotinha que se agarrava ao seu longo cardigã. Ela falou comigo em albanês uma profusão de palavras que não consegui entender. Tentei me comunicar com algumas palavras em bósnio, e notei na expressão dela certo ar de compreensão. A avó chamou um adolescente que assistia a tudo de longe, apoiado à parede da tenda.

Selma era o nome da mulher que chorava, de acordo com o menino que ia traduzindo as palavras da avó. Dois dias antes, em uma verificação realizada por paramilitares sérvios antes da travessia da fronteira, ela havia sido submetida a uma revista que examinava todas as partes do corpo. Os soldados encontraram um rolo de notas de dinheiro escondido nela. A punição por tentar contrabandear dinheiro para fora de Kosovo foi o assassinato de seu filho.

Aparentemente, ela estava de joelhos quando tentou impedir que os atacantes arrancassem o menino de 7 anos de seus braços. Um militar a agarrara pelo cabelo, enquanto outro havia puxado a criança pelos braços, encostado o cano da pistola na base de seu crânio e puxado o gatilho.

— Seus olhos, seus olhos — era o que eu agora entendia Selma soluçar enquanto a abraçava com força, segurando a cabeça dela contra meu ombro. A última imagem da criança aterrorizada ficara gravada em sua mente, marcando-a para sempre como uma mãe devastada por sua brutalidade.

Foi quando, pela primeira e última vez, desrespeitei a regra de ouro do trabalho de ajuda — nunca chorar na frente daqueles que ajudamos. Dane-se, eu estava chorando com ela, não por ela, e algumas das minhas lágrimas eram pela crueldade dos nossos companheiros seres humanos e pelas maldades de que são capazes.

❧

A incongruência da minha jornada até aquele ponto no tempo não era totalmente desconhecida por mim. Como eu havia ido parar no meio de tanta violência, pobreza, desespero e falta de perspectiva? Sempre considerei bizarro que uma australiana, mãe de dois filhos, se tivesse tornado o denominador comum entre um campo de refugiados aos pés dos Bálcãs, um projeto de literatura infantil entre os Maasai do Quênia, paramédicos franceses, costura parisiense, pesados coturnos militares, e um furor internacional em torno do rapto de crianças por seus pais.

Mas a verdade é que nada mais me surpreende muito. Uma vodca com gelo bebericada discretamente no bar privado na Câmara dos Lordes e uma caneca de café tomado de cócoras ao lado das caixas vazias de armas nucleares não são assim tão diferentes em termos de boa conversa ou companhia; e, além do mais, agora eu simplesmente aceito os caprichos da vida como uma progressão natural para algum ponto distante no futuro. Há anos eu tive de fazer uma escolha: calar meus sentimentos, as batidas do meu coração, meu potencial para sentir alegria e mergulhar no choro de tristeza e tormento desmedidos, ou decidir que sobreviveria e criaria uma vida nova para mim, valendo-me de todas as experiências negativas e canalizando-as numa única e obstinada força positiva, seguindo na direção que ela me levasse. Essa foi simplesmente a decisão mais importante que tomei desde que fui uma princesa.

Capítulo 1

O que uma mulher legal como você...

Era uma compulsão desastrosa e perigosa, da qual eu soube que me arrependeria assim que minhas mãos trêmulas pescaram no fundo da bolsa o pequeno álbum de fotos de família. As imagens me levavam numa montanha-russa de emoções. Elas riam, zombavam de mim com sua simplicidade e felicidade e me faziam lembrar de uma vida que não era mais minha, de filhos que eu não podia mais abraçar, de um tempo passado. O pequeno álbum em minhas mãos era meu talismã particular de determinação, meu futuro e meu passado. Eu não poderia dormir, mas a lembrança do que eu tivera um dia, da sanidade que havia conhecido, valia o sacrifício.

Fiquei deitada, quieta em minha cama, observando a luminosidade ocasional de um helicóptero passar pela janela, enquanto esperava o amanhecer chegar para me resgatar dos pensamentos indesejados. Refleti sobre como os anos que se seguem a uma tragédia podem passar num piscar de olhos, e como a dor torturante e prolongada de uma amputação não cicatrizou.

Tudo depende do estado de espírito da pessoa que conta os minutos. Para mim, essa experiência do tempo passou por duas dimensões, dependendo dos meus relacionamentos, do ambiente e das minhas atividades. Perder meus dois filhos me devastou e me estimulou nos mais imprevisíveis níveis de dor e sobrevivência. Pessoalmente, passei a entender que a mente humana se lembra de momentos ou dias, mas a principal impressão psicológica é aquela das emoções e dos marcos — perdidos e destruídos.

As decisões que tomei aos 17 anos de idade, quando me entreguei a um estudante de arquitetura estrangeiro e aparentemente bem-educado e gentil que frequentava a *alma mater* do Príncipe Charles, Geelong Grammar, provocaram consequências que atingiram a mim e aos meus filhos décadas mais tarde.

O rapaz quieto que conheci e por quem me apaixonei era o clichê do galã alto, forte, moreno e bonito; ele também era neto do falecido Sultão de Terengganu e Príncipe Real por herança. Vejo agora por que Bahrin se sentiu atraído por mim. Ele já havia sido casado (e se divorciara) de uma estudante da mesma idade, que o deixara para viver com um jardineiro australiano. Em mim, uma adolescente traumatizada por um lar desestruturado e que só queria uma família para amar, ele encontrou a jovem que poderia moldar e transformar no tipo de princesa que queria. Nova com relação à genealogia, sem pais que pudessem interferir, eterna forasteira na Austrália em razão da minha origem racial miscigenada (australiana nascida de descendentes de franceses, irlandeses, ingleses e chineses), sonhava me sentir ajustada, e era isso o que ele oferecia: completa aceitação pelo islã e um lugar assegurado em sua família.

Começamos uma estranha vida conjugal no seio da família de Bahrin, um ramo da realeza malaia em Terengganu, uma rica propriedade onde os membros da monarquia se beneficiam de suas reservas de gás, petróleo e minério, bem como da madeira da floresta tropical. Eu era uma procriadora, e ele apostou que minha linhagem melhoraria a dele. A diferença de dez anos entre sua idade e a minha não parecia importante na época da nossa união, mas, como em muitos contos de fada, o casamento se desgastou rapidamente quando nossas diferenças culturais ficaram aparentes. Eu me opus às relações extraconjugais e às agressões físicas, e ele não gostou das minhas objeções. Outro problema foi que, quando me tornei mãe, mesmo sendo uma adolescente, minha maleabilidade desapareceu, dando lugar a um cérebro — muito ocidentalizado — que fez ferver o sangue azul de meu marido.

Meu príncipe de outrora ia se tornando cada vez mais agressivo, mas a gota d'água naquele balde de amargura foi seu casamento poligâmico com uma cantora de boate poucas semanas depois do nascimento do nosso caçula. Logo depois disso as crianças e eu voltamos para Melbourne, minha cidade natal.

Após uma prolongada batalha jurídica na vara de família australiana sobre o fórum adequado para o julgamento (o príncipe queria que eu fosse extraditada de meu país para ser julgada por uma corte síria islâmica na Malásia), Bahrin me entregou voluntariamente a custódia integral de nossos filhos, o que me permitiu começar uma nova vida com as crianças na Austrália.

Ao contrário do que noticiou a mídia na época, o príncipe não enfrentou restrições legais ou emocionais e teve acesso, embora condicionado, às crianças.

Iddin e Shahirah foram morar comigo na Austrália quando tinham 2 anos e 5 meses, respectivamente. Éramos felizes e independentes, um contraste acentuado em relação à vida turbulenta que eu levava na casa real islâmica. Nos primeiros anos depois do divórcio, trabalhei como garçonete, datilógrafa, professora de balé e consultora de relações públicas, sempre equilibrando os papéis de mãe e provedora, dando prioridade às crianças e ao tempo que passava com elas. O dinheiro era pouco, mas nós vivíamos felizes, em uma casa muito antiga, que reformei com minhas próprias mãos.

Havia, então, na vida de meus filhos algo que só posso descrever como leveza. Eles eram radiantes, alegres e risonhos. Lembro-me de subir no velho pé de damascos do jardim com eles, de me balançar nos galhos, de fazer piqueniques no parque. Suponho que, naquela época, crescíamos todos juntos, uma vez que eu tinha apenas 22 anos e estava sozinha com meus filhos. Havia tardes barulhentas em que rolávamos literalmente na lama e praticávamos mergulho na banheira, ou transformávamos caixas de cereal em chapéus e naves espaciais. Mas, acima de tudo, estávamos juntos, e por mais modesto que fosse o meu rendimento, meus filhos nunca foram privados de alimentos ou cuidados na higiene, e havia sempre muito amor e carinho. Acho que é disso, mesmo depois de todos os anos de separação de Iddin e Shah, que sinto mais falta — os abraços afetuosos; o instinto primal e arrebatador de aspirar suavemente o cheiro de seus filhos quando eles se aninham em seus braços e o conhecimento de que as batidas do coração que você sente pressionado contra seu peito começaram dentro de seu corpo.

Iddin e Shahirah tinham 7 e 5 anos quando me casei novamente, em 1990, cinco anos depois de ter deixado o pai deles. Iain Gillespie era riso e leveza comparado ao meu passado, a própria essência do Peter Pan que eu perdera na infância. Ele era pai de adolescentes e trabalhava como jornalista e produtor de documentários. Nossos filhos se apaixonaram e nós vivíamos felizes em uma movimentada casa, em um bairro arborizado no subúrbio de Melbourne. Passeios de bicicleta, finais de semana na fazenda da família de Iain, jantares barulhentos e um frenesi de atividade doméstica; enfim, tudo que se podia esperar de uma casa onde moravam cinco crianças e ainda havia sempre um amigo para dormir. Talvez fôssemos radiantes e complacentes demais em nossa domesticidade, porque, quando a guilhotina da abdução desceu, arrancou o coração da nossa família, removendo dela seus dois membros mais jovens.

Ainda lembro bem o grande vácuo, o vazio e o choque, aquele ponto em que dor emocional e estresse físico colidem, e tudo que o corpo pode fazer é vomitar incontrolavelmente e tremer sob espasmos de dor e saudade. Tudo isso se desenrolou por meses seguidos, sob o olhar atento da mídia, e com todo o drama característico de programa de crimes para a tevê, porque a participação da realeza e meu papel na televisão e no rádio como repórter e apresentadora eram como sangue fresco para tubarões. Havia sempre um frenesi voraz enquanto eu explorava todos os meios possíveis na esperança de localizar meus filhos, primeiro em território australiano e, mais tarde, provocando um furor político suficiente para obrigar o governo a fazer alguma coisa para tentar recuperar Shah e Iddin na Malásia. Meus filhos tinham dupla nacionalidade na época em que foram raptados. Ambos tinham cidadania australiana e malaia porque nasceram em Terengganu e foram registrados por mim e por meu marido na missão diplomática local como cidadãos australianos.

Eu acompanhava petições, pressionava parlamentares, abordava membros da oposição, telefonava no meio da noite para líderes da União e ex-primeiros-ministros; pessoas que, ou se comportavam como um bando de cretinos ao ouvir meu pedido de ajuda, ou me atendiam no meio da noite e ofereciam conselhos sensatos. E havia sempre os jornais e outros veículos da mídia — no início, sempre presentes e, no final, perversos na constante busca por um novo ângulo, até decidirem que eu era muito nervosa e se voltarem contra mim por um ou dois pontos a mais na audiência. Nossa família se tornou alimento constante para a voracidade dos jornais, mas eu entendia que boa parte daquilo era necessária para nossa luta.

Eu era incentivada a seguir em frente, a exibir a face mais atraente possível para o público, de maneira que conquistasse a solidariedade e o apoio de que necessitávamos para enfrentar os desafios políticos e internacionais com que eu me deparava na luta por meus filhos. Em alguns dias, eu me odiava quando olhava para o espelho e aplicava a maquiagem que escondia as olheiras, escovava os dentes e os cabelos, que caíam em mechas (eu desenvolvera uma feroz alopecia), antes de enfrentar outro redemoinho da mídia.

— Meu bem, mulheres bonitas conquistam mais solidariedade que as feias —, Iain me disse algumas vezes. O público não queria ver uma mulher privada de sono e quase suicida em suas telas todas as noites, e eu precisava apelar para todos os homens e todas as mulheres, e me odiava por ser tão calculista, quando o que realmente queria fazer era ficar de pijama, chorando por meus bebês perdidos. O desespero nos leva por muitos caminhos e transforma em melhores amigos os mais estranhos conhecidos. Fama, notoriedade e celebridade reúnem e atraem os mais estranhos acólitos, até a direção que você pretendia seguir ser só a mais vaga das lembranças.

Mas a dor e a saudade dos filhos contam outra história. Você aprende a preservar a aparência, a assegurar o conforto externo, a não desmoronar, para não incomodá-los com sua dor. Mas a dor continua ali, o sofrimento é uma presença constante, e estava comigo enquanto eu permanecia deitada em minha cama na distante Macedônia. Era como se eu houvesse perdido um enorme pedaço de minha alma, e essa fração perdida tivesse sido substituída por uma membrana gigantesca que reverberava com o sussurro de cada palavra capaz de me fazer lembrar os filhos que perdi.

O luto prosseguia, eu chorava pelo que poderia ter sido e pelos momentos perdidos, vivia o luto de tudo que deixara de testemunhar na vida de meus filhos, dos segredos da infância que jamais conheceria. Chorava a oportunidade perdida de nutrir e orientar, e lamentava até as meias fedidas e os quartos desarrumados da adolescência que eu jamais veria.

A morte rouba da mãe todo o futuro e esmaga seus sonhos; um rapto tortura os pais com o vazio do futuro, e com todo o potencial que nunca será testemunhado em seu desenvolvimento.

A vida nos anos anteriores a esse ponto em que me via no meio de um conflito armado na antiga Iugoslávia fora um território não regulamentado onde eu me movera sem bússola e sem planos, mas, pensando nisso agora, percebi quão longe a jornada me levara.

Quando interrogada por estranhos sobre meu passado, eu contava de maneira resumida a espinhosa história da família, quase como um desafio.

— No dia 9 de julho de 1992, meus dois filhos, Iddin e Shah, foram raptados e nunca mais os vi ou falei com eles desde então.

Capítulo 2

A vida se arrasta adiante

Desde o dia em que meus filhos foram sequestrados por meu ex-marido, Bahrin, eu tentava desesperadamente recuperá-los. Mas o governo trabalhista australiano negociava um tratado de defesa com a Malásia — usar uma base da força aérea em Butterworth, na ilha de Penang — e Iddin e Shahirah vinham sendo sacrificados no altar da diplomacia estratégica e do treinamento de defesa.

Fui acusada de usar a mídia para promover essa causa e não pediria desculpas por isso. Decidi continuar em evidência na mídia, e em qualquer outra via que eu pudesse identificar, sempre me apegando a uma pequenina gota de esperança de que talvez as notícias de minha luta contínua chegassem a Iddin e Shahirah em sua existência enclausurada na Malásia, de forma que eles soubessem o quanto eu os amava e que jamais desistiria de lutar para tê-los de volta.

Minha experiência com a mídia e os conhecimentos do meu círculo mais próximo acabaram apontando para essa via. Se fosse médica, alguém ia esperar que eu ficasse parada depois de um acidente que deixasse meu filho ferido, que não prestasse os primeiros-socorros, que ficasse esperando passivamente pela chegada de uma ambulância? Usei o único conhecimento que tinha para ajudar meus filhos.

Eventualmente, chegaria o momento de dar voz também a outras crianças e outros pais — também usando esses conhecimentos da mídia.

✤

Fugir da dor e da confusão causadas pelo rapto de Iddin e Shahirah não estava entre as minhas alternativas. Eu podia tentar entorpecer a dor por fugazes nanossegundos de alívio, mas o vazio em minha existência não podia ser preenchido. Ele permeava cada elemento da minha existência. Nas intimidades com meu marido, Iain, meu pensamento vagueava, e debochava de mim quando eu realizava as tarefas mais rotineiras. Usar a máquina de lavar era como uma bofetada no rosto: a ausência das roupas das crianças dizia que a vida devia parar. Mas isso não ocorria, por mais que eu tentasse arrancá-la de mim. A vida e as tarefas diárias e mundanas eram como uma traição e um divórcio do sofrimento e da confusão que meus filhos, eu sabia, experimentavam.

Eles estavam perplexos e amedrontados? Tentavam confortar um ao outro? Choravam até dormir todas as noites? Quando o governo australiano divulgou que as crianças estavam na Indonésia, viajando para a Malásia, movi céus e terras, mobilizando uma infinidade de advogados de várias ilhas indonésias numa tentativa de impedir legalmente a jornada de meu ex-marido pelo arquipélago, mas meus esforços foram inúteis e particularmente prejudicados pela intratabilidade do meu governo quando os poderosos e influentes se recusavam a determinar a exata localização das crianças, ainda que os serviços de inteligência e o Ministério do Exterior já o tivessem feito.

Para ser bem honesta, se for mergulhar fundo nos mais sombrios e dolorosos elementos da autoanálise, devo admitir que comecei a afundar numa realidade em que um distanciamento das fases familiares da vida se equiparava à total solidão, mesmo estando cercada por várias pessoas. Minha lista de compras agora não continha mais lembretes como "comprar cereal" ou "pegar Vicky para Iddin", e eu ansiava pelo mundano. Incapaz de manter a normalidade dos relacionamentos dentro do contexto da família perdida, comecei a redefinir limites, a recontextualizar o formato das minhas intimidades. Partes de mim endureceram como uvas murchando em uma parreira maternal. Outras partes começaram a despertar sob a pressão da invisível faixa de cobre cercando meu peito e comprimindo minha capacidade de ser quem eu fora em outra vida, me incapacitando de fazer qualquer movimento. Mesmo assim, era uma restrição que me permitia crescer, porém, apenas na direção por ela escolhida, e esse caminho me compelia a procurar outros pais que vivenciaram isolamento e dor semelhantes aos meus.

Eu sentia que o conhecimento me armaria e sustentaria, e a fonte desse conhecimento devia ser, de acordo com meu raciocínio, essa gente — outros pais de crianças raptadas.

Com uma sabedoria resignada, muito incomum em minha personalidade naqueles dias, e depois de certa insistência de uma amiga muito sensata, Marie Mohr, percebi que era hora de conversar com um profissional que pudesse me ajudar com o poço aparentemente sem fundo de dor em que eu mergulhara. Instintivamente, eu começara a perceber que também precisava de ajuda para "envelhecer" em minha mente meus filhos roubados, aceitar a passagem do tempo e compreender melhor as manifestações dos traumas que eles deviam estar sofrendo. Se queria cumprir meu papel de mãe no futuro, precisava entender as fases de seu desenvolvimento.

Mas, principalmente, eu estava à beira de um colapso emocional, me distendendo de tal forma que minhas terminações nervosas deviam estar visíveis. Ao mesmo tempo, eu escrevia meu primeiro livro, *Era uma vez uma princesa*, lidando com as dificuldades de pesquisar e providenciar uma filmagem multinacional, e levando a vida num ritmo frenético. Eu fazia tudo o que podia, me ocupava constantemente para não ter um único momento livre para pensar e poder cair na cama à noite completamente exausta. Também era cada vez mais difícil ignorar as fissuras em meu casamento: espaçadas e aleatórias, as rachaduras começavam a lembrar a estrutura de um edifício devastado por um terremoto. Forças (algumas delas fabricadas para poder sobreviver depois do rapto) me empurravam para um patamar onde, eu sentia, jamais poderia chegar sem tomar uma atitude definitiva.

Por causa do abuso sexual sofrido na infância nas mãos de minha mãe e de meu padrasto e de suas subsequentes maquinações, eu evitava ao máximo exibir minha angústia além do estritamente necessário. Porém, quando comecei a ter as duas sessões semanais com a dra. Julie Jones, consegui enxergar melhor a vida e esboçar como eu queria estar quando chegasse ao meu destino, o dia em que pudesse abraçar meus filhos novamente.

A liberdade de expressar minhas emoções com Julie, livre de restrições sociais, era como água para um homem sedento no deserto. Finalmente livre das delicadezas sociais que haviam permeado todas as minhas conversas desde o sequestro de meus filhos, era um alívio poder dissecar os tormentos associados ao sono e praguejar contra as gentilezas que as pessoas se sentiam obrigadas a dizer quando me viam. O que eu podia dizer quando deparava com o olhar solidário de um estranho, quando sentia a mão confortante sobre a minha e a frase inesquecível pronunciada num tom trêmulo: "Eu sei como se sente, meu gato acabou de morrer." Num canto mais profundo de mim, eu percebia que a dor é relativa — só as experiências emocionais internas da pessoa que se solidariza comigo pode dar peso a sua piedade —, por isso aprendi a respirar fundo e resmungar palavras de conforto como resposta.

Felizmente, eu podia rir e chorar com Julie sobre o que passou a ser conhecido como o episódio da "morte do gato", e muitas outras coisas, livre do medo de ofender alguém ou da minha arraigada necessidade de ser educada. Julie era uma psicoterapeuta muito talentosa e sensível, psiquiatra infantil especializada em aconselhamento no luto, e nada parecia conseguir abalar aquela mulher de compaixão terna e abrangente. Apesar de todas as minhas inseguranças iniciais, ela conseguiu me armar de autoconhecimento e me dar bases novas para lidar com a vida. A fase seguinte, a etapa de vida em que eu estava prestes a entrar — viajar ao exterior para reportar o crime que tanto havia abalado minha existência —, exigiria todo o equilíbrio que eu encontrara recentemente, mas com o incentivo de Julie ergui os ombros e assumi uma atitude.

Capítulo 3
Duas velas

Sou a primeira a admitir que decidir embarcar em uma complicada empreitada de quatro semanas e meia de filmagens em 23 cidades, oito nações e três continentes, com um orçamento apertado como o corpete de uma cantora de ópera, não foi uma das minhas decisões mais racionais, mas, naquele momento, me pareceu lógico.

Eu queria criar um registro coeso sobre o que consiste o sequestro de crianças e como o assunto é tratado em todo o mundo; mostrar as ramificações sociais, emocionais e políticas, e tentar educar os pais para não usarem os filhos como armas para atingir um ao outro. Decidi apresentar vários casos de rapto de crianças por um dos pais em todo o mundo, os filhos e as famílias que ficaram para trás, de Nova York a Israel, da França a Argélia, da Bélgica a Marrocos, de Sydney a África do Sul, passando por Mônaco, e da Inglaterra ao Egito, com uma pincelada na atuação do Comitê dos Direitos da Criança da ONU, em Genebra.

O título surgiu com facilidade. O documentário se chamaria *Empty Arms — Broken Hearts* [Braços Vazios — Corações Partidos]. Essa expressão simples era um somatório sucinto de meus pensamentos e da cansativa futilidade de todos os meus desafios legais até aquele momento, e dos apelos pessoais que fiz aos representantes do meu ex-marido por uma única conversa por telefone com Shahirah e Iddin.

Minha batalha seria fazer minha mente funcionar e meu intelecto trabalhar durante a filmagem, mesmo que minha alma gritasse a cada respiração: "Amo vocês, amo vocês; voltem para casa em segurança, meus bebês."

E assim minha odisseia começou. Para fazer de *Empty Arms — Broken Hearts* um documentário bem-fundamentado e sem o tom de pregação, que não me interessava, criei uma agenda de filmagem que, hoje sei, teria exigido mais dois pés em meu corpo, mais três semanas de trabalho, suplementos energéticos e um arrombador de fechaduras.

Felizmente, a equipe de filmagem era formada por três amigos pessoais, Ian e eu (coprodutores), porque nós cinco teríamos de viver muito próximos durante o mês seguinte com apenas dois dias de folga. Com nosso orçamento apertado, viajávamos de classe econômica em todos os voos, uma grande concessão se considerarmos que dois membros da equipe tinham mais de 1,80m de altura, e dividíamos quartos. Quando nos apresentávamos no balcão de um aeroporto, mesmo com a câmera, as luzes e o kit de som reduzidos ao mínimo necessário, nossa bagagem totalizava 18 itens etiquetados. Todo o equipamento era registrado com as autoridades de importação e exportação, etiquetado individualmente, garantido, segurado e tratado sob a custódia de documentos internacionais denominados "carnet" (um título pré-pago que assegurava que ali não havia nenhuma atividade de venda ilegal).

Quando concluímos a viagem, havíamos passado por vinte locações diferentes e nos instalado em todo tipo de lugar. Alugamos sete carros, contratamos uma limusine velha, arriscamos a vida num Mercedes Benz em péssimo estado, andamos em táxis duvidosos, rasgamos a paisagem a bordo de um trem-bala e não perdemos um único item da bagagem.

Em muitos sentidos, o documentário foi um confronto com meus maiores medos e pesadelos, um desafio necessário, se desejasse me manter fiel a meus filhos e ao que um dia eles poderiam saber a meu respeito. Em minha odisseia, voltei a um território islâmico, apreensiva, e caminhei pelas ruas de Londres em um brilhante dia de primavera na companhia de um menino que havia sido sequestrado pelo pai quatro vezes, numa campanha de terror e intimidação. Com grande frequência, eu via meu rosto refletido no de outros pais — um espelho diante do qual, em meus momentos mais depressivos, eu desejava ser cega.

A grande cobertura dada ao caso de minha família deu à opinião pública a impressão de que eu tinha algum tipo de poder extraordinário, ou ligações influentes, e isso fazia outros pais desesperados me procurarem, suplicando por minha ajuda ou oferecendo informações para o documentário. Pensando em tudo isso agora, percebo como é impensável pesquisar alguma coisa sem usar a internet. Parece absurdo que em 1994 eu não tivesse sequer um e-mail. Em vez disso, usava o telefone a qualquer momento do dia ou da noite, seguindo pistas e pescando fragmentos de histórias individuais e tragédias familiares que sempre refletiam a minha.

Antes de deixarmos a Austrália, fiz contato com vários pais em todo o mundo, gente que tivera os filhos raptados, pessoas cujos momentos mais sombrios passaram a ser de meu conhecimento. Queria que o documentário mostrasse que ninguém estava imune àquele tipo de desespero. E também descobri a terminologia correta para me identificar: passei a ser oficialmente a mãe "deixada para trás".

O que me chocou foi descobrir que, longe de estar confinado a um punhado de relacionamentos turbulentos, o sequestro parental já gerava estatísticas internacionais exorbitantes e em rápida ascensão.

Em 1994, não eram muitas as nações que mantinham bancos de dados centralizados com os números de crianças raptadas e levadas para o exterior (quando escrevi o livro, em 2007, isso estava mudando, e as leis já se tornavam mais rígidas); porém, de acordo com a Reunite — organização beneficente britânica responsável por assistir as vítimas de sequestro de filhos afiliada ao Departamento da Suprema Corte Britânica —, o Reino Unido perdia aproximadamente 1.400 crianças por ano. Isso equivale a quarenta jardins de infância sendo repentinamente removidos do país. Na França, as estimativas para 1994 chegavam a um número de mil dossiês, termo empregado para identificar os nomes individuais de cada família, mascarando a possibilidade de irmãos terem sido raptados naquele ano em várias daquelas milhares de famílias. A Austrália não mantinha registros abrangentes no início dos anos 1990, mas estimativas oficiais calculavam um número entre oitenta e cem casos por ano. Dos Estados Unidos foram tiradas mais de 800 crianças em 1993 e categorizadas sob o título de "Abduções da Convenção de Haia", e essa estatística aumenta muito se acrescentarmos a ela as centenas de crianças raptadas por membros da família e levadas para países fora da jurisdição da Convenção de Haia.

Treze anos depois, os números estimados de crianças raptadas em casos não resolvidos e retiradas de nações ocidentais ainda permaneciam nos mesmos 30 mil de 1994. Muitas dessas crianças estão presas em um vácuo legal, manipuladas e escondidas em diferentes partes do mundo, isoladas de tudo que conheciam e amavam.

A Convenção de Haia sobre os Aspectos Civis do Sequestro Internacional de Menores é um tratado internacional multilateral, que surgiu nos anos 1980 para combater a crescente incidência de sequestro internacional de crianças por um dos pais.

Simplificando, uma criança retirada de um país da Convenção de Haia e levada para outra nação signatária dessa mesma convenção deve ser devolvida a seu país de residência. Trabalhando nas linhas de um acordo de extradição, a convenção não deve ser usada para determinar direitos de custódia ou outras questões. Sua principal função é assegurar o retorno seguro de uma criança a seu domicílio habitual e confiar às cortes desse país a audição e resolução de questões relacionadas a bem-estar e custódia. Gradualmente, ao longo dos últimos 15 anos, a Convenção de Haia tem sido adotada e ratificada por mais e mais países. (Em 2007, o número de nações signatárias era 72, comparado a apenas 41 em 1995.) Muitas nações do Oriente Médio, da África, da Ásia e da América do Sul ainda não assinaram o tratado, o que significa que crianças levadas para esses territórios não dispõem de uma rede legal de segurança para protegê-las e ajudar em sua repatriação para os países de origem. Iddin e Shahirah não estavam protegidos pela Convenção de Haia, porque a Malásia não é signatária; não havia uma rede de segurança para meus filhos.

De qualquer maneira, mesmo os países signatários demonstram confusão ou simples teimosia quando se deparam com um assunto relacionado à Convenção de Haia. Um setor significativo dos Estados integrantes da União Europeia, mesmo sendo signatários da Convenção, não devolve as crianças prontamente. França e Alemanha são países muito difíceis de lidar nessa área da lei, e parece haver grande confusão internacional sobre os direitos de soberania em oposição à precedência de tratados internacionais e autodeterminação. Tragicamente, isso frequentemente prejudica uma implementação adequada da convenção. Uma estranha forma de nacionalismo, às vezes temperada por racismo e sexismo, também pode interferir no futuro de uma criança. Um elevado número de antigas colônias e protetorados europeus (como Argélia e Marrocos) é conhecido por se negar automaticamente a devolver uma criança se o pai sequestrador é nativo do país — uma estranha forma do que chamo de "reação pós-colonial".

✻

Chegando no aeroporto de Nova York, vimos os enormes edifícios de Manhattan e as luzes se refletindo no rio Hudson ao entardecer. Depois, pegamos um táxi do nosso hotel para o Brooklyn.

Diante de um prédio marrom e nada inspirador, Larry Leinoff estava esperando por nós. Ele é pai de Audrey Bloom-Leinoff, desaparecida há seis anos, em 1988, aos 4 anos de idade. Dono de olhos de caçador e barba castanha, ele nos levou, quieto, à sua sala de estar espartana. Larry se sentou e falou sobre Audrey enquanto as câmeras filmavam e as luzes quentes da tevê refletiam nas persianas. Durante o relato, Larry tocava constantemente as antigas fotos da filha pequena espalhadas sobre o apoio de braço da poltrona.

Marcia Bloom-Leinoff, ex-mulher de Larry, se empenhara em encontrar razões válidas para impedir os avós e o pai de Audrey de manter contato com a menina. Alegações infundadas foram jogadas na batalha jurídica, investigadas pelas autoridades e por uma bateria de especialistas em abuso infantil, e todas foram consideradas levianas. Porém, envolvendo o sistema legal por meses em investigações indispensáveis, mas infrutíferas, Marcia teve tempo suficiente para tirar Audrey dos Estados Unidos e levá-la para Israel, onde mãe e filha simplesmente desapareceram. Como foi amargo refletir sobre o grave desserviço que as mulheres prestam a si mesmas e à sociedade com essas alegações inverídicas.

Larry agora mantém um site, na esperança de que um dia a filha, Audrey, possa entrar em contato com ele, mesmo que seja apenas por curiosidade — se é que ela sabe de sua existência.

Meu primeiro caso de contato com outro pai deixado para trás por um tempo mais longo me deu um exemplo concreto do efeito da ausência prolongada de um filho. Diante de mim, sem os adornos de uma vitrine, as emoções e a dor de Larry se revelavam nuas em seus olhos.

Um engano frustrante de que apenas homens sequestram os filhos prevalecera por muito tempo. No entanto, a abdução não é uma questão ligada ao sexo, mas ao poder e à vingança.

Ao deixar o Brooklyn naquela noite, virei-me para olhar pela janela do carro, de forma que os outros não vissem as lágrimas que corriam por minhas faces. Quando voltávamos para Manhattan, o vapor saído dos respiradouros do metrô espalhados pelas ruas da cidade se erguia em colunas subindo ao céu no frio do início da noite de abril e ecoando minha esperança de que meus filhos voltassem para mim antes que eu também tivesse seis anos de saudade profundamente desenhados em meu rosto.

Na manhã seguinte, levantei-me cedo depois de uma noite de sono agitado e saí para as ruas de Nova York, apertando contra o peito o casaco preto. O chapéu de veludo protegia as orelhas enquanto eu me misturava aos transeuntes que saíam das estações do metrô. Só havia filmagem marcada para mais tarde naquele dia, por isso tinha um tempo para mim e podia me dar o luxo de mergulhar na privacidade de meus pensamentos. Seguindo pela rua 38, cheguei à Quinta Avenida, procurando por um lugar onde pudesse matar minha vontade de comer uma baguete de salmão defumado. Em vez disso, parei diante da fachada gótica da catedral de St. Patrick. O enorme vitral circular suspenso sobre a entrada principal captava a luz do sol e a devolvia refratada ao pátio. Atraída pela escada frontal por alguma força estranha, notei uma porta lateral aberta e me descobri parada na soleira.

Eu não entrava em uma igreja havia muito tempo. Com exceção do Natal e do funeral da minha amada avó, eu me mantinha deliberadamente afastada de qualquer edifício de idolatria cristã para me guardar de conclusões públicas de que a religião pudesse ter um grande e central papel em minha vida. O debate cristianismo *versus* islã se tornou um assunto tão presente na mídia depois do rapto de Iddin e Shah que devo ter exagerado, achando que minha presença em uma igreja seria percebida publicamente. Também não queria inflamar ainda mais as sensibilidades religiosas do meu ex-marido, ou daqueles que o apoiavam e consideravam o rapto de meus filhos um ato de *jihad* — a guerra sagrada muçulmana. Mas ali, em uma cidade milhares de quilômetros distante dos olhares curiosos, eu era anônima.

Eu *nunca* rezava; eu simplesmente não era o que se poderia chamar de religiosa. De fato, eu certamente não era uma católica, em virtude das minhas convicções pessoais sobre aborto e divórcio; mas, instintivamente, estendi as mãos para duas velas, aproximando uma delas de uma chama trêmula. Acrescentei minha vela acesa ao mar de velas votivas queimando no vestíbulo sombrio da catedral. Ajoelhada num banco próximo, murmurei com reverência uma súplica a algum poder superior que eu não podia identificar ou nomear, mas sabia existir:

— Por favor, traga-os de volta para mim; por favor, mantenha-os em segurança; por favor, faça-os saber que os amo com toda a força de meu coração e de minha alma, sempre.

E assim começou uma prática que eu executava onde quer que estivesse no mundo, menos na Austrália. Eu procurava a igreja mais antiga, sem me preocupar com sua denominação, e acendia duas velas votivas, murmurando sempre aquelas mesmas palavras de esperança por meus filhos. Aquela ação simples e privada tornou-se para mim tanto um ato imperativo de esperança quanto um gesto de desafio. As velas tremulando em seus candelabros eram primitivas e antigas, espirituais e atemporais, simbolizando a ingenuidade e a abundância de recursos da humanidade e meu desejo ardente de manter meus filhos sequestrados protegidos da frieza do ato perpetrado contra eles.

Decidir produzir *Empty Arms — Broken Hearts* não foi uma maneira muito efetiva de combater a saudade que eu sentia de Iddin e Shahirah. Em todos os lugares por onde passávamos meus pensamentos se voltavam para eles e para o conhecimento de que, naquele momento, o mais próximo que poderia estar deles era pelas fotografias que eu colocava no bolso todos os dias ao me vestir para ir trabalhar na filmagem — uma espécie de amuleto.

O documentário me fez conhecer pessoas que permaneceram a meu lado e têm sido meus amigos há muitos anos. Significativamente, conheci Patsy Heymans e documentei os sete anos de busca desesperada por seus três filhos, Simon, Marina e Moriah, que terminou com um alegre reencontro, em 1993.

Patsy é pequenina e loura, uma mulher objetiva com um espírito generoso e um senso de humor travesso. Violentamente contrária ao uso de maquiagem e à frivolidade da moda, sua única concessão à vaidade eram as joias. Usados com jeans e camisetas, os diamantes brilhavam incoerentes em seus dedos e no pescoço. Patsy cria os filhos com amor, lógica e alegria em uma antiga casa de pedras onde há vários animais de estimação — um imóvel localizado em Ambly, um belo vilarejo de língua francesa da Bélgica.

Quando conheci Patsy, ela havia pintado as janelas com coelhos e ovos de Páscoa, e sua casa parecia receber todos que nela entravam de braços abertos. Patsy e o segundo marido, Walter, tiveram mais três filhos durante o período em que Simon, Marina e Moriah estiveram desaparecidos — Olivier, Gautier e Moelie —, e todos adoravam os irmãos mais velhos. Tive a sensação de que já conhecia Patsy muito bem, pois passamos horas conversando pelo telefone sob rapto de filhos antes mesmo de eu pisar em Ambly. Patsy é uma força crucial no campo do sequestro de filhos por pais na Bélgica e na Europa, aconselhando e dando assistência a outros pais cujos filhos desapareceram.

Os filhos mais velhos de Patsy foram levados pelo pai em 1987, e, durante os anos que viveu afastada deles, ela lutou muito para não perder a sanidade. Sua energia abasteceu uma exaustiva busca internacional e uma campanha pública pelos três filhos, que ela liderou com a ajuda do pai, um homem espantosamente tenaz chamado Jacques, e do inspetor da polícia belga, Jean Dooms.

Em 1990, o pai das crianças foi preso pelo FBI em Nova York, extraditado para a Bélgica e condenado a três anos de prisão. Durante esse tempo ele se recusou a revelar o paradeiro das crianças. Ele vivia o prazer da vingança e se satisfazia com o sofrimento de Patsy. A violência doméstica se tornou um elo entre a história de Patsy e a minha, bem como o recém-descoberto fundamentalismo religioso dos pais envolvidos.

Quando a esperança já se esgotava, o FBI, seguindo uma indicação da comunidade, finalmente localizou os filhos de Patsy em uma comunidade de judeus hassídicos no estado de Nova York. Os filhos haviam recebido a informação de que a mãe morrera, e Moriah, a caçula dos três irmãos, nem se lembrava de Patsy. Haim, pai deles, os havia deixado com o grupo ultraortodoxo anos atrás e nunca mais voltara.

Enquanto estávamos nos Estados Unidos, eu quis conversar com a comunidade hassídica, normalmente fechada, para tentar entender por que eles haviam ajudado e encoberto um sequestro; e, em particular, se a família com quem os três filhos raptados viviam sabia de sua cumplicidade numa ação ilegal ou se simplesmente fora encarregada de cuidar de crianças abandonadas.

A excursão com a equipe de filmagem para Bedford Hills, em Nova York, se tornou uma das noites mais bizarras de minha vida. A única maneira de realizarmos a jornada de três horas, considerando fundamentalmente o custo era alugar a "limusine" do primo do porteiro do hotel em que nos hospedávamos. Quando o veículo parou diante do hotel, nós entramos, e quando o último bateu a porta, a dobradiça se soltou e a porta caiu na calçada. Não era um bom agouro.

Depois de reparos apressados, deixamos a cidade numa velocidade bem razoável, mas, após muitas horas de viagem e já com o entardecer se aproximando, comecei a ficar um pouco apreensiva com nosso restrito cronograma. Por cerca de 250 quilômetros, Juan, nosso motorista do Bronx, nos garantiu que sabia para onde ia, até que de repente parou e anunciou que estava perdido. Vi-me parada na escuridão do inverno, iluminada como um coelho assustado pelos faróis do veículo, em frente a um teatro pintado de branco numa pequena cidade que era a quintessência do charme americano. Nossa esperança era que alguém do teatro pudesse nos dar informações sobre a comunidade que procurávamos. Por sorte, o bilheteiro tinha uma vaga ideia, e depois de muita discussão retomamos a viagem com um mapa rabiscado no verso de um folheto de divulgação de um filme, revezando-nos para segurar a porta quebrada, caso ela se soltasse novamente.

Mas a excursão foi infrutífera. Viajávamos a passos de tartaruga por estradas enevoadas da área rural na direção do chamado Bedford Hills, um ex-sanatório para quarentena de tuberculosos, uma propriedade cercada por muros e absolutamente vitoriana, e quase morremos de susto quando fomos abordados por um grupo de homens barbados e inteiramente vestidos de negro, que surgiram repentinamente da neblina que cercava os edifícios sombrios. O tom ameaçador e os gestos beligerantes deixavam claro que não éramos bem-vindos. Foi inútil explicar que tínhamos uma entrevista marcada. Não nos restou alternativa senão voltar para o carro e retornar a Manhattan.

Capítulo 4

A vida é assim

Da janela do hotel em Paris, um estranho edifício inclinado na Rue de Rivoli com minúsculas varandas e um piso barulhento de madeira, vi a Torre Eiffel pela primeira vez. Uma imagem muito romântica. O céu era de um azul que só um crepúsculo europeu pode produzir, e toda Paris parecia brilhar com uma luminosidade dourada. Por alguns momentos fiquei sem fôlego diante da incrível beleza e do encantamento daquela cidade mágica. Mas, depois, meu peito ficou apertado, e a ausência de meus filhos tornou-se um vazio palpável em meu corpo.

Instintivamente, levei a mão ao bolso e toquei a fotografia de Iddin e Shah. A presença espiritual, se não física, fortaleceu minha resolução, embora eu já começasse a me sentir desanimada e cansada dos confrontos com a burocracia e das lágrimas trocadas com pais que também viviam privados da alegria de ver os filhos crescerem e amadurecerem.

Dirigi-me à catedral de Notre Dame em busca de um mínimo de alívio, impelida novamente pelo argumento irracional que me fazia pegar as velas votivas e acender duas delas para Iddin e Shahirah. Como sempre, recitei meu mantra de amor e proteção e saí para a noite, erguendo os ombros para enfrentar as tarefas que tinha pela frente.

Meu casamento com Iain desmoronou quando ainda faltavam dois terços da filmagem, no final das cenas nos Estados Unidos. Estávamos no ar, a bordo de um voo da United Airlines, atravessando o oceano Atlântico, entre Washington e Paris, quando, bem em tempo de pegar o serviço de bordo e comer o lanche de fim de noite, Iain abriu os olhos e emergiu do que parecia ser um sono profundo e pronunciou as palavras "divórcio, divórcio, divórcio", olhando em meus olhos com uma firmeza inequívoca. Era estranho que ele tivesse escolhido o método islâmico para anunciar sua decisão. Fiquei sem fala, tentando encontrar palavras que pudessem responder àquela surpreendente declaração. Continuando, ele disse que havia decidido que "não queria ser casado com uma mulher famosa", que ele era "o jornalista mais experiente e devia ter escrito o primeiro livro". Não houve discussões nem discórdias que pudessem ter anunciado aquela decisão. Em parte, entendi o que ele sentia — eu também não ia querer estar casada comigo naquele estágio de minha existência.

Tentei sussurrar súplicas e argumentos, mas, em meio a um avião repleto de estranhos, era difícil encontrar palavras que pudessem salvar nosso devastado casamento. Dilacerada, fui chorar no banheiro, e fiquei lá até uma turbulência me obrigar a sair e sentar em uma poltrona vaga em outra parte da aeronave, o que fiz por insistência de uma comissária.

Embora Iain tenha dito mais tarde que não queria dizer aquilo, no fundo de minhas emoções eu sabia que ele fora brutal e horrivelmente franco. Aquilo foi a marcha fúnebre para a confiança, corroendo o que havia restado de meus sentimentos de segurança, a certeza da estabilidade que eu sempre havia depositado em nosso casamento. Para mim, aquele foi um golpe do qual nosso relacionamento jamais se recuperaria. Uma traição. O precipício simplesmente surgiu sob meus pés e, ironicamente, eu ainda nem sequer o havia notado.

Iain e eu continuamos trabalhando juntos por algum tempo depois de seu pronunciamento. Nossa intimidade se dissolvera, embora residíssemos no mesmo endereço. Em um nível quase inconsciente, devido ao que havia acontecido no avião, percebi que tinha começado a funcionar no modo de autopreservação, algo que não era perceptível para as pessoas de fora porque eu tinha grande experiência como sobrevivente de abusos na infância e sabia bem como me proteger por trás de uma fachada. Eu me retraí para o modo de sobrevivência, anulando partes de mim e buscando uma nova existência, propósito e identidade fora de nosso casamento desintegrado.

Entrevistar crianças era, de longe, o aspecto mais difícil das filmagens. Antes de deixar a Austrália, passei muitas horas com um psiquiatra especializado em traumas infantis para aprender como melhor entrevistar crianças raptadas sem aumentar seu desconforto ainda mais. Embora elas agora estivessem novamente em suas casas, eu sabia que não devia perguntar jamais qual dos pais elas preferiam, e sabia que era fundamental que a decisão final sobre uma entrevista ser ou não realizada cabia sempre à própria criança. Muitas delas, então entre os 9 e 19 anos, haviam enfrentado violência parental e abuso enquanto estiveram aos cuidados do pai sequestrador, e algumas haviam acreditado por muitos anos que o pai deixado para trás estava morto. A confiança que aquelas crianças vulneráveis e aqueles adultos depositavam em mim era uma enorme responsabilidade. Eu podia imaginar como havia sido para Shahirah e Iddin quando dois repórteres australianos muito frios os entrevistaram logo depois do sequestro, sem nenhuma consideração pelas consequências emocionais. Minhas experiências com a mídia me ensinaram que um pedaço da vida do entrevistado é levado pelo entrevistador: o sujeito está à mercê do redator em relação a como será retratado.

Depois do sequestro de meus filhos, Bahrin voltou à Malásia e usou sua influência para emitir pela corte islâmica uma ordem de efeito retroativo. E era realmente retroativa, considerando as datas: o sequestro aconteceu em 1992; a ordem judicial que ele obteve naquele ano foi datada de 1984 e, em essência, dava a Bahrin a plena custódia de nossos dois filhos, embora ainda fôssemos casados e, naquela data, eu estivesse grávida de Shahirah! Uma ordem retroativa emitida sobre meu útero me pareceu absurda, mesmo conhecendo as excentricidades da corte islâmica e o poder da família real. Por definição, porém, essa ordem significava que, na Malásia, eu era considerada uma sequestradora de meus próprios filhos, e que seria presa se entrasse naquele país. Para tornar o quadro ainda mais frustrante, o governo trabalhista australiano deixou claro que se eu tentasse entrar na Malásia para recuperar meus filhos ou simplesmente vê-los, minha inevitável detenção deixaria as autoridades australianas incapacitadas de tentar me libertar de uma prisão estrangeira. Aliado a isso havia o conhecimento de que, como as crianças estavam a uma distância de oito horas, de carro, da capital, eu não chegaria nem perto de poder vê-las caso fosse detida; seria um sacrifício inútil.

Nessas condições, era assustador entrar no Marrocos, um país muçulmano, mas havia ainda outra decisão judicial absurda por trás desse trecho da filmagem. Com a finalidade de silenciar as exigências políticas e diplomáticas do governo belga para a devolução de duas crianças sequestradas, Karim e Mehdi, de 9 e 7 anos respectivamente, as cortes de uma província do Marrocos concluíram que, como o pai, Chikhaoui, se recusara a exibir os filhos na corte, ele deveria ter matado as crianças. Certificados de óbito foram emitidos em nome das crianças e o pai foi condenado por assassinato, mas foi solto após seis meses, quando, de acordo com os relatórios, voltou a sua cidade natal, abriu um posto de gasolina e retomou abertamente a vida com os dois filhos.

Valerie, a mãe dessas crianças e cidadã belga, nos preveniu sobre seu marido, Chikhaoui, ter poderosas conexões com o governo e usar essas ligações para ameaçá-la. Talvez tenha sido por isso que os oficiais do aeroporto marroquino apreenderam nosso equipamento assim que chegamos de Paris, embora tivéssemos toda a documentação necessária para transportar câmeras e acessórios e para realizar a filmagem. Meu coração parou de bater por um instante quando os inspetores da alfândega começaram a analisar nossos documentos e nos interrogar, em francês e inglês.

Foram necessários vários dias de negociação e duas longas viagens de carro para resolver o assunto com oficiais na antiga cidade de Rabat e obter novas autorizações para a liberação de nosso equipamento. Enquanto isso, usamos uma câmera de vídeo profissional para registrarmos os mercados e as áreas muradas de Casablanca.

Eu me sentia claustrofóbica e ansiosa por estar numa sociedade islâmica. O estrito condicionamento da família real malaia me impedia de apreciar aquele colorido e exótico destino turístico. Estava inibida e incapaz de caminhar com confiança como os vários turistas que percorriam as ruas. Experimentava o impulso de adotar um véu e me misturar o máximo possível com a população local como uma dócil filha do islã, atraindo o mínimo de atenção possível.

Eu podia ver que o Marrocos era lindo e excitante, cheio de aromas de especiarias e animado, com o clamor dos mercados montados num cenário de edifícios pintados de ocre com varandas sombreadas e frescas estruturas coloniais brancas. O nascer do sol sobre o litoral de ondas muito brancas de Casablanca insinuava romance e aventuras exóticas à la Bogart e Bergman. Mas os outros não sabiam que a maior parte dos homens que encontrávamos na rua e nos mercados estava praguejando e nos insultando em árabe, apesar do sorriso constante. Shahirah não me saía da cabeça, e eu me surpreendia examinando atentamente as meninas que usavam vestimentas e véus islâmicos, ainda que caminhassem na companhia de amigas vestidas de maneira mais moderna. Eu me perguntava o que minha filha estaria vestindo, agora que era mais velha.

Finalmente, após vários dias de atraso, partimos para a cidade de Oujda, a uma hora de avião de Casablanca. Ali, eu havia combinado um encontro com uma universitária ativista do movimento feminista, que seria nossa intérprete. Havíamos decidido ser cautelosos, na medida do possível, e conseguimos recuperar a maior parte da bagagem e do equipamento, cultivando a aparência de turistas. Chegamos ao território de Cikhahoui, onde a família dele vivia e administrava a maioria dos negócios de maior importância.

Oujda era muito diferente de Casablanca e Rabat. Pequenos burros cinzentos eram comuns nas estradas estreitas, todos carregando enormes fardos em cestos de vime; e meninos de ar entediado se equilibravam precariamente sobre a carga vestindo cafetãs e sandálias velhas. A paisagem tinha poucas árvores e era seca e arenosa. Nossa cautela era uma opção sensata naquele lugar remoto. As montanhas Beni-Snassen se erguiam ao longe e, além delas, a fronteira argelina. O chamado para a oração ecoava pela cidade e marcava a passagem do dia.

Mulheres circulavam inteiramente cobertas por véus e em trajes negros; apenas os olhos eram visíveis. Elas se moviam apressadas e sem a alegria cadenciada de suas irmãs da costa. Ali, a imagem de uma mulher sozinha viajando com três homens causava curiosidade, e não era aconselhável deixarmos o local onde nos hospedávamos e nos exibirmos mais do que o necessário. Os banheiros eram tão imundos e fétidos que cheguei a esperar até dez horas para usar um. As camas onde dormíamos estavam cheias de pelos e cabelos de ocupantes anteriores, e os lençóis e cobertores eram duros e sujos. Dormíamos todos vestidos e sobre as cobertas, mas, ainda assim, na manhã seguinte acordávamos cheios de picadas de insetos e com coceiras pelo corpo todo.

Berkane, muito perto da fronteira com a Argélia, era a cidade onde se acreditava que Karim e Mehdi vivessem com o pai. Decidi que uma abordagem direta seria a melhor maneira de descobrir se as crianças estavam vivas. Entramos os cinco em um velho Mercedes para a desconfortável viagem. Nossa intérprete, Amina, insistia na necessidade de abreviarmos a viagem ao máximo e não causarmos muita comoção, pois a reputação de Chikhaoui e sua natureza violenta haviam se tornado conhecidas por meio de uma pesquisa prévia sobre o lugar.

Encontrar o posto de gasolina de Chikhaoui foi fácil, tanto quanto localizar o próprio homem. Era impossível não vê-lo. Com mais de 1,90m de altura, ele era uma montanha humana, com mãos grandes, ombros largos e pele morena. Parecia extremamente irritado por nos ver ali. Quando entramos no posto, vi um menino sendo arrastado para dentro de uma sala. Ele parecia ser o de 9 anos, Karim, e tivemos a sorte de capturá-lo em filme antes de a porta ser fechada. Ao ver a câmera, Chikhaoui concordou inicialmente em se deixar filmar, nos levou para dentro do edifício e até exibiu fotos recentes dos filhos enquanto conversávamos. Quando, depois de algumas perguntas superficiais, indaguei por que ele não havia permitido nenhum contato da mãe com os garotos desde junho de 1991, ele respondeu que ela não merecia esse contato e que todos os seus problemas eram culpa de Valerie.

— Se ela acredita que eles estão mortos, o problema é dela, não meu. Ele fez um gesto de desdém com uma das mãos.

Olhando atentamente para o rosto daquele homem, pedi à intérprete para perguntar se o menino que havíamos visto ao chegar era filho dele, e repeti a pergunta em francês. Sobressaltado, ele ignorou a pergunta e encerrou a entrevista de um jeito raivoso, levantando-se de um salto com a clara intenção de intimidar-me. Tocando as fotos das crianças e mantendo a voz baixa, perguntei se poderíamos ao menos filmar aquelas imagens para mostrar a Valerie na Bélgica, pois assim ela saberia que seus filhos estavam vivos. Ele não permitiu e nos levou até a porta do edifício. Ao nos seguir até o carro, ele arrancou a chave que ficara na ignição e se recusou a devolvê-la, gritando insultos e fazendo ameaças, encostando de maneira agressiva o dedo indicador no peito de meus acompanhantes.

Chikhaoui exigia que entregássemos a fita com as imagens que havíamos feito dele. Ele queria tudo que havíamos filmado até então. Eu percebia que Amina se encolhia atrás de mim, tentando me arrastar para dentro do carro, cochichando desesperada que Chikhaoui instruía um empregado do posto a chamar a polícia.

Aquele provavelmente não era o melhor momento para lembrar que esse homem havia fraturado o fêmur da ex-esposa com um chute.

Minutos depois do início daquela cena, o chefe da polícia local apareceu levantando poeira e cantando os pneus de sua viatura, defendendo os interesses de Chikhaoui. Eu tive de ser rápida para proteger nosso equipamento. Gesticulando, exigi que o câmera me entregasse as duas fitas de vídeo, com cerca de 9 por 7,5 centímetros cada uma, e parcialmente cheias e escondi as duas dentro da calça larga que vestia, prendendo-as no elástico da calcinha, e fiz o mesmo com a fita que estava na câmera. Protegida pelos outros, que me escondiam parcialmente, abri a embalagem de uma fita virgem, que também se juntou às outras. Ajeitando a jaqueta e a postura, tentei manter a calma quando os oficiais se aproximaram exigindo os filmes e as bolsas.

Nos recusamos a entregar o material. Fomos todos detidos e levados à delegacia, onde a máxima autoridade policial nos esperava com o prefeito.

Todos os nossos documentos de viagem e passaportes foram confiscados, bem como meu passe internacional de representante da mídia e a identificação fornecida pelo Conselho Cinematográfico Marroquino, em que eu era nomeada chefe do projeto. Depois de revistar o carro e nossas bolsas, o chefe de polícia exigiu que entregássemos as fitas — o que estava fora de questão, evidentemente. O prefeito e Chikhaoui ficaram furiosos com a recusa, e depois de revistar o motorista e a equipe a polícia os expulsou do prédio, me detendo. Amina também foi libertada e aconselhada a refletir sobre as consequências de seu envolvimento conosco.

Foi nesse ponto que fiquei apreensiva, porque a atitude dos marroquinos ainda presentes na delegacia era intensamente hostil. De repente, não me sentia mais tão confiante. A possibilidade de ser revistada e detida era grande, e me lembrei da ordem judicial malaia que poderia me manter presa por tempo indeterminado. Mas não entregaria as fitas sem lutar por elas.

O prefeito e o chefe de polícia me levaram para uma sala fortemente iluminada, fétida, e de chão de terra batida. Durante sete horas, em intervalos regulares de noventa minutos, alguém abria a porta e exigia que eu revelasse onde estava o material. Finalmente, pouco antes do anoitecer, pressionei o ouvido à porta e consegui ouvir algumas palavras árabes que reconheci. Eles discutiam a ideia de me revistar. Queriam me despir para verificar se eu não escondia as fitas comigo.

Tentando não entrar em pânico, comecei a gritar, em árabe:

— Sou impura! Estou no meu período! Não podem tocar em mim, estou impura!

Não sei quem estava mais chocado naquele momento: eles ou eu. Até aquele instante, toda a conversa entre nós havia sido truncada, palavras breves em inglês rudimentar e no meu terrível francês. Eu havia sido cuidadosa para não deixar ninguém perceber que tinha conhecimento sobre o islã e o povo árabe, para que isso não os deixasse curiosos. Mas os protestos no idioma local surtiram o efeito esperado. Fui retirada da cela e levada para a sala principal da chefatura de polícia, onde as negociações se desenrolaram em torno de um prato de pêssegos cuidadosamente cortados pelo chefe com uma faca de lâmina longa que ele empurrara em minha direção num gesto conciliatório.

Chikhaoui participava acrescentando suas opiniões e acusações, e a conversa seguiu até chegarmos a um acordo. Concordei com a exigência de entregar a fita a que Chikhaoui e todos os outros se referiam de maneira persistente, e em troca meu grupo e eu seríamos libertados e poderíamos deixar a cidade. Levantando-me com toda a dignidade de que era capaz, virei-me de costas pelo bem do decoro e pesquei a fita virgem de seu esconderijo dentro da minha calça. Entreguei a fita ao chefe de polícia, que a pegou usando apenas o indicador e o polegar, segurando-a como se fosse um objeto contaminado e passando-a a Chikhaoui com grande desgosto. Levantando-se triunfante de seu lugar ao lado da mesa do chefe de polícia, o grandalhão removeu com grande cerimônia a fita da embalagem e, por precaução, esmagou-a sobre a mesa do policial usando um peso para papéis.

Quando saí do prédio, encontrei a equipe de filmagem e o motorista ao lado do automóvel. Amina estava pálida, as mãos dela tremiam. Com voz fraca, ela sugeriu que deixássemos Berkane o mais depressa possível.

Quando nosso veículo finalmente passou pela periferia de Oujda, voltei a respirar com alguma normalidade. A principal preocupação naquele momento era deixar Amina sã e salva em casa. Ela e também sua família estavam expostos a risco oferecendo-se para atuar como nossa intérprete, disso eu estava certa. Esperava que ela não sofresse represálias de Chikhaoui e seus colaboradores. Depois de trocar endereços para correspondência, nos despedimos com um abraço afetuoso e um bônus em dinheiro.

Naquela noite, quando voltamos ao hotel, ficamos os quatro no mesmo quarto, tensos, cochilando e acordando várias vezes. Eu ouvia todos os ruídos, esperando que a polícia arrombasse a porta para me levar presa a qualquer momento. Contei os minutos até pouco antes do amanhecer, quando pudemos deixar o hotel, seguir para o aeroporto e embarcar no primeiro voo disponível para Casablanca, de onde pegamos a conexão para Londres.

Nunca senti uma alegria tão grande por aterrissar em Heathrow. Finalmente entendi a compulsão do papa de beijar o solo da pista de pouso, mas duvido que algum dia ele tenha sido forçado a lidar com a delicada situação de colocar três fitas de vídeo dentro das roupas e abaixar para realizar o gesto.

Éramos como uma caravana de ciganos cinegrafistas, sempre um passo à frente do colapso. Uma visita fulgurante à sede das Nações Unidas em Genebra, para filmar uma sessão do Comitê para os Direitos da Criança e realizar uma entrevista com a relatora do comitê, Marta Santos Pais, terminou de maneira frustrante. O comitê não tinha poder internacional e estava estagnado em um pântano formado pela própria complacência. Chegar, filmar, partir; saltávamos de um lado para o outro do canal inglês, entre a Europa e o Reino Unido, ainda filmando, rastreando crianças desaparecidas e conversando com outras que haviam conseguido voltar para casa. O ritmo era exaustivo, mas eu comandava a equipe e a mim mesma freneticamente. Estávamos nos aproximando do final do documentário.

Àquela altura, dormir era um exercício inútil de virar e desvirar na cama, meus pensamentos tomados por imagens que eram como montagens de meus filhos e da normalidade dilacerada da vida que um dia tivemos como família. Cada rolo de filme simbolizava mais um passo, um centímetro mais perto de Iddin e Shah e da possibilidade de um dia abraçá-los e dizer o quanto eu os amava.

Apesar de minha determinação, era cada vez mais difícil trabalhar com Iain. Eu não conseguia mais concordar com o que ele queria que eu dissesse no filme, ou com como ele queria que eu me comportasse diante da câmera. Desenvolvi um ressentimento secreto e duro contra meu marido. O amor, porém, levou mais tempo para morrer, muito mais do que a afinidade, que começou a evaporar nos dias e semanas seguintes ao incidente no avião. No final, compreendi que Iain nem percebia que estava me machucando; as pressões, emocional, profissional e financeira, do sequestro haviam modificado completamente nosso relacionamento. Iain havia previsto esse desfecho na primeira noite que se seguiu ao sequestro de meus filhos.

Novamente em Londres para a última semana de filmagens, eu já não podia mais ignorar que meu seio direito estava terrivelmente inchado e parecia queimar. Durante a filmagem em Mônaco, fui atacada por uma mulher a quem entrevistava devido ao papel por ela desempenhado como cúmplice de um sequestro. Ela tinha unhas muito compridas e deixara ferimentos dolorosos em meu peito. Apesar da perda inevitável de um dia de filmagem, não me restara alternativa se não procurar ajuda no Hospital Princess Grace. O nome do local era mais do que adequado, considerando o país onde eu havia sofrido o ferimento.

Eu tinha febre, suava muito e começava a ser sacudida por tremores sucessivos. O ferimento em meu seio se tornara um abscesso; não havia escolha se não me submeter à internação, onde recebi antibióticos e tive o abscesso drenado.

Três dias depois, com um braço endurecido e o peito coberto por ataduras, embarquei no voo para a Austrália. A filmagem estava praticamente completa.

Empty Arms — Broken Hearts foi exibido internacionalmente e recebeu uma comenda especial por nossa destacada contribuição ao Ano

Internacional da Família das Nações Unidas. Em todo o mundo, o documentário é usado como filme didático para juízes e profissionais que atuam nas áreas de sequestro de filhos e lei de família.

Minha esperança é que o documentário tenha modificado a atitude das pessoas com relação a esse crime, que envolve vingança e poder. Como nas palavras de uma criança de 13 anos de idade, vítima de sequestro e entrevistada para a realização do filme: "Espero que qualquer pai que esteja assistindo a esse filme e pensando em sequestrar seu filho pare e pense em como isso vai machucar a criança. Não faça isso."

Um conselho simples e sábio.

Capítulo 5

A Empty Arms Network

Foi decididamente frustrante terminar o filme e deixar a edição e o trabalho de pós-produção a cargo de outras pessoas; tudo o que me restava fazer era gravar a última fala. Minhas outras habilidades, ser mãe e cuidar dos filhos, tinham pouca utilidade agora.

Fui ficando mais e mais desesperada com a aproximação do nono aniversário de Shahirah e os dois anos do sequestro das crianças. Uma depressão pesada me dominava desde a conclusão do documentário e eu não conseguia superá-la. Hoje, pensando naquele período, um dos principais fatores para esse estado foi o próprio filme e a percepção gradual de que eu poderia levar anos para rever meus filhos. A profunda reflexão exigida para a realização de meu primeiro livro também trouxe à tona todos os demônios do abuso na minha infância: questões com as quais eu jamais havia lidado pareciam me envolver, e eu já não tinha mais a identidade de mãe de dois filhos pequenos, algo que eu usava para definir meu valor pessoal.

Tenho certeza de que Bahrin se orgulha da eficiência com que tirou as crianças de mim. A ausência das crianças me confrontava diariamente e eu sentia intensamente minha inatividade como mãe. Restrita pelas ordens de Bahrin para que eu só me comunicasse com meus filhos por intermédio dos escritórios frios e impessoais de seus advogados em Melbourne, comecei a escolher um presente de aniversário para Shahirah e também um presente menor para Iddin. Crianças crescem muito em dois anos, e eu tinha a sensação de estar causando minha própria desencarnação quando tentei escrever um cartão de aniversário muito amoroso e notas de incentivo para eles, cujos gostos eu agora desconhecia. Especialmente porque eu sabia que não devia esperar resposta ou reconhecimento dos meus gestos de amor. Essas tentativas de contato eram horríveis, mas insisti por mais de uma década.

Eu estava física e mentalmente exausta. Após meses de vida no mais absoluto limite de minhas forças, dormir ainda era difícil, e meu sono era cheio de pesadelos e saudade das crianças. Lágrimas começavam a brotar de meus olhos nos momentos mais inconvenientes, e era impossível contê-las; às vezes, eram causadas por motivos claros, assuntos específicos, e em outros momentos simplesmente apareciam. Aos poucos, a opção de tomar remédios começou a se tornar atraente. Até aquela época, eu havia sido totalmente contrária a isso para enfrentar a dor. Medicamentos prescritos por médicos, ou sugeridos por amigos bem-intencionados, eram muletas que eu rejeitava imediatamente, e as drogas não representavam solução para minha insônia.

— Três horas de sono relaxado, e depois o relógio natural do corpo retoma o comando. É uma solução para retomar seus padrões de sono —, meu médico dizia, descrevendo o efeito dos moderados remédios para dormir que passei a usar depois de vencida. Afetada de certa forma por uma atitude fatalista, e contaminada por um desespero que me fazia querer simplesmente "desligar" e escapar, engoli dez comprimidos de uma só vez e me ajeitei sobre travesseiros e edredom macios e confortavelmente arrumados. A promessa de um sono profundo era sensualmente atrativa depois de dois anos sem repouso. Também havia certa sensação de estar brincando de roleta-russa com a possibilidade de não acordar, de simplesmente dormir por quanto tempo meu corpo decidisse que era necessário. A exaustão me levou a uma ilusão de esperança, de ser capaz de encontrar Iddin e Shahirah em meu sono profundo, de poder tocar seus rostos e sentir o cheiro de cada um deles mais uma vez. De um jeito distorcido, pensei que, entregando o controle de minha vida a uma substância química, eu assumia inversamente o controle da minha capacidade de produzir um sonho em que conseguiria encontrar Iddin e Shah sem os terrores da separação e a dor sufocante que ilustrava minha vida.

É fácil entender por que a privação de sono é uma prática tão usada por torturadores e interrogadores: a realidade é suspensa para a vítima, e o pensamento racional é manipulado e desgastado.

Apesar de estar, evidentemente, em profundo desespero, eu ainda era obcecada por controle: tomei a precaução de escrever uma nota explicando o que havia ingerido e por que, e ainda algumas instruções, como, por exemplo, para não chamarem uma ambulância e me deixarem descansar. Não foi muito sensato e, admito, pensando nisso agora, que foi terrivelmente dramático, mas naquele momento pareceu ser bem projetado e responsável. Porém, quando fui encontrada dormindo profundamente três horas depois, abençoada por um sono pesado e sem sonhos, alguém entrou em pânico e chamou a ambulância.

Despertei violentamente na maca de um hospital, cercada por desconhecidos. O médico, muito jovem e de aparência séria, se debruçava sobre mim, querendo saber por que eu havia tentado o suicídio e ameaçando assumir uma posição radical, caso eu desse a resposta incorreta. Avaliando a situação com toda a velocidade permitida para um cérebro ainda envolto pela neblina do sono, concluí que havia acabado de chegar ao hospital e ainda não fora submetida a uma lavagem estomacal, mas corria o sério risco de acabar numa camisa de força, ou, pior, em uma daquelas camisolas abertas nas costas. Ainda mais horrenda era a ideia de acabar na primeira página dos jornais matutinos, com a seguinte manchete: TODA A VERDADE SOBRE O TRÁGICO SUICÍDIO DA MÃE DO SEQUESTRO. FOTOS INCLUÍDAS! ou PRINCESA ENGOLE COMPRIMIDOS! Procurando pelas palavras adequadas para provar minha sanidade e garantir minha liberação, tentei explicar a situação com toda clareza possível, mas só consegui imitar um peixe, abrindo e fechando a boca e produzindo um grunhido parecido com "orruummm". Minha língua parecia estar colada ao céu da boca e ser grande demais para o espaço que ocupava.

Essa foi a primeira tentativa. A situação agora era séria e minha confusão mental começava a se dissipar, um processo acelerado pelo olhar complacente do jovem médico, uma expressão que eu via desfocada, porque meus óculos deviam ter ficado sobre o criado-mudo ao lado da minha cama. Concentrada na pergunta seguinte do médico, percebi que ele falava com um forte sotaque escocês. O fato de ser estrangeiro explicava por que ele não me reconhecera, embora o reconhecimento estivesse presente no olhar de todas as enfermeiras que me observavam atrás dele.

— Se me denunciar por algo que não fiz, processo você — consegui prender a atenção dele. Continuei com voz pastosa: — Estou em pleno poder de minhas faculdades e não há motivo algum para me denunciar ou internar, muito obrigada.

— Por que está tão deprimida, Jacqueline?

Pensei em comentar que ainda não havíamos sido formalmente apresentados, e por isso preferia que ele não me chamasse pelo primeiro nome, mas decidi que seria mais sensato me abster de sarcasmo naquele estágio da conversa. Dei a resposta óbvia.

— Porque meus filhos foram sequestrados pelo pai...

— Creio que esteja confusa, Jacqueline. — Ele disse num tom meloso, tocando minha mão com ar paternal. — Seu marido não... ele não... — O médico foi interrompido por uma enfermeira que puxava a manga de seu jaleco e sussurrava alguma coisa. Compreensão e curiosidade iluminaram repentinamente o rosto jovem e sério.

Eu teria de escolher - falar em troca do jantar, ou subir no calabouço. Escolhi o calabouço.

— Se puder fazer o favor de telefonar para minha médica — sugeri, informando o nome e o número do telefone com grande dificuldade —, ela confirmará que não sou candidata à camisa de força, e você poderá me liberar. — Lembrando esse episódio, suponho que muitas pessoas desequilibradas digam algo semelhante nessa situação. Mesmo assim, inflamada, consegui adotar um tom pomposo e acrescentei: — Tenho plena consciência de minha depressão e de sua causa e, com todo respeito, discutirei o problema com minha terapeuta, apenas com ela. Por favor, telefone para ela agora. E o que a enfermeira cochichou é verdade. Sou mesmo *aquela* mulher, a que aparece na televisão e nas revistas, e vou interpretar o caso como quebra do sigilo médico-paciente caso a mídia tome conhecimento desse incidente altamente pessoal.

Dez minutos depois fui liberada.

Eu realmente tentei me suicidar naquela noite? Na verdade, não sei ao certo. Quando tomei aqueles comprimidos, eu queria morrer? Vamos dizer apenas que, quando flutuava distante de tudo, eu não queria acordar; estava cansada demais. (De qualquer maneira, a dose que tomei não teria sido letal.)

Felizmente, minha estupidez ficou longe das manchetes e consegui preservar alguns resquícios de racionalidade e determinação. Eu teria de fazer uma escolha: tornar-me uma eterna vítima, e nesse caso eu podia bem me arrastar para um canto qualquer e morrer, ou tentar transformar algo negativo em positivo e me agarrar a isso até rever Iddin e Shah.

Sabia que tinha de me manter ocupada para preencher a lacuna deixada pela ausência de meus filhos e dar algum sentido à existência vazia que se descortinava diante de mim.

Decidi usar todo conhecimento adquirido durante a produção do documentário e criar uma organização — a Empty Arms Network [Rede dos Braços Vazios] — para oferecer suporte às vítimas de sequestro de filhos por pais, nos níveis nacional e internacional.

Eu ainda recebia muitos telefonemas de pais em circunstâncias semelhantes à minha. Todos esses pais, homens e mulheres da Austrália e de outros países, me pediam orientação ou auxílio para seus casos. Eu sentia que ninguém devia enfrentar aquele pesadelo sozinho. Fundar a Empty Arms Network me pareceu a atitude certa a tomar. Afinal, eu não podia ficar recorrendo à mídia e apontando o fracasso das respostas legais e diplomáticas a uma questão de direitos humanos tão emocionalmente profunda quanto o sequestro de um filho e depois adotar uma postura completamente egoísta.

Uma organização semelhante à Reunite, do Reino Unido, e à Missing Children's Network, da Bélgica, era necessária na Austrália. Nos anos 1990, os órgãos do governo australiano não estavam equipados para oferecer apoio emocional ao número crescente de pais deixados para trás, nem podiam ir além de seus parâmetros burocráticos. Se, por exemplo, um caso é uma questão que não se enquadra na Convenção de Haia, como o meu, até a obtenção de informações de uma agência governamental é extremamente difícil, e quase impossível quando se busca ajuda em uma jurisdição estrangeira. Para qualquer pai deixado para trás, todo o processo de reunião de dados é como escalar uma montanha usando uma linha de bordar.

Por isso, decidi formalizar o que já estava fazendo. E, para assegurar autonomia, eu mesma patrocinaria a rede usando os *royalties* do meu primeiro livro e todo e qualquer outro rendimento que pudesse obter. Estava determinada a fazer da Empty Arms Network uma "organização sem fins lucrativos" capaz de reunir e fazer uso do conhecimento e da experiência de uma ampla e variada seleção de advogados, psicólogos e outras organizações de apoio semelhantes em todo o mundo, órgãos com os quais eu já havia estabelecido contatos viáveis enquanto filmava. Estabelecendo cooperação mútua com minhas contrapartes internacionais e assegurando o apoio de profissionais competentes, boa parte dos custos proibitivos impostos aos pais deixados para trás seria evitada ou reduzida. Não haveria uma equipe em tempo integral, apenas eu, porque pagar salários estava fora de questão. Tudo parecia fazer sentido. Minha decisão de não pedir reembolso de despesas (como o custo de telefonemas internacionais) ocasionaria dificuldades, mas eu não queria ser acusada de obter lucros com a organização.

✄

E assim começou a Empty Arms. Um dos primeiros casos internacionais foi o de um menino inglês, Anthony, sequestrado pela mãe. O pai, Andrew, telefonou para mim de Sittingbourne, Kent, depois de ser encaminhado pela Reunite em Londres.

O menino de 7 anos havia sido levado pela mãe, que não era detentora da custódia, durante uma rara visita, e estava desaparecido havia meses. Anthony vivera muitos anos com o pai e tivera pouca interação com a mãe. Ela levara o garoto para a Austrália, onde tinha parentes.

Andrew enfrentava um momento financeiramente difícil e não podia arcar com os custos de uma estada na Austrália enquanto procurava pelo filho. Assim, pela primeira vez, mas não a última em muitos anos, um pai ocuparia temporariamente minha sala de visitas.

Andrew conseguiu dinheiro emprestado para a passagem até Melbourne e, esperávamos, para voltar à Inglaterra com Anthony sob a proteção da Convenção de Haia. Foi estranho ir buscar um desconhecido no aeroporto à meia-noite. Havíamos conversado por telefone cinco vezes. Conheci um homem alto, magro, louro, e com um sorriso fácil, mesmo depois do voo exaustivo. Enquanto caminhávamos, Andrew mencionou que não conseguia entender por que todo mundo nos olhava. Prometi explicar tudo na manhã seguinte e o levei para o carro, temendo assustá-lo com o excesso de informação àquela hora da noite. Nas minhas conversas telefônicas com Andrew, eu não mencionara meu trabalho como apresentadora de tevê nem meus filhos sequestrados. Eu adotara como política pessoal não usar a Empty Arms Network como instrumento de pressão na busca por meus filhos. Discutir minha situação familiar era algo que eu não faria com os "clientes", a menos que, como no caso de Andrew, isso fosse inevitável. Abordar o trabalho com profissionalismo era muito importante para que eu pudesse acrescentar à causa alguma diferença. A rede não era um espaço para pessoas desequilibradas discutirem problemas e dor comigo ou com outros pais; não se tratava de uma sociedade que propunha cortes nos pulsos e pactos de sangue, mas de uma união de forças.

Durante a maior parte dos meses de setembro e outubro Andrew morou na minha casa, refugiando-se no quarto extra quando a luta pelo filho se tornava esmagadora. No início ele se mostrou totalmente apavorado com toda a situação, mas aos poucos relaxou e conseguiu ignorar meu trabalho na televisão e meu passado real. Eu o ajudei nos contatos com a Procuradoria Geral, traduzindo o jargão legal e os procedimentos de Haia, coordenando datas no tribunal e solicitações de provas e documentos, e comparecendo às audiências com Andrew quando Anthony finalmente foi localizado.

O aparato da Convenção de Haia entrou em ação. A situação era tremendamente enervante para Andrew e seus pais — pessoas idosas que haviam permanecido em Kent —, porque nenhum desfecho de qualquer procedimento sob a Convenção de Haia pode ser antecipado. Para permitir que Andrew visse o filho regularmente depois de o menino ter sido localizado pela polícia, foi necessário que eu tomasse medidas legais para a mediação do contato entre pai e mãe e para as visitas supervisionadas. Uma coisa era absolutamente certa: aquele homem amava o filho e investia toda sua energia no que acreditava ser melhor para os interesses de Anthony. Nem uma vez, nem em seus momentos de maior desespero, Andrew expressou a intenção ou o desejo de se vingar da ex-mulher, e insistia na necessidade de Anthony ver a mãe com frequência, caso a corte decidisse em favor dele.

Depois de algumas conversas privadas que tive com a mãe de Anthony, ela decidiu não complicar muito os procedimentos legais com protestos e alegações. Enquanto isso, a Corte de Família na Austrália ordenava que Anthony, com 7 anos, e o pai residissem comigo por alguns dias enquanto as últimas determinações legais eram decididas e anunciadas. No final, a decisão tomada foi concomitante com o disposto na

Convenção de Haia, e Andrew e o filho puderam voltar a morar na casa modesta e confortável em Kent, com os pais dele!

Ver Anthony se atirar nos braços do pai no dia em que eles foram reunidos foi um momento fabuloso. Uma miniatura de Andrew correu pelo saguão movimentado do tribunal, o rosto pequenino iluminado pela alegria. O piso de mármore não oferecia resistência, e o menino se jogou no chão de joelhos e deslizou até parar radiante aos pés do pai. Chorando copiosamente, Andrew tomou o filho nos braços e sorriu para mim por cima da pequenina cabeça loira. Por um segundo, senti o fantasma dos braços de Iddin e Shah em torno do meu pescoço, e minha garganta se fechou. Com certo egoísmo, pensei se seria sempre assim. Eu mesma teria a chance de experimentar a alegria da reunião? Quando?

❀

— Senhora, minha mulher roubou meus filhos e vendeu meus remos!

Eram 3h da manhã e eu apertei o fone contra o ouvido, certa de nunca ter escutado abertura melhor para uma conversa direta. Era objetiva. Encaminhado a mim por Meredith Morrison, funcionária do USA's National Center for Missing and Exploited Children, o americano do Meio-Oeste ainda levaria outros 18 meses para rever os filhos, mas esse pai nunca usou outra frase para apresentar-se às pessoas que o ajudaram. Seu caso vai ficar para sempre na minha memória por sua estranheza e hilaridade, mesmo nas circunstâncias mais tensas.

Às vezes, porém, era o pai sequestrador que viajava para a Austrália e entrava em contato comigo. Por mais absurdo que pareça, eles telefonavam de seus esconderijos pedindo minha ajuda. Precisavam de um negociador, alguém para intermediar a devolução voluntária da criança ao país de origem, o que evitaria processos criminais nas nações signatárias da Convenção de Haia. Eu entrava em contato com grupos de apoio e hotéis em nome deles também, e encontrava advogados que os representassem em seus países.

De 1994 a 2006, estive envolvida na repatriação segura de 64 crianças sequestradas no mundo todo. De Hong Kong para a Colômbia; da Austrália para o Líbano; do Reino Unido para a Malásia; dos Estados Unidos para a Austrália; da França para a Nova Zelândia, via Austrália; da Alemanha para os Estados Unidos; da Argentina para a Jordânia; da Suécia para a Austrália; da Finlândia para a Bélgica; da Irlanda para a Indonésia; de Cingapura para o Canadá; da Nova Zelândia para a Líbia; da Austrália para a Grécia; dos Estados Unidos para a Tailândia; da Grã-Bretanha para o Haiti; da Palestina para Paris. A lista continua.

Na área de competência da Convenção de Haia, muitos dos casos em que estive envolvida foram resolvidos com rapidez e eficiência. Porém, havia uma ocorrência estranha: os casos envolvendo os Estados Unidos sempre se complicavam. Esse país não tem jurisdição federal relacionada à legislação de família, e muitos estados não contam com juízes proficientes em questões familiares. Um juiz no Tennessee pode estar julgando um recurso de multa por estacionamento proibido em um dia e um caso de rapto internacional no outro. O exercício pode ser longo e destruidor para os adultos envolvidos, mas o maior custo é para as crianças, que têm de permanecer no limbo, sem pertencer a lugar nenhum e incapazes de criarem raízes.

A França é outro território bastante difícil com relação à Convenção de Haia, porque os juízes franceses frequentemente se baseiam no que diz a convenção (seções 13A e 13B) para decidir contra a repatriação de uma criança sequestrada. Falando de forma mais ampla, esses tópicos foram incluídos para tratar do bem-estar físico e emocional da criança no caso de maus-tratos em seu país de origem — seja sexual, físico ou psicológico. É um mecanismo de segurança, para garantir que a criança não seja devolvida a uma situação de risco em potencial. Porém, os franceses sempre incluem nesse "bem-estar" a estimulação intelectual e o acesso à herança cultural.

Um juiz francês perguntou:

— Por que eu devolveria uma criança semifrancesa a um país totalmente destituído de sofisticação cultural [Austrália], uma terra de cangurus, praias e criadores de carneiros? A França é o berço da vida intelectual, o lar de Voltaire e das artes.

Substitua simplesmente "Austrália" por Estados Unidos ou Canadá, Grã-Bretanha ou Alemanha, e você vai começar a ter uma ideia de como é difícil e frustrante a implementação da Convenção de Haia em uma nação em que juízes de classe média podem aplicar seus preconceitos e mal-entendidos ao que pode constituir o melhor com relação ao bem-estar de uma criança.

Na esteira do sucesso de *Empty Arms — Broken Hearts* e do avanço que eu conseguia com meu trabalho no combate ao sequestro, eu parecia estar finalmente colhendo alguns louros das minhas batalhas, ou, pelo menos, era esse o texto nas entrelinhas de um convite que recebi para dar uma palestra sobre sequestro parental de crianças em uma conferência internacional sobre lei de família. Ironicamente, eu havia passado para o lado dos especialistas e não estava mais do outro lado do rio, com as vítimas. Minha gratidão ao então juiz da Corte de Família da Austrália, Alastair Nicholson, será eterna e profunda. O juiz Nicholson assumiu um risco insistindo pela minha inclusão no programa de oradores, e sua confiança em mim é algo que nunca poderei retribuir, porque ela me colocou no caminho que transformaria minha vida e me daria motivação.

Com alguma ansiedade, embarquei no meu primeiro compromisso público de oradora, e meu nervosismo era tão grande que parei de comer 24 horas antes, temendo sentir náuseas. Abrir a palestra com uma montagem de slides com comentários feitos por crianças sequestradas projetada em tela. Foi uma escolha cujo propósito era causar extremo impacto. Usar as palavras daquelas crianças para chegar a uma imagem geral das atitudes jurisdicionais foi uma decisão que prendeu a atenção de todos. Em pé no auditório, tremendo no meu *tailleur* vermelho sobre o salto dos sapatos de camurça preta, falei sobre os efeitos sociológicos do sequestro de um filho, sem me dar conta de que aquele seria o primeiro de muitos seminários e conferências em que eu me veria envolvida nos mais distantes lugares, de Bruxelas a São Francisco, Hong Kong, Buenos Aires e Joanesburgo.

No terceiro ano após o rapto de meus filhos, Bryan Walter Wickham, um dos cúmplices pagos por Bahrin (os outros dois eram de Cingapura), foi preso por oficiais do serviço federal americano na Flórida, nos Estados Unidos. Minha primeira reação foi "o bom e velho know-how americano". Recebi a notícia por intermédio de um telefonema de Tim Pallesen, redator do jornal *Palm Beach Post*.

A Interpol e, ironicamente, a mídia haviam procurado por Wickham em todo o mundo, das Filipinas (onde ele era suspeito de manter ligações nefandas) à Escócia, onde vivera até migrar para a Austrália. Quando participou do sequestro dos meus filhos, esse total desconhecido havia deixado a esposa, Sheila, e os próprios filhos na Austrália. (De maneira hipócrita, mais tarde ele defendeu repetidamente a santidade dos laços familiares e dos filhos!) Wickham e a esposa não conheciam Iddin ou Shah antes do crime, mas, em todas as entrevistas que deu depois da prisão do marido, Sheila condenou a remoção ilegal das crianças do único lar seguro e da única família que elas haviam conhecido. Suponho que tenham sido o dinheiro e o ouro pagos ao marido por sua participação no crime que aplacaram seus protestos morais, embora fosse questionável se Bryan Wickham algum dia os tivera.

Wickham trabalhava em West Palm Beach, na construção civil, desde dezembro de 1992. Pelo que pude entender, o FBI e os agentes da lei americana encontraram seu rastro a partir de digitais e de um veículo registrado em seu nome, um detalhe captado por algum funcionário mais atento. Aparentemente, ele chegara em West Palm Beach cinco meses depois do sequestro e se instalara confortavelmente em um apartamento fornecido pelo sr. Orville Rodberg, um empresário local, e seu filho, cuja conexão com Wickham nunca foi explicada. Cercado de confortos, como piscina e uma área arborizada em sua propriedade, Wickham adotou um estilo de vida típico da ensolarada Califórnia com grande facilidade, sem nenhuma complicação aparente.

O assistente da Procuradoria dos Estados Unidos, Thomas O'Malley, garantiu que os procedimentos americanos se desenrolassem com facilidade, e assim, com rapidez e eficiência, pouco tempo depois de ter sido detido, Wickham foi extraditado dos Estados Unidos para ser julgado na Austrália, onde confessou ser culpado pelo sequestro de Iddin e Shahirah.

Wickham é um criminoso condenado com comprovada ligação com prostituição, sonegação de impostos e lavagem de dinheiro, por isso sinto arrepios quando penso que ele esteve perto dos meus filhos. No tribunal, ele relatou uma farsa extraordinária cheia de mentiras, contradições, e alegou até ter sido abandonado pelo próprio Bahrin. Ele implicou o governo e o Exército da Indonésia no sequestro, e sustentou que havia ajudado Bahrin por causa de seu amor pelas crianças.

Em 5 de maio de 1995, ele foi sentenciado a 18 meses de detenção, uma sentença reduzida por sua confissão de culpa. Depois disso, ele cumpriu apenas nove meses da sentença, sendo agraciado com um período de nove meses de liberdade condicional. Normalmente, a pena máxima para o crime de sequestro é de três anos por infração. Mas Wickham ainda não estava encerrando sua relação conosco.

Da prisão, ele me enviou uma mensagem propondo vender todos os detalhes do sequestro de meus filhos — o que eles disseram, o que foi feito com eles, como eles se comportaram e reagiram, e assim por diante. Aparentemente, ele se sentia muito astuto por ter confessado sua culpa, evitando assim os interrogatórios no tribunal: havia preservado os trechos mais suculentos de sua história intactos para poder lucrar. Como me explicou o mensageiro, aquela era sua apólice de seguro.

É claro que parte de mim queria saber até os mínimos detalhes tudo que meus bebês haviam enfrentado. Mas aquilo não passava de um plano nojento para arrancar dinheiro de mim. Ele já me havia tirado a essência da vida; não teria mais nada que me pertencesse.

Outro Natal se aproximava, me atormentando com a ausência das crianças. Coloquei as fotos de meus filhos sob a árvore e tirei outro retrato para marcar a passagem do tempo. Era incrível, mas fazia anos que eu não via nem falava com Iddin e Shahirah. Perdera aniversários, não vira Shahirah trocar os dentes e, acima de tudo, sentia falta da personalidade e das risadas de meus filhos. A dor não diminuía, mas aprendi a lidar com ela na maior parte do tempo. Ouvi dizer que os amputados sempre retêm a memória do membro perdido, sentem sua presença e recordam sensações, e talvez fosse isso que eu experimentava.

Eu havia escrito meu primeiro livro, sobre o sequestro e minha vida antes dele, como uma forma de permitir que Shahirah e Iddin tivessem algum conhecimento sobre minha personalidade, e para comunicar minhas reações, motivações e as escolhas que eu fizera na vida. Queria que eles tivessem provas tangíveis do meu amor por eles. Parecia importante registrar tudo no papel, considerando como a vida pode ser imprevisível. Eu sentia que *Era uma vez uma princesa* era minha apólice de seguro contra um tempo de vida incerto e deixei uma parte minha ali para eles, para um dia resgatarem no futuro. Mas eu tirava da bainha uma espada de dois gumes, expondo-me ainda mais a estranhos pela nudez de pensamentos que incluí no livro.

O campo minado emocional da ausência das crianças estava presente na minha vida diária, e a dor continuava num círculo vicioso de marés cheias e vazantes, ondas que iam e vinham. Eu não lidava mais tão bem com alguns aspectos da situação como no primeiro ou no segundo ano eu apenas vivia na esperança.

Capítulo 6

Professores guerreiros e o poder das lágrimas

Nosso comboio de Land Cruisers ia sacudindo por Rift Valley, cortando a savana e atravessando o leito seco de um lago que se estendia por 20 quilômetros em todas as direções — um tapete de terra compactada por milhares de anos de marés e vento. No alto, abutres descreviam círculos, procurando por presas enfraquecidas, e um ou outro bando de aves migratórias desenhava sombras geométricas sobre a planície ressequida, adornada por árvores secas e arbustos baixos e espinhosos. Do outro lado da fronteira, na Tanzânia, o monte Kilimanjaro, o pico mais alto da África, se erguia majestoso e distante, picos nevados sobre contornos escuros e sombrios, revelado apenas quando as nuvens baixas se dissipavam como se fosse magia. O céu, de um azul-acinzentado, se estendia interminável para ir se juntar ao horizonte, sem a perturbação dos jatos comerciais.

Atravessávamos de carro o berço da humanidade, o oco da criação, passando pelo meio da reserva Amboseli, lar da maior população de elefantes do leste da África, onde os animais perambulavam livres e os humanos eram dependentes da Mãe Natureza em relação à fauna e à flora. Era o tipo de jornada que fazia tremer os ossos e cobria a tudo e a todos com uma fina camada de terra vermelha, que aderia à pele e coloria cabelos e pelos num intenso tom de terracota.

Animais de todos os tamanhos, cores e formatos retardavam nosso objetivo, porque reduzíamos a velocidade para deixar passar aquelas criaturas tão estranhas para nós. Gazelas corriam ao lado dos veículos, saltando com uma leveza impressionante, mal tocando o chão com os cascos. Duzentos quilômetros a passo de tartaruga por estradas rochosas e trilhas de terra, muitas delas pouco mais que vagas linhas cortadas nos leitos secos dos rios, e em nenhum momento senti necessidade de reclamar. Queria respirar o horizonte e abrir os braços para o sol. Minhas narinas estavam cheias de África, rica e aromática, limpa e não contaminada; o tempo parecia orgânico, pairando no ar. Sempre que parávamos, eu abria as janelas da caminhonete e inspirava profundamente para tentar gravar o momento em minha mente.

Nem mesmo o calor diminuía minha alegria por estar naquele ambiente. Tudo ali causava euforia. As zebras pastando em grupos gigantescos, as girafas caminhando sem pressa com aquela graça natural, tudo me fazia pensar por que eu perdera tanto tempo antes de ir à África!

Em janeiro de 1995, meu amigo Bill Searle, produtor-executivo de *Neighbours*, desenvolvia um enredo inovador para o espetáculo com um tema ligado à organização humanitária chamada World Vision. A série seria filmada na África. Eu me ofereci muito entusiasmada ao ouvir falar sobre a filmagem, mas não esperava realmente viajar com os atores e me tornar parte da equipe de gravação. Simplesmente aconteceu. Eu tinha consciência da popularidade de *Neighbours* no mundo todo, e do longo tempo de exibição da série na televisão inglesa, mas, pessoalmente, nunca tinha dedicado um tempo para assistir.

Eu gravara várias histórias de *House Hunt*, o programa de estilo de vida australiano que eu apresentava na televisão em Melbourne, fora vacinada contra nove diferentes e potencialmente mortais doenças tropicais e estudara um pouco de suaíli!

Ocasionalmente, uma nuvem de poeira começava a tomar forma, revelando aos poucos uma figura alta e magra que exibia o vermelho e o azul-cobalto de um *shukas* — um pedaço de tecido usado como sarongue e outro sobre os ombros como um tartã escocês. Sem exceção, esses homens empunhavam lanças ou estacas de cerca de 2 metros e acenavam em cumprimento quando passávamos. Eram guerreiros Maasai procurando por uma trilha mais regular na vasta planície. Amboseli não era lar apenas para uma enorme quantidade de animais, mas era também parte do território dos Maasai, o tradicional lar desse povo tribal, alguns dos quais participariam daquela filmagem.

Perto do final do dia chegamos a uma área muito ampla e verde, de terras alagadiças irrigadas por lençóis subterrâneos formados pela neve derretida do Kilimanjaro. Aves em abundância povoavam a área, e ondas e muitos pares de olhos e orelhas indicavam a existência de hipopótamos nadando e namorando na parte mais profunda do alagadiço. Nenhum de nós conseguiu conter as exclamações encantadas diante da primeira manada de elefantes. A mamãe elefanta e seu filhote se refrescavam na parte mais rasa, com as trombas erguidas como periscópios; o restante da família também se divertia por ali, e aves brancas pousavam nas costas deles como eu só havia visto em filmes. Desde minha primeira visita ao zoológico, quando ainda era bem pequena, eu sempre fora fascinada por elefantes. Finalmente vê-los soltos e em seu habitat natural, poucos metros distante de mim, me fez sentir um nó na garganta, uma enorme felicidade. Todos empunhamos câmeras e começamos a fotografar aquelas majestosas criaturas se divertindo em um dos raros locais com água em abundância na reserva.

Desejei que meus filhos pudessem estar ali comigo, testemunhando aquela fonte de natureza e vida selvagem. Podia quase ouvir os gritos entusiasmados de Iddin e seu dedinho apontando para o filhote de elefante que nadava desajeitado, ou a voz de Shahirah exclamando sobre a beleza da girafa que passava diante de nós. Como sempre, trazia a foto de Iddin e Shahirah em meu bolso. Lembrei-me de uma citação de alguma alma sábia: "Ser mãe significa que seu coração não lhe pertence mais; ele vaga onde quer que seus filhos estejam."

Tortillis era um dos novos, pequenos e luxuosos empreendimentos de ecoturismo projetado para causar o menor impacto sobre o ambiente à sua volta. Eu havia imaginado me instalar em tendas, não no surpreendente estabelecimento que encontrei naquele pedaço de paraíso.

A sala de jantar, a recepção e o bar ficavam no alto de uma encosta, de onde se viam o vale e o monte Kilimanjaro. Aqueles prédios eram pavilhões abertos, cobertos por sapê, com pisos de madeira escura e polida e vigas expostas no forro. Um terraço de piso de pedra em um nível mais baixo servia como área de lazer, com divãs de madeira entalhada e ratã coberto por confortáveis almofadas em cores vibrantes. Diversas noites, depois de encerrar o dia de filmagens e tomar um banho para lavar toda a terra das planícies, eu me sentava naquele terraço com uma dose de vodca e assistia aos elefantes, às zebras e às gazelas na água, não mais de 40 metros distante de mim, alguns nadando, outros aplacando a sede.

Ali funcionava a base da produção e seria nossa casa pelas duas semanas seguintes. Naquele grupo de trabalho, atores como Jackie Woodburne (que ainda representa Susan Kennedy) e Brett Blewitt (que fez Brett Stark) eram companhias extremamente divertidas.

Jackie, uma mulher inteligente, com pouco tempo para crises de diva, é irlandesa e dona de um senso de humor que sempre nos fazia rir muito. Brett, na época praticamente um adolescente, era muito distraído, sempre deixando o passaporte e a carteira nos balcões de aeroportos e se afastando do grupo nos momentos mais impróprios, como na hora de embarcar, por exemplo. Ele conquistou a reputação de ser propenso a acidentes e todos nos perguntávamos como ele conseguira chegar ao fim das filmagens com os membros intactos.

Nossas acomodações ficavam a cerca de dez minutos descendo a encosta a partir do pavilhão principal; seguíamos por um caminho de pedras que à noite era iluminado por lampiões colocados em intervalos regulares. Ao anoitecer, um homem vestindo uma surrada capa de chuva cinza e *shuka* Maasai acendia cada um deles enquanto subia a encosta lentamente, sempre cuidadoso e metódico, nunca ansioso ou apressado.

Cada um de nós ficava em uma tenda muito espaçosa de 20 metros de altura e telhado de sapê, com uma varanda frontal e sala de estar aberta em uma das laterais, com poltronas, mesa de café e até um divã. No interior, a tenda tinha piso de madeira polida e janelas altas protegidas por telas para impedir a entrada de insetos. Uma grande cama de casal ocupava o centro da estrutura, diretamente à frente da entrada. E, para minha grande surpresa, eu contava com o luxo de um banheiro privativo com chuveiro abastecido pela gravidade e aquecido por energia solar. Luz elétrica, fornecida por baterias solares, funcionava por algumas horas todas as noites e depois disso usávamos tochas. Nunca ouvi falar em um acampamento com tanto conforto e estilo! (Às vezes, eu ficava imaginando que Grace Kelly apareceria para pedir o chá com um gesto elegante.) O único truque consistia em lembrar de fechar a entrada com zíper antes de ir dormir, para evitar que curiosos visitantes de quatro patas fossem provar o novo estoque de carne importada; estávamos separados dos outros habitantes da reserva apenas por uma fina cerca eletrificada!

De manhã, deixávamos nossas tendas e íamos tomar café antes do raiar do sol, e depois partíamos para a locação do dia, às vezes a duas horas de distância de carro, por um terreno rochoso e acidentado. Eu tirava alguns momentos de privacidade para assistir ao nascer do sol do alto da colina, depois corria para ir me juntar à equipe nos veículos carregados com o equipamento.

O calor e as longas distâncias a serem percorridas tornavam a filmagem exaustiva. No final do dia, retornávamos a Tortillis e desfrutávamos de refrescantes duchas antes de um drinque no bar ou do jantar. Depois, alguns ficavam na sala de estar ou na varanda, conversando e bebendo; outros preferiam apreciar os animais do terraço e o restante se recolhia para dormir cedo, recuperando energia para o dia seguinte. Tentei todas essas estratégias nas primeiras quatro noites para garantir uma noite inteira de sono, mas foi inútil. Adormecer não era tão difícil quanto permanecer dormindo.

Como um relógio, eu despertava sempre às 3h da manhã, com a audição alerta para o completo silêncio da savana. Tudo é muito quieto, como uma pesada cortina de veludo, muito escuro e repleto de mistérios. O estranho som de um animal ou o farfalhar na escuridão parecia apenas aumentar o silêncio em vez de rompê-lo. Abrindo uma das partes da tenda, eu podia identificar o contorno do monte Kilimanjaro, os picos nevados brilhando ao luar e, às vezes, conseguia sentir o leve cheiro de um animal passando por ali. Não havia luz nas outras tendas, nem sombras projetadas na lona. Só eu estava acordada na noite queniana. "Aquilo" que me fazia acordar não tinha razão ou forma, lógica ou pontos discutíveis.

Eu podia quase ouvir meu coração batendo e sentir seu ritmo reduzi-do: não havia taquicardia, nem descarga de adrenalina pelo medo, só um pulsar estável e comum. Porém, apesar de toda a ausência de ansiedade, apesar da calma e da quietude que me cercavam, era como se todo o meu ser fosse uma grande e transparente caixa com pedras. Cada uma delas de um tamanho, peso ou cor diferentes, contendo uma faceta de minha es-sência mais secreta e não identificada. Eu via o conteúdo da caixa diante de meus olhos, e era como se estivesse vendo minhas emoções descerem ao chão lentamente, sem nenhum padrão ou ordem, arranjando-se em desenhos sobre a terra, um diferente do outro.

Com esse "despertar" emocional vinham as lágrimas. Não havia an-gústia ou desespero, nem raiva ou ressentimento. Eu simplesmente cho-rava grandes gotas quentes. Cada vez que as secava, outras se formavam e transbordavam de meus olhos; cada vez que eu tentava contê-las, im-pedi-las de fluir, meu corpo se opunha veementemente e irrompia em soluços convulsivos. Então, eu deixava as lágrimas correrem. Até pouco antes do amanhecer, as gotas de minha essência interior lavavam meu rosto enquanto eu "assistia" ao silêncio africano fora de minha tenda.

Na quinta noite que eu dormi até, o pico nevado do Kilimanjaro se tingisse com o rosado da aurora. Dormi e sonhei com meus filhos, sem pesadelos ou medos, uma sequência de lembranças abertamente felizes. "Aquilo" nunca mais apareceu.

Talvez por eu ter ouvido o silêncio da África, ou talvez por eu ter finalmente ouvido meu próprio silêncio, eu me sentia pronta para algo mais.

Até aquele momento, a culpa e as saudades de Iddin e Shahirah ha-viam impedido até meus mais fugazes momentos de alegria e felicidade. Cada vez que desviava do caminho da dor, um mecanismo era aciona-do dentro de mim e eu mergulhava na autopunição por ter sido desleal com meus filhos. Mas aquele lugar havia mudado as coisas: a África me deu permissão para ser feliz, mesmo chorando. Sem esquecer nem por um momento a perda de meus filhos e o amor que sentia por eles, simplesmente descobri minha capacidade de apreciar o presente sem o sentimento de traição.

Essa nova experiência de felicidade estava comigo no dia em que en-trei pela primeira vez no vilarejo de Engkonganarok.

❧

Fomos recebidos no *boma*, ou vilarejo Maasai, por um grupo de 160 membros da tribo, todos vestindo seus melhores *shukas* e cantando a tradicional canção de boas-vindas com suas vozes melodiosas.

O vilarejo era construído em círculo, com cabanas na parte externa e um calçamento na área interna, protegendo o foco principal do *boma*: enorme curral feito com galhos espinhosos arrancados dos arbustos. Principal fonte de renda Maasai, os animais eram presos naquela área durante a noite.

Originariamente um povo nômade, os habitantes de Engkonganarok haviam escolhido se enraizar em função da redução das terras tradicionais e da área de caça. Ali eles tinham acesso à água fresca, também, graças a um poço escavado recentemente com financiamento de instituições humanitárias.

As *engkagi*, casas do vilarejo, eram construídas pelas mulheres da tribo com barro, excremento de gado e galhos, e a matéria comprimida dava forma a estruturas arredondadas e cobertas por sapê. A entrada das casas continha uma forma engenhosa de proteção: era construída numa acentuada curva em S para avisar aos ocupantes, caso algum animal predador, como uma hiena, por exemplo, tentasse roubar um bebê no meio da noite. Entrar em uma *engkagi* requer muita flexibilidade, pois é necessário dobrar-se ao meio para percorrer a entrada em S. Mesmo dentro, é impossível ficar em pé, e prevalece uma escuridão quase total. A única luz vem de uma chaminé de 15 centímetros que deixa sair a fumaça do fogo de excremento de vaca. O *engkagi* pode acomodar uma família de até sete ou oito pessoas nesse espaço reduzido. Para dormir, normalmente todos os membros da família se encolhem uns contra os outros; embora, na adolescência, os meninos sejam transferidos para uma *boma* próxima construída para o uso único dos *morans* (guerreiros) em treinamento e para os homens da tribo que podem se casar.

No meio do povo Maasai, naquele dia, aprendendo todas essas coisas e sendo inundada pelo vermelho vibrante e pelo azul-cobalto intenso de suas vestes, pelas inúmeras camadas de contas e pelos rostos pintados, senti-me alegre e acolhida. A pele, cor de chocolate, brilhava ao sol, iluminada pelos toques vermelho-ocre pintados em padrões geométricos sobre rostos e braços. Muitos dos jovens guerreiros também tinham as pernas nuas e os cabelos decorados com esse pigmento natural extraído da terra. Mulheres de beleza serena se mantinham eretas, muitas delas com bebês suspensos em apoios presos às costas. Crianças pequenas espiavam tímidas e curiosas os *mzungu* (homens brancos) invasores protegidos pelos *shuka* dos pais. Quase todas as pessoas da tribo tinham à cabeça raspada ou cabelos muito curtos.

Na cultura Maasai é considerado de bom-tom responder a um cumprimento no mesmo idioma. Aprendemos isso com membros do comitê de administração tribal que haviam sido enviados anteriormente ao nosso encontro para examinar as intenções da equipe de filmagem e nossas atitudes. Cada um da equipe devia responder individualmente a todos os 160 habitantes que haviam oferecido as boas-vindas. Os habitantes locais, que haviam formado um enorme círculo humano à nossa volta, passaram então por nós e nossas respostas deveriam ser oferecidas em linguagem específica ao gênero, ao mesmo tempo em que usávamos o equivalente a um aperto de mão secreto dos Maasai: um entrelaçar de dedos, dos polegares, e um roçar de palmas e pulsos. Realizada essa etapa, alguns de nós fomos brindados com a primeira dança social de cumprimento.

Ao som de centenas de vozes cantando e das exclamações entusiasmadas de todos ali reunidos, seguimos para o centro do curral e, em meio a esterco de vaca acumulado há anos e moscas, começamos a dançar. Uma espécie de pula, pula, passo, um esfregar de ombros e um entrelaçar de antebraços em ângulo reto com o corpo, seguido por um sacudir ritmado dos ombros, os passos eram instigados por uma das mulheres mais velhas da tribo, e fazíamos o melhor possível para imitá-los. Aparentemente, minha habilidade de dançarina (graças a anos de aulas de dança na infância!) não era tão ruim para uma *mzungu*. Naquele momento, muitos guerreiros riram, mas dias depois me ofereceram quatro vacas como dote de um pedido de casamento. Um guerreiro ficou muito impressionado com minha musicalidade e se dispôs a fechar os olhos para minha falta de refinamento social! Ele e os outros também haviam descoberto que eu sabia ordenhar uma vaca. Uma habilidade pela qual eu devia agradecer a meus adorados padrinhos, tia Connie e tio Kevin, fazendeiros nos pastos verdejantes de Victoria's South Gippsland, com quem eu passava as férias escolares na infância e cuidavam de mim por meses seguidos quando as coisas em casa ficavam difíceis.

Lembro-me de aos 3 anos sentar no pequeno banquinho de três pernas reservado para mim no galpão de ordenha. Um rádio berrava ao fundo; enquanto minha tia me ensinava a ordenhar; eu deveria começar prendendo a cauda da minha vaca de estimação, uma dócil e mansa Jersey chamada Buttercup, amarrar suas patas traseiras e depois lavar suas tetas com água morna e sabão. Tia Connie mostrava então como apertar com firmeza as tetas de Buttercup e produzir um jato morno e espumante de leite dentro do balde. É espantoso como uma habilidade aprendida na infância poderia se tornar útil trinta anos mais tarde, na África! Serviu como uma quebra de formalidades muito eficiente e prática.

E sorrir me proporcionou uma cicatrização e um presente maravilhoso ali, Naipanti. Eu a conheci em meu segundo dia no vilarejo. De longe, uma jovem começou a chamar por mim num inglês truncado. Enfeitada por belos colares de contas multicoloridas, ela exibia uma pintura ocre normalmente reservada para jovens solteiras e prontas para se casar. Naipanti tinha 11 anos e era bem insolente, mas eu me senti inexplicavelmente atraída pela menina assim que começamos a nos comunicar numa mistura de suaíli, inglês e linguagem de sinais. Ela era vibrante e possuía um sorriso radiante como uma lâmpada de mil watts. Os olhos tinham um brilho de curiosidade que me lembravam os de Shahirah.

Naipanti havia sido retirada da escola, aparentemente, e o rebanho do pai dela havia sido dizimado pela seca e por leões famintos. A única maneira de reconstruir os recursos da família havia sido colocar Naipanti no mercado de casamento e estabelecer o preço do dote em várias vacas e um bode.

Em alguns dias eu descobri quanto dinheiro era necessário para devolver Naipanti à escola e tirá-la da lista de possíveis noivas. O pai dela, Murongo Ole, a descrevia como prestativa e inteligente e dizia lamentar ter sido forçado a retirá-la da escola, porque essa era a única maneira de manter ocupada sua mente brilhante.

Nós nos sentamos, a mãe de Naipanti e eu, encostadas à parede externa de sua *boma*, cantando, rindo e nos olhando nos olhos; duas mães falando sobre o futuro da filha — de uma delas — e de sua família. Caso Naipanti continuasse estudando e chegasse ao ensino médio, ou além dele, o futuro econômico da família poderia mudar drasticamente. Naipanti aprenderia a ler e escrever, e isso a permitiria encontrar trabalho quando tivesse mais idade. Significaria que toda a família teria um suprimento estável e regular de comida e assistência médica.

Finalmente, concordamos, mediante delicadas negociações, que eu patrocinaria os estudos de Naipanti e suplementaria a renda familiar. Pelo preço mensal de uma boa garrafa de vinho tinto eu poderia ajudar a família dela com os custos da vida diária e assegurar que Naipanti teria a chance de explorar seu potencial escolar. Como um bônus, consegui arrancar de Murongo Ole a garantia de que Naipanti não seria submetida a uma tradicional cerimônia de mutilação genital feminina, o que seria desnecessário, uma vez que ela continuaria estudando. Não passar pela cerimônia a tornaria menos interessante no mercado de casamentos dentro da tribo, mas não nos ambientes mais sofisticados de Nairóbi, onde os estudos fatalmente a levariam. A menina manteria intactos o clitóris e a genitália, e se estudasse muito poderia conquistar a autonomia e o respeito que muitas mulheres africanas nem sonhavam ter dentro da tribo.

Acertado o futuro imediato de Naipanti, eu me vi no papel de mãe adotiva e novo membro oficial da comunidade Maasai de Engkonganarok. Daquele momento em diante, até o fim da viagem, Naipanti me seguiu por todos os lugares, segurando minha mão, falando muito e preenchendo os silêncios.

Adotar um filho na terra Maasai é ser bem-recebida e aceita como membro no clã, independentemente de raça, religião ou nacionalidade. Ganhei joias Maasai feitas à mão, uma *kamishina*, que eu deveria usar para me identificar como membro do vilarejo Engkonganarok. Essa era uma grande honra. Os Maasai acreditam ser o povo escolhido, mas reconhecem alguém que se aproxime deles em paz e se envolva na comunidade, contribuindo com seus conhecimentos, também um Maasai. Para eles, a cor da pele de alguém só afeta sua habilidade de lidar com o sol quente da África, nada mais.

Certo dia, na hora do almoço, um guerreiro alto e majestoso que era fluente em inglês, maasai, suaíli e italiano (ele havia conseguido uma bolsa de estudos para estudar em Roma), me pediu para acompanhá-lo à escola local. Caminhamos cerca de 100 metros além do vilarejo principal para uma clareira de onde se viam o monte Kilimanjaro, elefantes à minha esquerda e outros animais, como zebras, à minha direita. Ali, à sombra de uma árvore espinhosa, havia trinta rochas brancas perfeitamente alinhadas. Aquela, Mongo anunciou orgulhoso, era sua escola.

Depois de concluir a universidade em Roma, Mongo havia decidido voltar para junto de seu povo e dar às crianças do vilarejo alguma educação. Ele argumentou que seu povo estaria mais bem-equipado para lidar com todo tipo de problemas se tivesse o poder da palavra escrita. Assim, Mongo iniciara aquele empreendimento com um dicionário velho, alguns lápis e um livro de exercícios. Não havia livros didáticos ou lápis coloridos para as crianças nem livros de histórias com ilustrações brilhantes ou enciclopédias, só aquele homem determinado e dedicado se equilibrando diante de mim sobre uma perna, ao estilo Maasai.

Coberto de vermelho-ocre, adornado por contas e com as cicatrizes tribais nas faces, portando uma lança e usando um *shuka* jogado casualmente sobre um ombro, Mongo era o professor mais determinado que eu já conhecera. Seus alunos podiam aprender a escrever o alfabeto na terra e ler e soletrar decorando, mas eram ensinados por uma pessoa dedicada e fabulosa que se dispunha a trabalhar com o coração e a alma para educá-los. Não foi necessário muito tempo para eu perceber que o que faltava em equipamento era compensado pela determinação de Mongo, por seu compromisso com o povo.

Lembrei-me de que levava quatro livros infantis na bagagem para o caso de precisar dar presentes de emergência (uma prática que adotara desde que fora viver com a família real), e os entreguei a Mongo na primeira oportunidade que tive. Sete dias depois, quando a filmagem no vilarejo chegou ao fim e era hora de dar adeus à minha nova família, Mongo me convidou para ir novamente à escola. Dessa vez, trinta crianças pequenas, com Naipanti entre elas, se levantaram e recitaram graciosamente todo o conteúdo de um dos livros que eu dera a Mongo. Dizer que fiquei perplexa seria pouco; embasbacada e fascinada pode descrever melhor minha reação. Aquele homem, aquele professor que, em termos ocidentais, nada tinha de valor material ou riqueza, dera a trinta crianças o grande dom da imaginação, e em menos de uma semana!

Capítulo 7

Operação Book Power

Desde o dia em que deixei a África minha vida evoluiu com mais significado e sentido do que jamais imaginei ser possível depois da perda de Iddin e Shah. Mergulhei no trabalho: ainda apresentava *House Hunt*, o que detestava fazer por seu conteúdo comercial, e atuava como *host* em uma série de filmes corporativos, embora tudo isso tivesse se tornado apenas um meio para um fim, era a forma de ganhar dinheiro para a realização de meu sonho. Eu havia trazido comigo da terra Maasai o brilho de uma ideia: se quatro livros podiam estimular crianças no meio da savana e ajudá-las a ler, o que uma biblioteca não faria por elas? As crianças que conheci se sentavam no chão e usavam a terra como lousa e caderno, escrevendo as lições ali, mas essas condições precárias não diminuíam o desejo voraz de aprender. Quando Naipanti e seus colegas seguraram os livros que dei a eles, vi em seus olhos uma alegria e um fascínio que causaria vergonha em muitas instituições de ensino de países desenvolvidos.

Assim, logo que voltei do Quênia, entrei em contato com minha editora australiana e convenci que doassem uma seleção de livros infantis avaliados em 25 mil dólares australianos, material que eu encaminharia às escolas e orfanatos que havia visitado. Organizar a remessa dos livros para o Quênia e sua distribuição não foi nada fácil, mas ficou menos complicado depois de solucionados os detalhes de alfândega e exportação. Os *royalties* de *Era uma vez uma princesa* ajudaram a pagar os custos de envio.

Depois desse pequeno sucesso, refleti sobre o que ler e escrever significara para mim ao longo dos anos, e também sobre a importância que Mongo dera à alfabetização de seu povo. A literatura fora o buraco da minha fechadura durante toda a vida: os livros me educaram, foram meus amigos fiéis e me deram confiança para construir opiniões. Se as crianças na África pudessem aprender a ler e escrever, a vida certamente seria melhor para elas.

Esse pequeno projeto era outra conexão com meus filhos. Eu havia lido para eles os livros de Mem Fox, seus favoritos, e muitos outros, quando eles ainda eram bem pequenos. Mais tarde pude ver a alegria no rosto deles quando explorávamos juntos *As crônicas de Nárnia*. Esperava que Sharihah e Iddin se lembrassem de nossas histórias antes de dormir e as palavras secretas que só se tornavam acessíveis pela leitura; queria que eles se apegassem firmemente a esse tesouro, independente do que encontrassem pela frente com o passar do tempo.

Alimentar-se é um ato tão natural que às vezes é fácil negligenciar necessidades intelectuais em favor de sustento puramente físico. Muitas organizações humanitárias fazem um trabalho magnífico criando campanhas a favor da alimentação e programas de saúde, mas eu queria garantir também o intelecto infantil.

Se você dá às pessoas a habilidade de ler, dá também a possibilidade de serem independentes. Uma mulher pode ler uma embalagem de anticoncepcionais ou uma nota do governo sobre o programa de vacinação para seus filhos. O conhecimento factual e fundamental sobre aids torna-se acessível, salvando vidas. Um fazendeiro pode conseguir informações sobre rotação de culturas e irrigação. O habitante de um vilarejo pode obter fundos para cavar um poço, assegurando água potável para toda a comunidade; e indivíduos podem tomar decisões fundamentadas sobre reforma política e democracia.

A literatura amplamente difundida é uma forma de garantir que uma nação não será eternamente dependente de ajuda internacional. Foi isso que Mongo viu para os Maasai e entendeu ser o impacto prático de palavras e compreensão.

Para fazer desses objetivos uma realidade é necessário estimular nas crianças a compreensão de que ler pode ser divertido, além de educativo, e por isso é fundamental que as ferramentas para a educação e a descoberta estejam disponíveis para elas. Acredito que o melhor caminho seja pela exposição a livros infantis bem escritos e ilustrados, e pelas histórias. Ler sempre me pareceu ser um progresso natural para as pessoas, como para o povo Maasai, que já tinha uma forte tradição de história oral. As divertidas sessões de histórias contadas pelas mulheres de mais idade da tribo podiam progredir naturalmente para programas literários embasados em livros adequados. Eu queria muito transformar em realidade as esperanças de Mongo.

Como realizar esse projeto em grande escala era algo que ainda me intrigava, era frustrante sentir esse entusiasmo tão grande e não dispor da chave para fazer acontecer o sonho.

Numa tarde, aproveitando alguns momentos de descanso, liguei a televisão para assistir ao programa da Oprah Winfrey. Aquele era meu prazer ilícito, um intervalo durante o qual eu devorava meu almoço de chocolate (estava completamente viciada nisso, e sobrevivi praticamente de chocolate com amêndoas e suco de laranja por quase vinte meses após o desaparecimento das crianças) e tentava me desligar das demandas de meu programa de tevê. Naquele dia, havia uma matéria em que a Oprah estimulava crianças a ler, encorajando a plateia a explorar os livros e fazer perguntas. Alguns dias depois, Oprah levou ao programa mulheres que haviam se empenhado em variadas formas de trabalho, desenvolvendo suas vidas e alcançando grande sucesso. Outra história, mais triste e sombria, foi levada ao ar na semana seguinte: era o relato de uma reviravolta na vida de uma pessoa, eu me lembro bem, e também me recordo de Oprah dizendo que a vida era uma grande jornada, e que todos seguimos por caminhos diferentes para encontrar nosso potencial e chegar a nosso destino.

Senti que um interruptor era acionado dentro de mim; os comentários dela ecoavam os de meu querido amigo John Udorovic, que muitas vezes me disse que Deus me dava tarefas para desempenhar e habilidades para usar, coisas que eram só minhas. John tinha certeza de que tudo que eu enfrentava um dia faria sentido, e que a dor do sequestro de meus filhos era uma importante oportunidade para eu ajudar outras pessoas, e oferecer conhecimento ou solidariedade àqueles que não tinham nem uma coisa nem outra. Eu desprezava essa ideia, mas agora tudo começava a fazer sentido. As histórias da Oprah coincidiram com o período em que eu pensava em organizar um projeto de literatura infantil na África; todos os meus amigos me diziam que era impossível, ou me olhavam espantados quando eu tentava explicar o que pretendia realizar.

Decidi parar de adiar o grande salto de fé, me guiando pelo instinto de que a intenção de levar milhares de livros para a África e construir bibliotecas e centros de leitura surtiria bons resultados. Decidi seguir meu próprio lema: "Vivemos na esperança."

Afinal, a esperança é o que realmente permite que a raça humana continue existindo. A esperança brilha em todas as crianças se alguém ajuda a acender e alimentar essa chama. Então, peguei o telefone e comecei a entrar em contato com autoridades que podiam pôr a máquina em funcionamento, pessoas da área editorial e da aviação, indivíduos que poderiam me ajudar a realizar aquela missão. Eu não pedia dinheiro, uma vez que me responsabilizar por fundos e transações financeiras estava muito além da minha capacidade e transformaria o projeto em mais uma caridade. Estava interessada em bens e serviços, não em dinheiro.

Assim nasceu a operação Book Power, em 1996 — um programa sem fins lucrativos para facilitar a leitura de crianças em países subdesenvolvidos. Não havia salários a pagar, principalmente porque não havia funcionários. Era apenas eu e alguma ajuda que pudesse encontrar pelo caminho. Justine Gregov, que atuou como nossa secretária e auxiliar administrativa para resolução de problemas gerais em *House Hunt*, ajudava sempre que podia. Ela foi um grande apoio e acredito que sua imaginação foi capturada por aquilo que eu desejava realizar.

Depois de pôr um dedo na água em minha primeira viagem ao Quênia, decidi mergulhar de cabeça em 1996. Foi realmente simples entrar em contato com as grandes casas de publicação australianas; pela primeira vez senti que era correto negociar meu perfil público para abrir as portas de algumas firmas de grande porte. Meu entusiasmo era imenso, mas eu entendia que, para despertar a imaginação das pessoas e levá-las em uma jornada, eu precisava ajudá-las a entender o importante papel que teriam de desempenhar para fazer da operação Book Power um grande sucesso. Fiquei emocionada com a resposta positiva de conhecidos nomes do mercado editorial, como Penguin, Pan Macmillan, Rigby Heinemann, Random House, Reader's Digest e Macmillan Education. Eles não hesitaram em doar grande e variada quantidade de livros — de ficção infantil e livros ilustrados a enciclopédias e materiais didáticos. No total, 28 toneladas de livros foram separadas para embarque, com o valor de varejo alcançando 750 mil dólares australianos.

O que muito me encantava era que as pessoas nas editoras entendiam instintivamente o significado da operação Book Power e abraçavam a causa com paixão. Como tive um livro publicado, eu conhecia um pouco a respeito do que acontece nos galpões da indústria. Antes do tempo da total informatização e do uso de códigos de barra para monitorar os níveis de estoque e a necessidade de novas impressões, muitos livros eram impressos em quantidade excessiva. O excedente era classificado como sobra e vendido a preços muito mais baixos em lojas menos glamorosas, ou comercializados com cooperativas de reciclagem de papel. Meu plano era oferecer às editoras a possibilidade de dedução em impostos pelos livros remanescentes doados ao projeto por meio do estabelecimento de uma parceria com outras agências de trabalho social — entidades que pudessem oferecer tais deduções aos doadores que participassem da operação Book Power. As empresas teriam mais vantagens financeiras do que tinham revendendo as publicações para reciclagem e os livros encontrariam o caminho para um mercado futuro.

Bombardeei possíveis doadores e parceiros com minhas palavras e meu entusiasmo, e o truque consistia em afirmar que eu estaria pessoalmente em cada uma das remessas e cuidaria de todo o projeto do início ao fim. Em outras palavras, eu poria as mãos na massa, iria a campo e garantiria que nenhuma das doações fosse desviada ou perdida.

Como forma de agradecimento, eu organizava a cobertura da mídia, artigos em revistas, rádio e televisão, mencionando todas as companhias que apoiavam a iniciativa, que chamávamos de "Presente de Natal para as Crianças da África".

Foram muitos os que duvidaram de minha ideia, anunciando que não daria certo, ou que eu não conseguiria organizar tudo sozinha, sem anos de preparo ou muito dinheiro. Por isso, foi muito satisfatório ver a Book Power fluindo. Para evitar problemas com a alfândega de vários países africanos, procurei os embaixadores do Alto Comissariado daqueles lugares em suas respectivas Embaixadas e iniciei um diálogo franco e direto com eles. Cada diplomata foi um entusiasmado defensor do projeto e todos se empenharam em facilitar a chegada dos livros dispensando a burocracia. O apoio das Embaixadas também eliminou a possibilidade de ter de pagar suborno a suboficiais em solo africano.

O próximo passo era a tarefa monumental de embarcar em aeronaves as 28 toneladas de carga para a África do Sul, Quênia, Tanzânia e Etiópia. Depois de conhecer Brian Garside, gerente de vendas da South African Airways, em Sydney, a companhia concordou generosamente em transportar os livros — e a mim também. Em troca, eu escreveria um artigo para a revista de bordo e mencionaria a assistência. A chave era pensar lateralmente diante do fato de não ter dinheiro para pagar pelos serviços.

Viajando com o carregamento, eu podia garantir aos doadores que os livros realmente chegariam às mãos das crianças que deles necessitavam, além de estar presente para resolver todos os problemas que pudessem surgir. Distribuir um número tão elevado de livros era complicado, por isso comecei a fazer uso da infraestrutura já estabelecida de projetos de educação e organizações de ajuda humanitária na África.

A Book Power podia distribuir milhares de livros no Quênia sob proteção dos programas educacionais da World Vision International e também pelas afiliadas da CARE International. De maneira similar, o READ Education Trust, projeto idealizado pelo presidente Nelson Mandela, ajudaria com a distribuição na África do Sul. Depois de consultar tais agências, também pude identificar as áreas e escolas que eram mais necessitadas. Cada escola receberia então uma remessa de aproximadamente duas mil publicações, uma seleção variada de todos os livros doados, bem como pacotes para professores e material escolar. Se a Book Power chegava a uma área onde não havia escola estabelecida, a comunidade precisava ter, então, uma estrutura sólida e à prova d'água para abrigar os livros. Isso significava que muitas comunidades poderiam se beneficiar, com relação ao acesso ao material, uma vez que era necessário assegurar que um programa de leitura noturna seria estabelecido para assistir também aos adultos semianalfabetos.

Muitas agências de ajuda com que lidei foram organizações fantásticas, mas houve um lado negativo no meu contato com uma determinada agência cristã de desenvolvimento internacional, e esse fator desfavorável foi a descoberta de que a ajuda para o desenvolvimento e a educação das crianças estava diretamente ligada ao proselitismo religioso. Na medida em que fui conhecendo mais dos programas da agência e interagindo com os membros de seu *staff* internacional, percebi que essa política tinha raízes profundas e que assiduamente a organização deixava de mencionar o aspecto missionário e de cruzada em suas publicações e durante as entrevistas. Houve até tentativas evidentes de limitar minhas conversas com diversos comitês.

Em um caso, surpreendi um representante da agência de ajuda intimidando um aldeão com quem eu falara pouco antes, insistindo em que ele entregasse meu cartão e não tentasse entrar em contato comigo. Em outro caso, um líder tribal admitiu, num raro momento de privacidade, que entoar hinos e recitar preces cristãs antes das aulas eram condições básicas para que as crianças do vilarejo tivessem direito à educação na escola parcialmente patrocinada pela agência de ajuda. Por causa das finanças limitadas, os aldeões, e o governo, aparentemente não viam alternativa e fechavam os olhos para tal prática.

Fico muito incomodada com a ideia de associar ajuda humanitária a discurso religioso. Na minha opinião, é uma forma de genocídio cultural e especialmente prejudicial quando associada à inocência da educação, vital para o desenvolvimento da autonomia de um povo. Acredito que o alívio humanitário e a assistência para o desenvolvimento devem ser laicos: não religioso, não político e desprovido da expectativa de retribuição, exceto pela satisfação em ter ajudado a fazer diferença. No final, a Book Power decidiu não formar parcerias com essa agência específica de ajuda.

Em Joanesburgo o projeto causou certa comoção porque, de acordo com a READ Education Trust, 95 por cento das crianças negras nas áreas mais pobres da cidade, Soweto e Orange Farm, não tinham livros nas escolas. O antigo regime do *apartheid* seguia uma política passiva de analfabetismo para a população negra, sempre instalando escolas, mas não abastecendo as bibliotecas nem oferecendo livros didáticos. O espectro de uma maioria negra era, obviamente, um dos maiores temores dos arquitetos da segregação.

Dirigir pelas favelas de Joanesburgo foi terrível, em princípio, porque, ali, pobreza, violência e criminalidade eram a regra, não a exceção, e diplomatas, representantes do governo e meus amigos sul-africanos haviam enfatizado a necessidade de rígida e constante segurança pessoal. Não me queixei quando uma viatura policial foi designada para seguir nossa van pelas áreas mais turbulentas de Soweto. Poucas árvores suavizavam a cinzenta paisagem; ruas rigidamente simétricas eram limitadas por habitações que raramente eram mais que contêineres de metal reformados. Cada residência exibia na frente um lavatório independente, uma iniciativa do governo após o fim do *apartheid*, uma forma de garantir água corrente e uma melhor higiene para o povo dos guetos. Largas estradas de betume, com acostamentos de terra macia, passavam pela frente dessas casas, prometendo mobilidade sem garantir mudança. Não havia canteiros de flores. Boa parte da área em torno do distrito consistia em restos de minas abertas, com pilhas de destroços e terra compondo uma paisagem desoladora, que parecia servir de terra de ninguém para a cidade de Joanesburgo. Diferente de outras cidades, não havia uma transição sutil dos subúrbios mais afluentes para um bairro de classe média, para as regiões das classes trabalhadoras e, finalmente, para as favelas; essas favelas eram um satélite autocontido da cidade, metafórica e fisicamente distante do mundo do comércio e da educação privada. Havia certa desonestidade nesse elemento da vida sul-africana que eu considerava deprimente, uma atitude do tipo "o que os olhos não veem, o coração não sente".

Era um pouco embaraçoso e muito humilhante ver o entusiasmo no rosto das crianças de Soweto. Sempre que entrava no estacionamento de uma escola, eu via pôsteres e faixas feitos à mão proclamando quanto os alunos eram gratos pela chegada da Book Power. E havia frequentemente um coro de centenas de crianças reunidas para cantar canções de boas-vindas à maneira tradicional. Descobrir que em uma escola com seiscentas crianças podia haver apenas 35 livros me fazia sentir um desgosto ainda maior com os antigos governos sul-africanos. Como uma nação com uma sociedade moderadamente rica e uma classe média considerável podia resumir o direito à alfabetização a uma questão racial?

�֍

Depois de Joanesburgo, a ideia de voltar ao Quênia me encheu de entusiasmo. Não só poderia visitar partes do país que não havia conhecido, como também retornaria à terra Maasai.

A viagem aérea ao norte do Quênia levava três horas. Eu havia passado por Nairóbi um ano antes. Um lugar de contradições: partes da cidade eram exuberantes e tropicais, tomadas por vegetação farta e jardins bem cuidados, extremamente sofisticada e voltada para o turismo, outras regiões eram esquálidas e sujas, dominadas por pedintes e ladrões de bolsas. Uma confusão de tráfego dominava as ruas, e o som de milhares de vozes assaltava meus ouvidos sempre que eu andava pelas vias públicas. Uma sensação de falso charme e comercialismo permeava boa parte das interações sociais com os habitantes da cidade e me lembrava que o destino de famílias inteiras repousava quase que sempre sobre os ombros de uma única pessoa.

Turismo e ajuda humanitária internacional eram os fatores econômicos vitais na cidade. Muitas organizações importantes de ajuda — desde agências das Nações Unidas a fundações de caridade — tinham suas bases no Quênia por causa da relativa estabilidade política e social. Nairóbi é frequentemente usada como posto de parada para os comboios de ajuda e as equipes médicas que respondem às emergências humanitárias no leste da África. Lá eu havia conhecido muitos veteranos na área da ajuda internacional, pessoas que já haviam feito de tudo, desde dirigir comboios com alimento para a Etiópia durante a pior época de fome, a penetrar corajosamente no do genocídio em Ruanda para ajudar crianças órfãs e organizar evacuações, cuidando de vítimas da sangrenta guerrilha. A nobreza da África de Hollywood, o panorama exibido em filmes como *Entre dois amores*, não tem nenhuma semelhança com a realidade da sobrevivência econômica em uma cidade dependente de ajuda humanitária e turismo. Mas aquela também era a cidade onde morava Rasoa. Eu enviava ajuda financeira para ela havia alguns anos e a conhecera em minha primeira ida ao Quênia, quando consegui encaixar na agenda uma rápida visita à sua comunidade.

Antes de poder seguir para o leste, para a terra dos Maasai, eu precisava fazer uma entrega em um orfanato dela nas favelas de Kibera. Rasoa tinha então 4 anos, uma criança tímida com grandes olhos castanhos, um sorriso hesitante e um fascínio por meus cabelos compridos. Membro da tribo Kikuyu, ela falava suaíli e algumas poucas palavras em inglês.

Naquele dia, quando me viu novamente, Rasoa correu para mim com suas pernas pequeninas e estáveis, mas parou de repente, esperando para ver se eu a incentivaria a se aproximar. Quando a chamei, ela se tornou tímida, caminhando lentamente até me alcançar e segurar minha mão. Vê-la novamente depois de quase um ano era maravilhoso, e eu desfrutava de cada carinho.

O Centro Mukuru onde Rasoa vivia funciona não só como um orfanato, mas também como escola e uma espécie de abrigo para a comunidade em geral. Na área que cerca Mukuru, as pessoas vivem numa pobreza que está certamente entre as piores que já vi por todo o mundo: não há água encanada, esgoto ou eletricidade, e as casas são apenas barracos. Bodes disputam com as crianças os restos de alimento nos lixos, e dejetos correm em rios fétidos que passam pelas portas das habitações. Sem acesso a recursos médicos, crianças constantemente morrem de malária, bronquite e sarampo.

Quando cheguei ao centro, a despensa estava quase vazia e não haveria uma nova remessa de fundos pelos próximos 15 dias, pelo menos. A diretora, Mary, contou-me que na maior parte dos dias apenas 120 crianças, das quase duzentas, tinham a sorte de receber uma refeição composta de mingau fornecido pelo centro. Eu não podia nem imaginar como Mary escolhia as crianças que comeriam em determinado dia.

Criar uma biblioteca no Centro Mukuru faria uma enorme diferença para a educação das crianças. Mas elas também precisavam de comida, e com minhas economias comprei muitos sacos de milho e feijão para a despensa. Odiava pensar em Iddin e Shahirah com fome, e era ainda pior pensar que poderia ter de escolher qual deles ia comer.

Passei dois dias com Rasoa e outras crianças, cantando, brincando, imitando animais, contando histórias e, é claro, lendo livros. Eu me sentava sobre o capô de um jipe, as crianças se acomodavam em volta do carro exclamando admiradas enquanto eu ia virando as páginas de um livro e imitava as vozes dos personagens ou os sons dos animais das ilustrações. Algumas crianças lembravam do meu canto do kooka-burra, um pássaro australiano, na visita anterior, e dessa vez eu havia levado marionetes de animais e aves nativos da Austrália, e fotos do sertão e das praias de lá. Percorrendo o conhecido caminho para En-gkonganarok, eu mal conseguia conter meu entusiasmo. O Kilimanjaro surgiu imponente, depois uma manada de elefantes ao longe. Estáva-mos chegando.

O povo de Engkonganarok sabia de minha ida, mas não exatamente quando seria. Se havia alguma dúvida de que eu seria lembrada, ela se dissipou no momento em que desci do automóvel. Fui imediatamente cercada por pessoas sorridentes que me abraçavam e me puxavam para o curral de gado, onde seria realizada a cerimônia de boas-vindas.

Dançamos e cantamos até o sol se pôr sobre o Kilimanjaro. Conhe-ci os bebês que haviam nascido em minha ausência e brinquei com as crianças que conhecia da viagem anterior. Com o anoitecer, sentamos em torno de uma fogueira, Naipanti se deitou em meu colo, e eu apoiei as costas nas da mãe dela enquanto ouvíamos as piadas barulhentas de uma das matriarcas da tribo. Ela falava algo sobre macacos, testí-culos frios e a tentativa de furtar comida! A lua brilhava radiante e o ar limpo era perfumado pelo cheiro de bode assando sobre o braseiro de carvão.

No dia seguinte, os assuntos da comunidade foram discutidos ao re-dor de canecas contendo uma bebida feita com leite e sangue de vaca ainda mornos. Aquela delícia, eu sabia, era reservada para convidados ilustres ou enfermos graves, e a boa educação exigia que eu não hesitas-se antes de beber. O "elixir da vida" Maasai tinha um sabor metálico e tépido, e me trazia lembranças da infância e do esforço para aprender a ordenhar. Eu tentava não pensar nas inúmeras possibilidades de conta-minação contidas naquela caneca. Estranhamente, eu era a única mulher presente na reunião, e já me perguntava por quê.

Então, Mongo e seu amigo, Kapito, acompanhados por Daniel, o che-fe do vilarejo, me convidaram a segui-los de volta ao curral. Lá, tudo foi revelado. Diante de todos os membros do vilarejo fui declarada homem honorário pelos guerreiros e presenteada com um cinto de contas feito à mão que, por tradição, só os homens podiam usar. Sorrindo, Mongo explicou o decreto de Daniel: embora eu fosse baixa e tivesse um sorriso de mulher, eu andava ereta como um homem. Aquele foi um dos melhores elogios que já recebi.

E um dos maiores privilégios de minha vida é ter estado presente quando grupos de crianças viram seus primeiros livros. Elas se reuniam, falando e se debruçando umas sobre as outras para espiar as páginas, os olhos iluminados pela curiosidade. Depois de cerca de 15 minutos, cada uma delas se retirava do grupo levando um exemplar. Com um único dedo estendido, começavam uma dolorosa e árdua leitura, sentadas no chão e virando as páginas. Era como se todos os anos de aprendizado decorando sons e letras ganhassem repentinamente uma luz de compreensão, e ler um livro de verdade deixasse de ser mera fantasia.

Foram muitos os momentos irritantes, divertidos e emocionantes nos quais adotar uma atitude resignada e se deixar levar pelo movimento, era o melhor a ser feito. "I.E.A", Isso É África, aprendi rapidamente a repetir, encolhendo os ombros para enfatizar a declaração.

Recordo-me que certo dia em que houve um pouso de emergência em uma pista distante, a 200 quilômetros de Joanesburgo, um pequeno Piper Cherokee pilotado por meu bom amigo sul-africano e cinegrafista Harmon Cusack, durante uma violenta tempestade. Lembro-me também da reação histérica de Joy, minha assistente e companheira de viagem, quando ela se viu diante de sapos enormes na área de banho de nossa modesta acomodação em Namelok, no Quênia. E houve também a infestação de lêndeas e piolhos em sua cabeça, após distribuir livros em um orfanato sem prender os cabelos. Praguejar contra a falta de sorte quando as coisas dão errado simplesmente não funciona na África; você tem de trabalhar com as ferramentas disponíveis e economizar as explosões temperamentais e nervosas para as verdadeiras catástrofes em que há sangue, roubo ou violência envolvidos.

A operação Book Power me provou que uma única pessoa pode fazer diferença — tudo que você precisa ter é convicção e um pouco de teimosia. Todos que embarcaram no projeto foram importantes; era como jogar uma pedra em um lago e ver os círculos crescerem formando uma onda de boa vontade.

Em 1999, a escola de Mongo em Engkonganarok havia crescido. De trinta alunos iniciais, agora eram 130, e muitos deles tinham de andar até duas horas pela savana para assistir às aulas. Três professores do governo haviam sido indicados para ajudar Mongo, e dinheiro do governo fora usado para construir uma pequena biblioteca e duas salas de aula. À noite, os adultos se reuniam para as aulas de leitura. Tudo isso surgiu da semente de uma ideia, com quatro livros e um professor dedicado e maravilhoso, Mongo, que nunca desistiu de seu povo.

A operação Book Power se estendeu até 2000. Ela chegara à Bósnia em 1997, ajudando no restabelecimento de escolas nas regiões de Tuza e Sarajevo, num esforço para devolver alguma normalidade às vidas de crianças afetadas pela longa guerra. Mais tarde distribuímos livros para Suazilândia, Malaui e Zimbábue, e mantivemos o trabalho na África do Sul e no Quênia.

Ver as crianças inseridas no projeto era como um bálsamo para a saudade que sentia de meus dois pequenos. Eu conhecia milhares de crianças todos os anos, lia histórias para elas no meio de uma zona de guerra, ou sentada em um campo onde havia girafas e zebras, mas não sabia se ainda era capaz de identificar a risada de Shahirah ou a voz de Iddin. Além de minha necessidade, porém, estava confiante na crença de que a alfabetização é um direito de todas as crianças. Como água potável, cuidados médicos e comida em quantidade suficiente, a alfabetização é uma necessidade essencial, a ferramenta que proporciona independência e autossuficiência.

Eu já viajara uma vez para a África com o autor australiano Bryce Courtenay. Nativo da África do Sul, Bryce havia migrado para a Austrália ainda jovem e se tornara grande sucesso na publicidade. Em vias de se aposentar, ele passara a explorar o grande amor de sua vida: escrever. Seu primeiro livro, *The Power of One*, foi um sucesso de vendas que acabou se tornando filme em Hollywood. Aos 60 anos, ele se entregava ao ofício de escritor e desenvolvia uma segunda carreira ainda mais bem-sucedida que a primeira. Pai de filhos adultos, Bryce vivenciara uma profunda perda pessoal. Seu filho havia morrido tragicamente de aids adquirida em procedimento médico quando tinha pouco mais de 20 anos. Era reconfortante não ter de ouvi-lo tecer os mesmos comentários dos outros sobre Iddin e Shahirah — ele me compreendia.

Bryce e eu nos conhecemos na sala de embarque do aeroporto de Sydney, onde conversamos de maneira surpreendentemente relaxada. Falamos sobre a África do Sul e sobre o Quênia, e o entusiasmo acendeu os olhos de Bryce quando contei a ele sobre o projeto de alfabetização infantil. A personalidade de Bryce é composta de muitos gestos expansivos e de um entusiasmo sem fim. Passamos algumas poucas horas agradáveis na sala do aeroporto, porque nosso voo estava atrasado, e trocamos telefones antes de nos despedirmos, embarcando em partes diferentes da aeronave. Ele viajou na primeira classe e eu, na econômica.

Semanas depois, quando entrei na sala de espera do aeroporto de Joanesburgo para voltar para casa, lá estava novamente aquele rosto sorridente e aceno animado.

— Jackson, ele disse, porque só me chamava dessa maneira.

— Sente-se aqui! Você é a mulher que eu esperava ver!

Bryce havia lembrado que eu voltaria para casa no mesmo dia que ele e providenciou uma mudança na minha passagem, colocando-me na área nobre do avião. Havia pouco que eu pudesse fazer para protestar; quando Bryce toma uma decisão, torna-se praticamente uma força da natureza.

Conversamos durante toda a viagem para a Austrália: sobre as crianças que conheci, as escolas e a estranha variedade de veículos que utilizamos, porém, mais que tudo, discutimos nosso amor pela África e pelas letras.

— Siga seu coração, Jackson, e continue escrevendo. Você precisa continuar — ele me incentivou. — E continue fazendo o que está fazendo; todo esse trabalho com as crianças, com as sequestradas e as outras... e com as suas. Mantenha-se fiel ao seu coração e não deixe nenhum bastardo desviá-la ou distraí-la.

— Ele levou a mão ao bolso e retirou um pedaço de papel azul dobrado. — Achei isto para você no Zimbábue. É para lembrar que deve permanecer fiel ao seu coração. Não quero que use até sentir um profundo amor novamente, apenas guarde-o. Você vai saber quando for a hora.

Enquanto falava, ele abriu o papel azul e revelou uma ametista roxa de três quilates cortada em forma de coração, finamente lapidada, mas sem nenhuma moldura.

Colocando a linda pedra na palma da minha mão, ele riu de orelha a orelha, como um menino muito feliz.

— É minha forma de agradecer pelas crianças da África — disse, encerrando o assunto.

O que eu poderia dizer? O presente era lindo, e as palavras eram emocionantes, algumas delas mais ressonantes afetivamente do que todas que eu já havia escutado ao longo de toda uma vida de relacionamentos superficiais e desgastantes. Ele sabia que eu enfrentaria uma situação complexa quando chegasse em casa, em Melbourne, e que precisava preservar a privacidade de meu casamento fracassado e das vidas praticamente separadas que Iain e eu levávamos, embora ainda morássemos sob o mesmo teto para aumentar as chances de eu conseguir algum contato com Iddin e Shahirah.

Bryce parecia ser capaz de ler minha mais profunda solidão e infelicidade, e fora bastante corajoso para falar sobre isso, embora mal nos conhecêssemos. O rosto de Bryce era maravilhosamente destituído de malícia, não havia em sua expressão nenhuma intenção escusa, e relaxei em minha poltrona e afaguei sua mão num gesto de gratidão pelo lindo presente.

No voo para Melbourne, depois de me despedir de Bryce, apertei a ametista entre os dedos e tentei decidir para onde iria a partir daquele ponto. Eu era uma mãe sem filhos e uma mulher que desenvolvia uma carapaça de cinismo para manter o amor afastado.

Capítulo 8

Minha casa, minha concha

Era fim de tarde quando o táxi parou diante de minha casa, mas aquele não era o lar em que eu queria estar. Temia entrar e confrontar minha dor. Quase me virei e embarquei de volta para o Quênia, para os braços do povo que me aceitava como eu era e pouco sabia sobre meu passado, meus filhos. Mas eu precisava começar meu ritual trimestral de fazer as solicitações formais de acesso a Iddin e Shahirah, e isso só podia ser feito se eu permanecesse em Melbourne por algum tempo. Por isso ergui os ombros e subi a escada de entrada.

Havíamos nos mudado para aquela casa grande, de dois andares, poucos meses depois do sequestro, quando nossa casa anterior, alugada, foi posta à venda. Daisy, meu cavalinho de balanço, estava no mesmo lugar, diante da janela do segundo andar, como uma sentinela, um farol para Iddin e Shahirah, caso eles pudessem tentar encontrar sua casa. Sólida e segura, em um terreno amplo com um jardim particular, a casa ficava no mesmo bairro de onde as crianças haviam sido levadas, o que facilitava o retorno de meus filhos no futuro.

Naqueles aposentos espaçosos e altos, eu me entrincheirei, quase não saindo de casa, exceto para ir trabalhar e comprar comida, ou para ir ocasionalmente a um cinema ou teatro.

Muitas pessoas pareciam não saber o que fazer comigo. Minhas reações não condiziam com as de uma vítima; eu não queria criar um espetáculo de sofrimento para consumo público. Algumas pessoas da mídia se ressentiam contra essa reclusão. Eu aceitava alguns convites da tevê para noites de estreia, mas alguns jornalistas insistiam em julgar minha conduta; aparentemente, eles ficariam mais felizes se eu cortasse os pulsos e acabasse de vez com a história, ou se me vestisse de preto em eterno luto. Era mais confortável para eles que eu me sentasse na cadeira de vítima, que eles haviam escolhido para mim. Eu era alvo de ressentimento por ganhar a vida e por não ficar quieta sobre o sequestro de meus filhos. Uma mulher que revela força depois de uma tragédia pessoal é sempre difamada pela mídia, enquanto um homem tem permissão para seguir em frente e é até admirado pela força e pela nova vida que constrói para ele mesmo.

Por isso desenvolvi estratagemas para minimizar meu contato com o mundo exterior. Por exemplo, fingia ser minha secretária para poder decidir se queria ou não prosseguir com uma conversa. E transferi o escritório da produção do programa para minha casa, de forma que não fosse forçada a manter contato desnecessário com estranhos. Não vou negar que gostava de ser a apresentadora de *House Hunting* e de pesquisar e criar minhas próprias histórias sobre arquitetura e decoração de interiores ou questões ambientais. Mas, matérias e pesquisas à parte, mostrar casas na televisão num âmbito comercial é tedioso. Quantas vezes se pode ser poética sobre uma bancada de granito? Mas eu repetia para mim mesma que manter o programa no ar era indispensável financeiramente. Eu teria trocado imediatamente aquela atração por outro estilo de vida ou programa de viagem, caso a oportunidade tivesse surgido, mas Iain e eu sempre atuávamos como uma dupla de profissionais, e era difícil desfazer essa imagem.

Deve ter sido estranho para a equipe de produção trabalhar em uma casa de família. Com a ajuda de uma querida amiga, Deb Gribble, eu havia transformado a casa nova em um lugar acolhedor, um lar que, a qualquer momento, poderia ser tomado por crianças... mas que, por enquanto, abrigava apenas minha enteada adolescente, Skye; os dois pequenos por quem eu chorava ainda estavam desaparecidos. Mas os quartos de Iddin e Shahirah foram montados, seus tesouros cuidadosamente guardados. A casa de brinquedos no jardim guardava as duas bicicletas e todos os jogos e brinquedos. As primeiras pinturas e desenhos eu havia emoldurado e pendurado orgulhosamente em lugar de destaque na sala, ao lado da cozinha, e exibia suas esculturas e os certificados de natação sobre um móvel. Havia fotografias em todos os lugares, como um grande painel refletindo a vida passada da família, e lembranças de Iddin e Shah por todos os cômodos. Eu mantive a receita de espaguete escrita com a caligrafia de Iddin na porta da geladeira até ela desbotar e se desintegrar, e chorei quando não foi mais possível salvá-la com fita adesiva.

O mundo particular era algo privado e insular; enquanto eu me agarrasse à possibilidade de ter meus filhos de volta, ainda seria a mãe deles e poderia me enganar, me convencendo de que estava de alguma forma no comando.

Porém, havia algumas coisas para as quais eu não suportava olhar e em que não conseguia pensar, e a máquina de costura era uma delas. Artesanato e criatividade foram partes integrantes de minha vida com as crianças, e agora era doloroso demais olhar ou tocar na máquina. Além do mais, não me restava mais nenhuma criatividade dessa natureza. Depois do sequestro das crianças, usei a máquina apenas duas vezes: quando uma amiga se casou e me pediu para fazer a roupa do filho pequeno e quando Skye me pediu para fazer um vestido para o baile da escola. Usei a mesa de jantar para cortar o crepe vermelho que ela mesma escolheu para o traje formal, e alfinetei as partes do vestido para a primeira prova; Skye ficou eufórica como só uma adolescente consegue ficar. Mas eu estava devastada. Na primeira oportunidade, tranquei-me no banheiro do segundo andar, fingindo tomar banho, e solucei toda a minha frustração e imensa dose de dor. Queria estar costurando para minha enteada *e* para meus filhos biológicos. Havia feito coisas para Iddin e Shah desde antes de eles nascerem: uma grande parte de quem eu era. Adorava criar modelos elegantes e fazer roupas de bonecas com os retalhos que sobravam.

Na verdade, transformei a casa em uma mistura de prisão e refúgio. E tinha pavor de deixá-la permanentemente.

Sair dali equivaleria a reconhecer que nossa família de dois filhos pequenos e três filhos grandes, pais apaixonados um pelo outro, todos vivendo em uma casa em que entravam e saíam crianças e visitantes de todas as idades, havia acabado. E também criaria um novo conjunto de problemas aos olhos da lei islâmica, outra complicação para prejudicar a tentativa de conseguir contato com as crianças.

Se soubessem que eu era uma mulher sozinha, Bahrin certamente me rotularia como uma mulher imoral sem direitos sobre os filhos. Iddin, Shah e eu tínhamos mais chances de nos reunirmos se eu fosse casada. Não era a melhor das situações, mas as necessidades de meus filhos eram prioritárias, e qualquer esperança de um dia poder falar com eles por telefone ou estabelecer contato por carta era o que me mantinha lúcida e inabalável em minha decisão de manter as aparências.

Ninguém, exceto os amigos mais próximos, sabia que eu estava em frangalhos por trás da aparência relativamente composta. Eles eram minhas tábuas de salvação. Mantinham seguros meus pensamentos mais secretos e eram tolerantes com minhas bobagens e meus esquemas malucos. Eram os amigos mais verdadeiros que alguém pode ter. Deb Gribble, especialmente, permitia que eu me expressasse sem fazer julgamentos, me apoiando sempre, de maneira incondicional. Mandy Fudge (agora Holdensen) foi minha vizinha por alguns anos e tive a sorte de tê-la como amiga e impressionante fonte de força. Eu podia rir com essas duas mulheres e ser simplesmente quem era, em qualquer situação. Sue MacArthur era uma alma delicada e generosa e uma de minhas amigas mais antigas; ela e Rob, seu marido, eram padrinhos de Iddin e Shahirah e amavam as crianças com o mesmo amor que sentiam por mim. Minha cúmplice, Sally Nicholes, sempre participou das minhas aventuras e me amou nos momentos mais difíceis; ela e eu nos tornamos posteriormente companheiras de viagem, explorando São Francisco e Washington. Heather Brown sempre esteve comigo; ela me permitia entrar e sair de sua vida e comparar o provável crescimento de Iddin com o de seu filho, Jack, melhor amigo de Iddin. Mas, acima de tudo, eu podia ficar triste com essas cinco mulheres; sempre me permitiam esse luxo. E quando eu duvidava de mim mesma, pegava o telefone e falava com a adorada Patsy, na Bélgica; ela sempre foi determinada e acalmou meus medos e meu cansaço.

A paz que encontrei na África também me sustentava, apesar da sensação de ter começado a viver três vidas quase separadas: uma intelectual, na qual eu podia sentir a força de atração do trabalho social e a necessidade de ajudar, e não conseguia parar de planejar projetos humanitários; a segunda, em que eu executava os movimentos rotineiros de cozinhar, trabalhar e me relacionar com aqueles que me cercavam; e a terceira, na qual eu permanecia no passado, mas esperava e rezava por um futuro com meus filhos. Eu não sabia como integrar as três vidas, e o esforço para fazer isso me deixava perplexa e exausta.

A luta para encontrar Iddin e Shahirah prosseguia. Eu nunca desisti embora, com o passar dos anos, tenha sido forçada a reduzir minhas exigências e simplesmente esperar que me permitissem uma conversa telefônica, se não um contato direto. Nessa época, eu podia escrever cartas seguindo uma fórmula determinada por Bahrin, mas aquilo me devastava. Eu não podia incluir palavras de amor, nem dizer às crianças que as queria de volta. Enviava as cartas por meio do escritório dos advogados de Bahrin, em Melbourne, que inspecionavam cada linha antes de decidir se as enviariam ou não aos meus filhos! Toda essa grandiosa concessão, que aconteceu por volta de 1995, foi um exercício de relações públicas para Bahrin e seus advogados. E eu duvidava que as crianças recebessem alguma coisa enviada por mim, fosse pelas vias sancionadas, fosse pelo serviço postal regular. Mas eu continuava escrevendo e respeitando os limites impostos por Bahrin, mesmo quando enviava presentes de aniversário, ainda que tentasse contornar a censura de várias formas. Em um ano introduzi uma mensagem para Iddin e Shah em uma fita de *Guerra nas estrelas*, esperando que meus filhos pudessem assistir ao filme sozinhos.

O desespero me levava a agarrar todas as chances e tentar de tudo. Enviava cartões-postais de todos os lugares por onde passava, sempre cautelosa com as palavras que usava e consciente de que punha uma faca de dois gumes nas mãos de meu ex-marido. O significado dos cartões podia ser distorcido facilmente: "Mamãe manda notícias enquanto se diverte pelo mundo!"

Mas as tentativas trimestrais de contato eram extremamente exaustivas. Ficava paralisada pela apreensão durante horas antes de uma nova tentativa, adiando e encontrando distrações para me manter afastada da tarefa. No fim, discava o número dos representantes legais de Bahrin em Melbourne solicitando acesso telefônico aos meus filhos; em seguida, discava para todos os números das antigas residências da família real, e, finalmente, passava aos números comerciais dos membros da família. Depois eu me sentava em meu quarto com a lista telefônica da Malásia, presente de um amigo que estivera lá em uma viagem de negócios, e tentava contato com toda e qualquer pessoa que pudesse me ajudar. Implorar o auxílio de estranhos passou a ser natural para mim. Pedia que transmitissem algum recado a meus filhos ou que me contassem alguma coisa sobre a aparência e as atividades de Shahirah e Iddin. Não me envergonhava por implorar. A humilhação não tinha nenhuma importância; a linguagem chula com que era tratada escorria por minhas costas como gotas de óleo, embora as gargalhadas cruéis quando eu explodia em lágrimas me inflamassem, trazendo à minha mente a ideia do que Shahirah e Iddin podiam estar enfrentando. Eu me sentia fracassada, triste por meus filhos. Eles eram criados por pessoas aparentemente destituídas de sentimento, cercados por seres humanos preconceituosos, fanáticos por uma religião e surdos à humanidade. Só uma dessas pessoas em todos esses anos me tratou com gentileza, e mais tarde me ridicularizou na internet em troca de vantagens políticas. Como eu poderia ajudar meus filhos se eles estavam tão longe e deliberadamente proibidos de me ouvir?

Segui com esse ritual de humilhação e súplicas por mais seis anos e meio, repetindo a cada três meses o esforço de estabelecer contato com meus filhos ou obter notícias deles.

Mas bater a cabeça contra a parede teria sido mais eficiente a longo prazo, eu poderia ter destruído alguns neurônios e reduzido meu sofrimento. (Em 2006 as crianças me contaram que nunca receberam uma única carta ou um só presente enviado por mim.)

Uma jornalista de um jornal dominical telefonou para mim numa tarde de sábado, pouco antes do material ir para a gráfica, para informar que havia entrevistado meu marido na Malásia.

— Seus filhos a odeiam, como o príncipe me contou, ela disparou.

— Estão vivendo melhor na Malásia, isso é evidente.

Aquela mulher havia viajado para a Malásia e fora recebida pela família real por sua história exclusiva, mas não chegara a ver meus filhos nem falara com eles. E ela não me conhecia. Quando pedi o número do telefone pelo qual eu poderia falar com as crianças, disse que o tinha, mas se recusou a me dar a informação alegando ética jornalística. Um argumento estúpido para impedir direitos paternais.

No final de nossa conversa, eu estava furiosa. Localizar a editora do jornal não foi muito difícil. Se a jornalista realmente conhecia o número do telefone pelo qual eu podia falar com meus filhos, é claro que eu tinha o direito de obtê-lo. Afinal, pela lei australiana, eu era a guardiã legal, a detentora da custódia de meus dois filhos.

Mas a prolongada conversa telefônica com a editoria do jornal foi mais um desmoralizante exercício de futilidade: eu podia tentar uma ordem judicial se quisesse, mas o jornal não revelaria o número do telefone de outra forma. Iddin e Shahira eram menores de idade, eu era a guardiã legal em solo australiano, mas o jornal tinha de proteger suas fontes. E eu simplesmente não podia pagar o preço de um processo judicial para obter o tal número de telefone. Além do mais, o processo duraria pelo menos uma semana, e então o artigo já teria sido publicado, e Bahrin já teria mudado novamente o número do telefone.

Então, eu era uma mãe destituída de todo e qualquer papel na existência de meus filhos e uma jornalista tinha mais acesso a eles do que eu.

Desliguei o telefone. Meu peito estava oprimido a ponto de me sufocar. Tossi e vomitei pela primeira vez em dois anos. Eu precisava sair, ir a algum lugar bem longe daquele telefone, qualquer lugar de onde eu não pudesse telefonar novamente para o jornal em meu estado transtornado de dor e desespero. Não queria mais implorar pela ajuda de estranhos e odiava pensar que minha família e eu seríamos o assunto central da conversa entre a jornalista e sua editora naquela noite, enquanto elas jantavam e tomavam alguns drinques para relaxar.

A frustração pela ausência das crianças tomava conta da casa. A noite caía. Entrei no carro e fui para o parque onde meus filhos haviam brincado pela última vez, antes de serem levados. O lugar ficava perto do rio, e havia uma colina se debruçando sobre a área gramada. Escolhi um carvalho no topo da colina. Era possível ver as luzes da cidade ao longe enquanto escorregava pelo tronco para me sentar sobre a relva, o tecido do vestido se enroscando na cava irregular, os joelhos apertados contra o peito. Estava muito perto de simplesmente me excluir da equação da vida, destruir a ambição de alguns membros da mídia de construir um nome no mercado subindo nos ombros de Iddin e Shahirah. Se eu deixasse de existir, a história chegaria ao fim; as crianças finalmente seriam deixadas em paz.

Passei boa parte da noite sentada sob aquela árvore, na chuva, segurando um pacote de lâminas de barbear. Por um tempo, fiz cortes horizontais na minha pele e fiquei observando, com uma dor distante, o sangue escorrer lentamente. De repente, entendia por que a automutilação em meninas vítimas de abuso é tão comum; durante aqueles deliciosos minutos, eu pude canalizar toda a dor e todo o sofrimento, toda a saudade e todo o desespero para um lugar sensível e visível em meu corpo. Era um alívio, um glorioso e sedutor alívio, ser capaz de localizar minha dor e transferi-la de minha alma para outro lugar qualquer.

Eu tinha coragem para realmente cortar os pulsos de maneira mais eficiente? Aparentemente, não. Às 4h da manhã, voltei para o carro e fui bater na porta da casa de um amigo. Quando Andrew me recebeu, não se espantou diante de meu estado, encharcado e desalinhado; em vez disso, me levou para o quarto de hóspedes sem fazer perguntas, enquanto eu resmungava coisas sobre jornais e crianças e chorava copiosamente. Ele me entregou uma toalha e uma camiseta e saiu do quarto enquanto eu mudava de roupa, voltando pouco depois com uma xícara de chá quente. Ele pediu que me deitasse, me cobriu, esperou que eu bebesse o chá, depois apagou a luz. Dormi por cinco horas antes de voltar à amarga realidade.

Encontrei Andrew na cozinha fazendo café. Havia um jornal aberto sobre a bancada.

— Obrigada por ontem à noite, ou... por hoje de madrugada — eu disse.

— Não foi nada — ele respondeu sorrindo. — Fez o mesmo por mim no passado, quando passei por um período difícil.

Não dissemos mais nada; ele era um amigo à velha moda australiana e não esperava explicações. Ficamos sentados em silêncio diante da mesa, e ele começou a virar as páginas do temido jornal de domingo.

Alguma coisa tinha de acontecer, eu não podia continuar daquele jeito.

Capítulo 9

Encontrar oxigênio

— Nicolas van Waard — ele se apresentou, inclinando a cabeça ligeiramente. Pisquei algumas vezes; por um segundo tive a impressão de que ele também tivesse batido os calcanhares. Ele era uma caricatura europeia tão absurda que foi difícil conter o riso.

À nossa volta, os "top da lista" perambulavam em torno de um bufê suntuoso: lagosta, camarões, salmão defumado e esculturas de gelo cobriam as mesas. Eram 7h da manhã do dia da Melbourne Cup, a primeira terça-feira de novembro, data em que toda a Austrália para com o propósito de assistir a uma corrida de cavalos. Comparecer a um dos cafés oferecidos antes da competição era indispensável para socialites, celebridades locais e visitantes. Eu não pretendia ir e estava ali simplesmente cumprindo meu papel e o compromisso que assumira com a rede de televisão. Por isso, me levantei ao amanhecer e me produzi com um *tailleur* verde cítrico, chapéu da mesma cor, bordado com pequeninas rosas de seda, na cor que minha avó costumava descrever como "cinzas de rosas", sapatos creme de salto alto e bolsa combinando. Aquela seria minha única aparição do dia. Eu planejava ir embora às 10h e trocar o café formal pelo churrasco na casa de minha amiga, Mandy, onde uma confortável calça jeans e um chapéu para me proteger do sol substituiriam meus traje e acessórios atuais.

Alguns estavam ali a trabalho, mas havia champanhe em abundância no salão nobre do Grand Hyatt Hotel. Os cavalheiros vestiam ternos apropriados para o dia, e plumas e flores estavam nos chapéus das mulheres. Fotógrafos cercavam as presas com evidente voracidade. Joias cintilavam à luz pálida do amanhecer e um pianista tocava canções delicadas em meio ao ruído constante de dezenas de conversas paralelas.

Quando eu terminava de me servir de algumas ostras, meu garfo caiu no piso de mármore e me deparei com uma sólida parede de listras brancas e finas sobre tecido cinza. Olhei para cima até me inclinar para trás, e só então consegui ver o rosto acima dos ombros largos. Tenho 1,60m de altura, e o desconhecido devia ter, no mínimo, 1,95m. O rosto que sorria para mim estava a pelo menos 30 centímetros de distância do meu, mas ainda assim conseguimos bater a cabeça um no outro quando nos abaixamos para resgatar o garfo.

Nicholas van Waard pegou o garfo de ostras e o segurou por um momento além do necessário antes de devolvê-lo.

Seu sotaque tinha uma nota de viajante europeu, e ele exibiu um inglês impecável e preciso durante nossa breve conversa. Era difícil não ficar olhando fixamente para aquele rosto; Nicolas não só era muito alto, como também extremamente atraente, com olhos verde-acinzentados, cabelos bem cortados e confiança comedida, tudo bem embrulhado em roupas de caimento perfeito e uma elegância relaxada. Não tinha aquela beleza simétrica ou desenhada, mas era bonito. Os olhos eram contornados por finas linhas quando ele sorria, e o sorriso era praticamente constante durante nossa conversa.

No início pensei que ele fosse alemão, depois achei que devia ser holandês ou suíço. Mas Nicolas revelou ser belga, flamengo, para ser mais precisa. "Belga, graças a Deus", pensei. Finalmente, ali estava alguém com quem eu podia conversar, em vez de ficar babando e olhando para ele como uma colegial desajeitada. Mentalmente, pedi a Deus para abençoar Patsy e agradeci pelas visitas que fiz à pequena nação de língua francesa e flamenga (holandesa) da Bélgica, pelo menos eu sabia andar pelas ruas de lá e podia citar alguns lugares que adorava e havia visitado. Nicolas ficou sinceramente surpreso por eu conhecer tão bem seu país, e até a universidade que ele havia frequentado, e onde tenho um amigo que é professor.

Estava chocada comigo; aquele desejo era algo que eu nunca havia experimentado antes. Tentando fazer meu cérebro funcionar, eu ouvia o que Nicolas dizia com um brilho meio vidrado no olhar, eu acho. Ele contava que fazia visitas regulares à Austrália. Ele me deu seu cartão, sorriu daquele jeito fascinante, e descobri que ele era *a* indústria do chocolate! Não só de chocolate no sentido mais mundano, da forma mais simples do doce: ele era o diretor da mais maravilhosa fábrica de chocolates do mundo! (E eu sabia disso sem nenhuma dúvida, porque sou viciada em chocolate. Chocolate foi o primeiro amor da minha vida e minha companhia constante desde que atingi idade suficiente para economizar moedas para gastar com esse alimento.) Sentia-me como um cavaleiro exausto e cambaleante vislumbrando finalmente o Santo Graal. E Nicolas estava pedindo meu telefone! Eu jurava ver uma auréola em volta de sua cabeça.

Que combinação fenomenal: chocolate, Bélgica, simpatia e *sex appeal*. Violinos e cupidos disparando flechas em torno de nós, fogos de artifício e rios de chocolate praline. Nos despedimos, cada um seguindo seu caminho em meio ao grupo animado de convidados para o café da manhã, mas eu vi Nicolas olhando para mim em mais duas ou três ocasiões, e ele inclinava a cabeça e sorria, até que, pouco tempo depois, ele sorriu e acenou se despedindo antes de ser levado por seu anfitrião para a limusine que os aguardava.

Quatro dias depois, dez quilos do mais fino chocolate belga, acondicionado em belas latas, chegou em minha casa entregue por um mensageiro, tudo acompanhado por uma nota de Nicolas. A mensagem era simples: "Posso entrar em contato? Respeitosamente, Nicolas."

Devorei os primeiros dois quilos de praline em 24 horas, enquanto pensava em qual seria minha resposta e conversava com minhas amigas de confiança. Refletimos cuidadosamente sobre minha posição. Não pretendia manter um romance sob o olhar atento da mídia, e também não queria ser menos do que absolutamente discreta por respeito a Iain, especialmente se tudo fosse apenas um caso passageiro. Nicolas vivia longe dali, distante de tudo e todos na Austrália. Não devia nem saber sobre minha história. Por que não me deliciar com um flerte? De qualquer maneira, talvez fosse hora de me dedicar a um hobby.

Assim, Nicolas e eu começamos a nos corresponder, e logo comecei a receber telefonemas de vários lugares do mundo.

Um envelope postado em Tóquio podia conter uma página rasgada de uma revista de bordo, a imagem de nuvens brancas e focas com um poema original rabiscado na caligrafia de Nicolas. Um telefonema de Buenos Aires enquanto Nicolas olhava pela janela do hotel e descrevia um casal idoso dançando tango em uma alameda de pedras perto da fonte. Um cardápio parisiense recebia um tópico manuscrito: "Pensamentos sobre você e o que pode ser acrescentado a isso."

Aquilo tudo se tornava rapidamente uma fantasia de pensamentos e palavras que voavam em ambas as direções — a articulação estimulando a natureza cerebral do romance e me seduzindo com minha própria fraqueza. Eu era envolvida pelo charme e pela sofisticação, e adorava cada minuto daquele caso platônico, mas altamente sensual.

Nicolas sabia como namorar usando as palavras.

Mais ou menos nessa época fui convidada para participar de um programa-piloto para a tevê feito por uma das empresas da família de Rupert Murdoch e supervisionado por Matt Hanbury, sobrinho do sr. Murdoch, e Jackie Frank, o editor da edição australiana da revista *Marie Claire*. A ideia era reproduzir reportagens de *Marie Claire* para o meio televisivo. Pessoas comuns envolvidas em situações extraordinárias — esse era o ângulo que *Marie Claire* queria para seu primeiro programa de televisão. O *Marie Claire TV* seria exibido no "festival romântico" da televisão de Cannes chamado MIPCOM. O esperado era que isso promovesse na tevê a tendência "estilo de vida/revista". Eu participaria do principal artigo do programa. Aceitei participar, motivada basicamente pelo fato de aquela ser outra oportunidade para enfatizar o problema internacional do sequestro de filhos por um dos pais e o impacto desse fenômeno sobre as crianças e famílias envolvidas.

Jennifer, a produtora da primeira parte do programa-piloto, chegou em minha casa em um dia de fevereiro de 1997 para filmar um perfil mais profundo, ressaltando meu trabalho no campo de sequestro de crianças. Ela e sua equipe deixavam transparecer certo ar de desapontamento que captei durante os dias de filmagem. No tratamento preconcebido que Jennifer pretendia dar ao filme ela me imaginara "espartana" no estilo de vida e na decoração da casa, e planejava obter imagens minhas em uma atmosfera minimalista, uma espécie de coleção de ângulos melancólicos e mobília moderna. Enquanto me revelava tudo isso e tinha um ataque de riso, ela disse ter se surpreendido ao me encontrar cercada por fotos de família, quadros e obras de arte. Havia velas cobrindo todas as superfícies, disputando espaço com minha considerável coleção de esculturas em pedra africanas e meus tesouros pessoais.

No final, conseguimos estabelecer um acordo: eu me deixaria filmar na escada da casa, onde havia, de fato, uma iluminação meio melancólica, vestida com um traje sombrio, mas elegante, um vestido de seda cinza, e minha voz se sobreporia às imagens como uma entidade sem corpo. A segunda parte da filmagem foi despejada sobre mim como um balde de surpresas. A produção queria que eu viajasse para Londres e encontrasse Pamela Green, uma mãe deixada para trás com quem eu já fizera contato e que finalmente havia recebido de volta seus três filhos com minha ajuda e a influência de meus contatos em Washington. Seria uma viagem rápida, de apenas dois dias. O sr. Murdoch pagaria todas as despesas e asseguraria todo conforto e rapidez. Foi uma alegria ouvir isso, porque a viagem de Melbourne a Londres levaria 24 horas ou mais, uma sobrecarga exaustiva para um período de dois dias.

Tendo sido aconselhada anteriormente pelo governo australiano a não viajar para a Europa sobrevoando o espaço aéreo da Malásia (eu podia ser presa e enfrentar uma infinidade de complicações políticas e diplomáticas), já me acostumara a percorrer o trajeto mais longo, sobrevoando a Rússia para chegar no Leste Europeu. Assim, depois de um trânsito de algumas horas pelo aeroporto de Hong Kong, o avião decolou pouco depois das 10h45 da noite.

Mas, pouco depois da decolagem, um rangido horrível foi ouvido em toda a aeronave. Houve, entre os passageiros e tripulantes, uma troca de olhares silenciosa, mas nervosa, e todos começaram a ficar agitados. Um dos comissários atendeu ao interfone, depois apertou um pouco mais o cinto de segurança.

A voz do capitão soou na cabine. Aparentemente, o trem de pouso não podia ser recolhido e teríamos de retornar a Hong Kong. Antes, porém, sobrevoaríamos o oceano para esvaziar o tanque de combustível.

"Essa é ótima!", pensei. "Não me mato porque quero rever meus filhos um dia, e acabo morrendo num desastre aéreo. Que sorte!" Automaticamente, toquei o bolso em que levava as fotos de Iddin e Shahira.

Um grito súbito ecoou no avião. Um homem do outro lado do corredor parecia ter um objeto de higiene pessoal preso nos pelos do nariz; havia uma embalagem sobre o assento ao lado dele e era possível ver que ele comprara o material de higiene na loja do aeroporto. Sua única alternativa foi arrancar o objeto com um violento puxão! Contive uma risada nervosa cobrindo a boca com a mão. Onde estavam os drinques da primeira classe quando mais precisávamos deles?

Foram necessárias duas horas de voo para despejar o excesso de combustível no mar. Na tela na frente da cabine via-se uma pequenina imagem do nosso avião descrevendo círculos intermináveis sobre um oceano artificial.

Finalmente, abaixo de nós, foi possível ver os caminhões de bombeiro enfileirados na pista do aeroporto, e o asfalto do terminal de Hong Kong se iluminou como uma árvore de Natal. O barulho dos motores do avião era ensurdecedor, tornado mais estridente pelas batidas ruidosas do meu coração enquanto, abraçando os joelhos, mantinha uma conversa significativa com os meus dedos dos pés.

Aterrissamos com um tranco violento e descrevemos um círculo na pista. Uma exclamação coletiva ecoou no interior da cabine, seguida por suspiros de alívio, aplausos e assobios. Os tripulantes se levantavam para abrir portas e compartimentos de bagagem.

No final, todos nós tivemos de desembarcar pelo escorregadio tubo amarelo da saída de emergência!

Eu estava aliviada por termos aterrissado em segurança, mas, estranhamente, não havia sentido nenhum terror real, apenas nervosismo, durante os momentos de dificuldade e tensão. Não queria morrer, mas me tornara fatalista com relação à minha vida. Se não podia estar com Iddin e Shah, não me importava muito com o que ia acontecer comigo.

Depois de finalmente passar pela alfândega e pela imigração no aeroporto de Heathrow, segui para o hotel, onde cheguei no início da noite e encontrei em meu quarto um convite da produtora da segunda parte do programa-piloto de *Marie Claire*, Judith Curran. Ela me dava as boas-vindas e sugeria que nos encontrássemos às 8h da noite no bar do hotel para um drinque e para nos conhecermos e combinarmos a agenda de filmagem para o dia seguinte.

Já havia sido informada que Judith estava no meio da produção de *The Lacemaker*, um documentário especial sobre Collette Dinnigan, a estilista americana que começava a se destacar no mundo da moda francês e internacional. Eu sabia que Judith acabara de filmar um grupo de top models, incluindo Helena Christiansen, e reservava um dia em sua agenda frenética para fazer minha filmagem.

Judith admitiu já ter uma vaga impressão a meu respeito baseando-se nos relatos da imprensa.

— Severamente traumatizada, é como me lembro de você — ela me contou. — Tinha a ideia de que encontraria uma mulher linda e glamorosa e, de fato, você entrou naquele bar metida numa calça de couro preto, com os cabelos louros cobrindo as costas. Aquela foi a primeira imagem.

Eu planejava recompensar Judith generosamente por essa descrição.

— Você se sentou no banco ao meu lado, Jack, e sorriu enquanto recusava uma taça de vinho, preferindo chá de camomila. Eu, é claro, escolhi o vinho, mantendo-me fiel ao sangue kiwi (neozelandês). Pensei que não pudesse beber por causa daquele gene chinês, e demorei a descobrir o quanto estava enganada.

Na verdade, eu estava cansada demais para me sentar em um bar e beber vinho; minha cabeça já estava confusa em função do fuso horário. Além do mais, eu queria analisar bem minha nova companheira. Judith era linda, loura, dona de grandes olhos azuis e de um sorriso largo, contornado por lábios muito vermelhos. Vestida com uma blusa de chiffon de seda azul-noite, ela exibia braços tonificados e firmes, com músculos onde a maioria das mulheres tinha flacidez. A calça preta de corte elegante deixava entrever pernas e glúteos firmes e definidos. Ela tinha seios fartos (o que me fez olhar com tristeza para meus seios tamanho 40) e era segura e inteligente. Eu estava exausta, atordoada, praticamente incapaz de articular uma frase coerente; esperava ao menos fazer sentido enquanto olhava para o rosto de Judith numa espécie de transe de exaustão e tentava ouvir o que ela dizia sobre nossa agenda para o dia seguinte.

Nos despedimos cerca de uma hora mais tarde, e me lembro de ter pensado, enquanto olhava para Judith diante da porta do elevador, se aquela mulher poderia se tornar uma amiga.

Na manhã seguinte, segui de carro com a equipe de produção para Surrey, onde encontraríamos Pamela Green. O cinegrafista, Peter de Vries, e o técnico de áudio, Paul Blackwell, eram tranquilos e silenciosos, o que me agradou muito.

Quando nos recebeu na porta de casa, Pamela estava explodindo de orgulho e entusiasmo. Ela se alegrava por poder finalmente me apresentar a família completa, e preenchemos os trinta minutos que antecederam a filmagem trocando informações e opiniões sobre as dificuldades que a família dela havia enfrentado tentando reintegrar suas experiências e seus traumas tão sem razão.

A entrevista, que a pedido da *Marie Claire* focou minha participação no reencontro daquela família, transcorreu tranquila. Mas ela me fez perceber o contraste que existia entre minha realidade e a dela. Pamela tinha os filhos de volta.

As finanças de Pamela eram modestas, quase escassas, e sua família era grande. O sequestro e os anos que os filhos haviam passado desaparecidos tinham afetado todos eles psicologicamente. Quando nos despedimos, fiquei pensando em como Pamela lidaria com a rebeldia adolescente já identificável sob a fachada do comportamento então impecável de seus filhos. Eu sequer imaginava como lidaria com meus filhos quando eles retornassem, mas agarraria com unhas e dentes a oportunidade de lidar com o desafio. Só precisava de uma chance para tê-los em casa.

Durante a viagem de carro de volta a Londres, Judith e eu falamos sobre o trabalho dela e a agenda para o dia seguinte, quando ela retomaria a produção de *The Lacemaker*. A entrevista com Paula Yates, ícone do rock chique britânico, seria seu principal compromisso no dia seguinte. Como meu embarque estava marcado para a noite seguinte, eu perguntei se poderia acompanhá-la. Tudo indicava que seríamos amigas.

— Jacqueline, boa noite — ele me cumprimentou do outro lado do salão quando entrei, pronunciando meu nome à maneira francesa. — Estava aqui perto e decidi vir dar um oi.

Em um jeans impecável, camisa azul e capa de chuva bege, Nicolas van Waard sorria para mim como um colegial atrevido.

Surpresa, balancei a cabeça.

— E desde quando Londres está no seu caminho? — Eu tivera um dia agitado, um voo assustador... Era de esperar que não se lembrasse de ter comentado sobre a viagem em algum e-mail.

— Bem, a Bélgica fica logo ali se você viajar de avião. — Ele era todo sorrisos, como quando o conheci. — Podemos sair, talvez tomar um drinque? Venha — ele segurou meu braço. — Vamos andar um pouco. — E me levou de volta à porta giratória do hotel.

Eu tentava acompanhá-lo, mas a diferença de estatura me dava a impressão de estar trotando para seguir seu ritmo. Pedi que ele andasse mais devagar. A mão dele cobriu a minha sobre seu braço, e tentei começar uma conversa casual.

Ainda estava espantada com sua aparição repentina. Cartas e telefonemas eram uma coisa; um homem de carne e osso e 1,90m de altura era outra história. Naquele momento, eu estava muito confusa. Sabia que o peixe fora fisgado, mas não sabia se queria fritá-lo ou mantê-lo no freezer.

Conversamos enquanto bebíamos conhaque no bar do Hotel Claridge's. A centelha entre nós estava novamente ali, inegável e intensa, mas eu me sentia estranha. Se ao menos os olhos dele não brilhassem tanto, talvez eu pudesse me concentrar. A linguagem corporal era relaxada e ele falava de coisas sem importância, exibindo um toque de timidez que o tornava ainda mais encantador.

Depois do conhaque, saímos para a fria noite inglesa e caminhamos para meu hotel. Nicolas olhava para mim com uma intensidade ao mesmo tempo envolvente e inquietante.

Passávamos perto do Museu Britânico quando notei na vitrine de uma galeria uma coleção de estatuetas de bronze. Parei para apreciar as obras e, quando me virei, ele me abraçou, pousando uma das mãos na parte inferior das minhas costas a outra em minha nuca. Seus dedos acariciavam meu cabelo quando os lábios encontraram os meus. O primeiro contato dos lábios foi hesitante; em mim, um dique se rompeu e me peguei, na ponta dos pés, envolvendo seu pescoço e correspondendo ao beijo. Nos afastamos, ofegantes e eletrizados por nosso primeiro beijo, eliminei da mente todos os outros pensamentos e tracei com um dedo o contorno tentador de sua boca. Nicolas levantou uma sobrancelha, parte curiosidade, parte declaração, e se virou em busca de um táxi. Ele afagava meu rosto e beijava minha mão e a parte interna de meu pulso repetidas vezes. Em cinco minutos o táxi nos deixou na porta do hotel em que me hospedara.

Fizemos amor e conversamos durante toda a noite. Eu me sentia livre pela primeira vez em tanto tempo que nem conseguia determinar do que me libertava, mas minha mente estava feliz e livre de culpa.

Descobri que Nicolas era um homem apaixonado e imaginativo, não só na correspondência que trocávamos, mas também nos momentos de maior intimidade, e por isso eu me sentia grata e aliviada. Eu não queria ter corrido o risco de me expor dessa maneira só para me ver contando os minutos até poder me livrar de um incômodo engano. Até então, eu me sentira pesada e um tanto morta por dentro, e de repente despertava para meu lado secreto e mais feminino.

Na primeira luz da manhã, vi Nicolas se vestir depois de um banho rápido, e tentei ser mais racional. Perguntei a ele se podia entender meu desejo de manter nosso relacionamento privado, longe dos olhares do meu mundo, a Austrália, e de tudo que complicava tanto minha vida. Queria manter bem separadas essas duas esferas — minha vida real e problemática e o que descobrimos juntos na noite anterior.

— Podemos simplesmente ser o que somos? — perguntei, orgulhosa de estar tentando manter o controle em uma área em que havia fracassado dolorosamente nos relacionamentos anteriores.

— Só se pudermos nos encontrar em breve — ele respondeu como se não quisesse interpretar o significado do que ouvia. — Afinal, nós dois viajamos muito. Estou decorando um apartamento novo em Antuérpia. Talvez queira dar sua opinião... — Então, com tom ainda mais gentil, ele me contou que havia lido meu livro. — Se você realmente passou pela metade das coisas que descreve, será uma honra merecer sua confiança. — Ele se inclinou e beijou minha testa.

Fui pega de surpresa mais uma vez. Eu havia sido pesquisada por meu amante! Agora me sentia duplamente exposta.

— Nicolas, não posso lhe oferecer uma situação doméstica, se é isso que quer, mas se conseguir aceitar minha vida e os compromissos erráticos, então... sejamos apenas nós mesmos, como realmente somos. — Percebi vagamente que minha linguagem se tornara formal.

Nicolas me beijou. Depois pegou a capa e levou os dedos aos lábios para soprar um beijo antes de sair.

— Vejo você em breve. Ou irei procurá-la ou você virá até mim. — Era uma declaração dos fatos.

Sozinha, deitada na cama que havia dividido com ele e imaginando-o no avião que o levaria de volta à Bélgica, refleti sobre o que Nicolas e eu poderíamos ser um para o outro. Eu não estava loucamente apaixonada, mas aquele homem era encantador, atraente e envolvente. Embora falasse francês, inglês, flamengo, espanhol e alemão, Nicolas era encantadoramente humilde, e eu já suspeitava que ele possuía um cérebro naturalmente favorecido e uma determinação formidável. Daltônico, ele havia confessado não poder dizer de que cor era minha lingerie na noite anterior!

Levantei da cama e fui tomar uma ducha quente, ainda pensando em Nicolas. Ele tinha dito ser um esportista ávido. Handebol era sua paixão; poucos anos antes, ele conquistara uma medalha de ouro no esporte. Católico, mas negligente, vinha de uma família influente na política. O pai de Nicolas parecia ter desempenhado um papel significativo na Bélgica, e os irmãos eram intelectuais, altamente educados.

Com um passado tão diferente, Nicolas se disporia a investir em um relacionamento e aceitar termos que fossem favoráveis a nós dois? E num relacionamento a distância, além de tudo? Eu não queria me aventurar novamente em um relacionamento possessivo; não queria mais ser o troféu de outra pessoa, nem abrir mão da determinação e da independência que havia conhecido recentemente.

Eu tinha consciência de que os homens sempre se apegam a uma imagem de mim, apenas uma faceta de minha personalidade, aquela que não tem nenhuma semelhança com as muitas partes minhas incorporadas na mulher como um todo. Eu já fora considerada um *objet d'art*, uma parideira, uma potranca boa de cama. Agora, penetrava em área desconhecida. Sentia que podia fazer mais, ser mais e realizar mais para encher meus filhos de orgulho e não queria que os outros tivessem uma ideia preconcebida de mim. Havia um preço muito alto a pagar por paixão, conforto e intimidade. Além do mais, quando se é colocado sobre um pedestal, a queda é sempre muito grande.

Sempre agi de acordo com as atitudes e expectativas sociais no que diz respeito às maneiras e à dinâmica social, mas sabia que agora me recusaria a ser limitada por meu gênero ou pelas projeções de homens de pouca visão interessados em sacudir meus ossos ou simplesmente decididos a me proteger das grandes maldades do mundo.

Eu pagara um preço muito alto para chegar àquele ponto da vida, e embora não houvesse muitos empregos disponíveis para princesas destronadas que foram ao inferno e voltaram, não recuaria para me encolher dentro de um casulo. Não importa o que eu seja e faça no futuro, seria tão honesto e real quanto eu espero que meus filhos sejam no futuro.

Capítulo 10
Westwood, mulheres e vinho

Começar um novo dia num estado de espírito inteiramente feliz era algo que eu havia esquecido como fazer. Só registrei meu humor quando parei diante do espelho para passar batom e percebi que estava sorrindo. Levando minha bolsa, deixei o quarto e fui encontrar Judith e a equipe de filmagem no saguão do hotel. Eu estava relaxada e satisfeita por estar simplesmente acompanhando o trabalho de outra pessoa, e bastante curiosa sobre a filmagem daquela manhã.

Judith e eu conversávamos no carro enquanto percorríamos as ruas estreitas de Chelsea, e seguimos falando até pararmos na frente de uma casa com um amplo terraço em uma rua tranquila.

A porta foi aberta por uma jovem e fomos conduzidos a uma sala frontal, onde deveríamos aguardar. Era uma sala pequena e pouco iluminada; a janela em arco de onde se podia ver a rua era inteiramente ocupada por uma gaiola que lembrava o Taj Mahal, toda adornada por luzes e flores de seda. Dava a impressão de que o ambiente estava lotado. Na lareira e no console havia flores, pequenas pinturas a óleo e ícones religiosos russos; o sofá estava coberto por almofadas gordas e mantas de pele de leopardo; as tábuas de madeira do chão mal podiam ser vistas sob a enorme quantidade de brinquedos de bebê. E as superfícies das mesas laterais e dos móveis estavam cobertas por trabalhos de arte infantil e fotografias. Vasos de lírios emanavam uma fragrância intensa.

Judith orientou a equipe para preparar a iluminação e posicionar a câmera, e logo os cabos formaram aquele emaranhado característico no chão de tábuas enceradas. Havia na sala um ar inquestionável de expectativa.

Paula Yates entrou de um jeito casual. Dona de quadris estreitos e seios fartos, usando os cabelos louros num estilo desfiado e armado e com os pés enfiados em sandálias presas nos tornozelos por tiras finas, ela exibia um vestido de renda marrom que parecia estar colado às curvas de seu corpo. Em qualquer outra o vestido teria parecido vulgar, mas em Paula Yates ele era puro rock chique.

Pelo que entendi, Paula daria um depoimento sobre as criações de Dinnigan. Depois de distribuir instruções precisas sobre o que queria fazer, Judith se sentou com Paula para começar a entrevista.

Paula Yates falava com generosidade e parecia relaxada e eloquente. A entrevista terminou logo; ex-entrevistadora e apresentadora de programas de televisão, Paula não teve nenhuma dificuldade e soube controlar o fluxo da conversa com Judith, colaborando bastante para a realização de um trabalho rápido e perfeito.

Mais tarde, enquanto Peter e Mark guardavam o equipamento, Judith explicou a Paula o motivo de minha presença, e por que eu estava em Londres para uma visita tão breve. Os olhos de Paula brilharam quando ela olhou para mim.

— Uma amiga minha falou sobre você — ela contou. — Gostaria de ler seu livro. — Ela revelou que o divórcio de Bob Geldolf estava se tornando muito difícil, e tentava estabelecer paralelos entre nós, o que me causava certo desconforto. — Michael (Hutchence, do famoso INXS) e Bob trocaram de casas para que as meninas ficassem felizes — ela disse, quando elogiei a decoração da casa. Paula prosseguiu explicando que Bob, o ex-marido, havia concordado em se mudar para a casa de seu novo parceiro, Michael, não muito longe dali, e que ela e Michael foram morar na casa de Bob com as três meninas e a filha do casal, Tigerlily. Essa decisão lógica e generosa parecia destoar das outras coisas que ela contava sobre Bob, por isso fiz o possível para me manter longe do assunto.

Falamos sobre nossos filhos, comparando impressões sobre aleitamento materno (do qual éramos defensoras ferrenhas) e sobre a fabulosa perspectiva que a maternidade criara na vida dela e na minha. Discutir Michael num tom casual e falar sobre suas quatro filhas animou Paula mais do que todos os outros assuntos que abordamos. A perturbação causada pelo efeito dos jornais e da mídia em suas atividades diárias com as filhas era profunda e amarga. *Paparazzi*, ela revelou, haviam empurrado uma das meninas mais novas certa vez, quando Paula caminhava pela rua com as filhas. O resultado havia sido uma foto de Paula erguendo a filha pelo braço, o rosto contorcido numa expressão furiosa. A manchete anunciara: "A furiosa Paula arrasta filha em lágrimas", ou algo nesse sentido. Evidentemente, Paula era uma mulher que amava e era amada pelas filhas. Ao fundo, a bebê, Tigerlily, resmungava anunciando a hora de mamar. Paula rasgou apressada um pedaço de papel de um bloco sobre uma mesa e rabiscou nele o número de seu telefone e seu endereço, pedindo que eu mantivesse contato.

— Escreva seu telefone e seu endereço também, depressa! — ela pediu, apontando para onde havia mais papel e canetas. — De verdade, ligue para mim — enfatizou. — Quero continuar essa conversa, vamos sair para jantar, ou alguma outra coisa. — Ela me abraçou e me beijou para se despedir.

Judith ria quando saímos da casa.

— Foi simplesmente fantástico. Pena Michael não ter estado presente, também!

— Sim, uma pena — concordei. — Mas senti certa fragilidade sob aquela aparência forte. — Olhando rapidamente para o relógio, tive uma ideia. — Judith, quer ir fazer compras? — Convidei sorridente, sabendo que ela não tinha mais nenhuma filmagem naquele dia. — Podemos almoçar, também.

— É claro — ela respondeu, num tom casual.

Até hoje Judith jura que sua cabeça ainda gira quando se lembra da primeira vez que fomos às compras juntas. Certa de ser uma consumidora em potencial, ela conta que se sentiu uma principiante quando entramos na primeira loja da King's Road, em Chelsea.

Eu tenho orgulho de ser rápida nas compras, mas tínhamos menos de uma hora e meia para escolher e comprar, ou não sobraria tempo para o almoço. Nada como um prazo apertado para acelerar o procedimento, como sempre digo. Um olhar rápido na primeira loja em que entramos e logo identifiquei minha primeira aquisição daquele dia: um bustiê *vintage* de veludo negro da Vivienne Westwood. Numa sucessão rápida, passamos pela Russell & Bromley para os sapatos, pela Jigsaw para as camisetas, por uma butique de lingerie e por alguns estabelecimentos menores. O incentivo das placas vermelhas anunciando liquidações em algumas lojas aumentaram minha já habitual velocidade para um patamar frenético. Gosto de um desafio. E sou capaz de avaliar a mercadoria de muitas lojas da porta.

De acordo com Judith, em poucos minutos nós carregávamos tantas sacolas que tínhamos dificuldades para equilibrá-las. Logo, ela também adquiria jaquetas de couro, várias bolsas e incontáveis pares de sapatos.

Então, finalmente saciada nossa avidez consumista, nos dirigimos a um café, onde comentamos as barganhas e enchemos nossos estômagos vazios. Uma ou duas taças de vinho soltaram nossa língua, e falamos sobre tudo, de um jeito franco e sem reservas. Inquirida por Judith, senti que um peso enorme deixava meus ombros na medida em que ia baixando a guarda, abrindo mão da carapaça. Corri o risco de ser eu mesma, e Judith retribuiu.

Naquele pequenino café lotado, Judith chorou enquanto ouvia minha história. Imediatamente, eu soube que ela era alguém em quem eu podia confiar.

Apesar do tempo restrito, pedi ao motorista do táxi que fizesse um desvio pela Trafalgar Square. Havia algo que eu simplesmente precisava fazer antes de deixar Londres.

St. Martin-in-the-Fields era minha igreja favorita, o lugar onde me sentia mais próxima de meus filhos do que em qualquer outro. A torre e o relógio de mostrador azul me convidavam a entrar sempre que estava na cidade. Recitar meu mantra e acender velas para as crianças naquele templo me dava uma paz que eu não sentia em outro lugar.

Judith não questionou meu ritual particular. Aquele era realmente o início de uma amizade incrível.

Naquela noite, embarcamos de volta para casa, voando para diferentes cidades da Austrália, mas conversamos pelo telefone ao longo da semana seguinte, estabelecendo uma rotina de risos e sinceridade que ainda prevalece, embora estejamos habitualmente separadas por oceanos.

Capítulo 11
Somos o que buscamos ser

No início de 1997, os vários fios de minha vida começaram a se entrelaçar. Na semana em que voltei de Londres para casa, recebi pelo correio um convite para dar uma palestra no Congresso Mundial sobre Lei de Família e Direitos da Infância e da Juventude, em junho. O congresso aconteceria em São Francisco e seria presidido pelo juiz da Suprema Corte, Alastair Nicholson, sendo a presidente honorária a então primeira-dama, Hillary Rodham Clinton. O tópico de minha apresentação, explicou o comitê do governo, seria "O impacto do sequestro de filhos por pais — Um olhar de dentro para fora — Um guia prático para lidar com os casos". Alguns dias depois desse ocorrido recebi outro convite, dessa vez para informar e orientar o Departamento de Estado dos Estados Unidos, mais especificamente a divisão que lida com sequestro parental internacional. O Departamento de Estado ficaria muito satisfeito se eu estabelecesse uma data coincidente com a do congresso.

Um governo estrangeiro me convidava a palestrar, mas não o meu. Eu não deixei de perceber a ironia.

Até alguns meses antes, o governo trabalhista parecia me considerar uma pedra no sapato da dignidade ministerial. Meu esforço constante para tentar convencê-los a fazer alguma coisa humana e útil com relação a meus dois filhos pequenos, ambos cidadãos australianos como eu, foi recebido com má vontade. Gareth Evans, o ministro das Relações Exteriores daquele período, parecia ter pouco interesse no bem-estar de australianos necessitados de auxílio consular; seu olhar estava totalmente voltado para um cintilante posto internacional e para sua partida da política australiana. O fato de ele me detestar e se ressentir contra minhas críticas também contribuiu para sua atitude inflexível.

Mas, quando houve uma eleição federal em março de 1997, ocorreu uma mudança política drástica para a Austrália, com a eleição de um governo liberal (conservador), com John Howard como primeiro-ministro. Apenas 24 horas depois, recebi um telefonema de Alexander Downer, o novo ministro das Relações Exteriores. Atendi o telefone móvel do carro quando voltava de uma palestra na área rural de Victoria, por isso parei no acostamento para conversar com mais atenção.

O novo ministro queria saber como eu acreditava que seu departamento e ele, pessoalmente, poderiam me ajudar no meu caso.

Dizer que fiquei surpresa seria pouco. Até então, o senador Gareth Evans se negara a fazer contato direto comigo, e sua atitude ao longo dos anos anteriores com relação ao rapto havia sido firme e ressentida, o que servira para aumentar minha raiva e degenerar a situação, transformando-a num confronto entre nós, com a mídia por palco. Eu sentia que Evans tinha pretensiosas ilusões intelectuais e delírios de grandeza, julgando-se superior a nós, meros mortais. Por isso, receber um telefonema do novo ministro me deixou com a sensação de estar vivendo uma experiência extracorpórea. Não só isso, mas Downer seguiu direcionando a conversa para os procedimentos e atitudes de seu departamento com relação ao sequestro internacional e à resposta consular, falando de compaixão pura e simples e de ideias semelhantes. Seguimos conversando por mais de duas horas, e acabei me sentindo perplexa, mas um pouco mais esperançosa pelos outros pais que passavam ou passariam pelo desespero emocional, financeiro e legal de um sequestro parental internacional.

Alexander Downer fora provavelmente instruído a me adoçar em vez de me repelir, pois assim eu seria menos amarga quando tivesse de discutir a nova política e seus efeitos sobre o caso de Iddin e Shahira. Eu não era ingênua, mas tinha esperança. E a mudança de atitude dentro do todo-poderoso Departamento de Relações e Comércio Exterior tornou-se notável em algumas semanas. Por isso eu me sentia real e humildemente grata.

Eram mudanças pequenas, sim, mas as engrenagens da transformação giravam sempre muito devagar, como eu já havia aprendido.

Naquele tempo, eu trabalhava em um trágico caso de sequestro pela Empty Arms Network, o que me colocou em contato muito próximo com Robert Hamilton, chefe da Divisão Consular do Departamento Australiano de Relações e Comércio Exterior e ex-embaixador no México. O caso envolvia uma mulher e três de seus filhos, levados por seu ex-marido para o Oriente Médio. A filha mais velha havia sido deixada na Austrália. Eu estava tentando encontrar um canal de contato entre a mãe e os três meninos sequestrados e até então não havia conseguido nada. Pouco antes do Dia das Mães recebemos a notícia de que o filho mais velho, então com 16 anos, havia conseguido fugir do vilarejo onde tinha sido mantido, atravessando uma área perigosa até chegar ao centro da cidade, obtendo lá o dinheiro necessário para telefonar para a mãe em Melbourne. Agora a mãe estava diante de uma terrível escolha: ela podia mover céu e terra para levar o filho de volta para casa imediatamente ou podia orientá-lo a voltar ao vilarejo e cuidar dos irmãos mais novos.

Se escolhesse a primeira alternativa, ela não teria mais nenhuma esperança de se reunir com os meninos mais novos, e se escolhesse a segunda, suas chances de rever os três filhos seria muito pequena, considerando que ela recebera pouco antes o diagnóstico de um agressivo câncer de útero.

Aquela mãe escolheu levar o filho mais velho para casa, e comecei o trabalho de base por ela.

Quando telefonei para Robert Hamilton com a intenção de orientá-lo, sua resposta foi magnífica. Ele sentia que, sob o novo governo, tinha autonomia e espaço para tomar algumas decisões, o que ele realmente fez. Entrando em ação nas primeiras horas da madrugada, ele arranjou para que o rapaz fosse resgatado pela equipe da Embaixada e levado para um local seguro. (A polícia já devia estar tentando capturá-lo sob ordens do pai.) Um fax enviado para Robert do meu escritório comprovava a identidade e a cidadania do menino, e com isso o sr. Hamilton providenciou a documentação temporária para a viagem e a passagem aérea. Se ele fosse um diplomata menos atuante e menos humano, a burocracia provavelmente teria exigido mais uma semana de empenho até a finalização da papelada necessária para a viagem.

Funcionários do Consulado levaram o rapaz ao aeroporto e esperaram até ele entrar no avião que o levaria de volta para a Austrália. O rapaz chegou em Melbourne na manhã do Dia das Mães; meia hora depois da aterrissagem ele já estava nos braços maternos. A mãe morreu 48 horas mais tarde.

Serei sempre profundamente grata pela compaixão e eficiência de Robert Hamilton. Se ele fosse um diplomata menos habilidoso, a papelada teria levado mais de uma semana para ser verificada e finalizada; a abordagem de Robert foi corajosa e humana.

Pouco antes da primeira visita oficial do novo primeiro-ministro ao exterior — à Malásia — seu chefe de gabinete telefonou para me dizer que o primeiro-ministro estava disposto a interceder por mim, em caráter pessoal e privado, com o então primeiro-ministro da Malásia, Mahathir Mohamad. Eu me opunha? Opor-me! O que havia para objetar? Havia mantido meus dedos, olhos e todas as outras partes de meu corpo cruzados por anos, torcendo por uma profunda mudança na atitude política!

Se eu quisesse, prosseguiu o chefe de gabinete, poderia reunir alguns objetos pessoais e de valor afetivo que o sr. Howard entregaria ao primeiro-ministro malaio com um pedido veemente para que fossem entregues a Iddin e Shah.

Eu chorei ao desligar o telefone. Finalmente, o governo de meu país se dispunha a demonstrar alguma compaixão por meus filhos. Foram necessários cinco longos anos e uma mudança no cenário político para que essa modificação ocorresse.

Decidi enviar para Iddin e Shah uma fotografia emoldurada contendo várias imagens — uma montagem de fotos minhas, de minha *nanna* e de outros membros da família e amigos, todas identificadas com nomes e apelidos, caso as crianças não se lembrassem mais de muitos detalhes do passado. Sabia com absoluta certeza que meus filhos não haviam recebido nenhum retrato meu desde o sequestro. Havia muito tempo eu não os abraçava, não sorria para eles.

Permitindo-me sentir alguma esperança, trabalhei com afinco na colagem, rearranjando as imagens com verdadeira obsessão até sentir que aquele era o efeito ideal.

Eu fui informada de que o primeiro ministro não queria obter nenhum favorecimento político com suas ações, nem esperava publicidade positiva ou reconhecimento público de minha parte. O que ele fazia era apenas um gesto de bondade, uma gentileza entre pais.

Calei-me durante todo o tempo que durou a visita oficial do sr. Howard. Nenhum jornalista conseguiu arrancar de mim um único comentário sobre a viagem do primeiro-ministro; havia muita coisa em jogo. Sozinha, eu roía as unhas e andava de um lado para o outro. Tudo em que conseguia pensar era que meus filhos finalmente poderiam estar recebendo provas tangíveis de que eu ainda lutava por eles e que os amava com todas as fibras de meu ser.

A confirmação da entrega da encomenda chegou 24 horas após o retorno do primeiro-ministro à Austrália. Seu auxiliar me garantiu que o sr. Howard havia apresentado meu caso com gentileza, mas firmemente, para o primeiro-ministro malaio, solicitando que ele tivesse compaixão e fizesse contato com Iddin e Shahirah. O líder malaio havia prometido fazer um contato pessoal com a família real Terengganu para solicitar que as crianças recebessem o presente de caráter humanitário. Havia uma esperança.

Em janeiro do ano seguinte recebi um pacote por remessa especial. Era a montagem emoldurada. O verso havia sido desfigurado com slogans em malaio, e meu presente fora depositado no balcão de recepção do Alto Comissariado da Austrália em Kuala Lumpur por um dos seguidores de meu ex-marido. Era óbvio que o objeto jamais havia chegado às mãos de meus filhos. Dali, o presente fora remetido pelo malote diplomático para a Austrália e devolvido a mim.

Pelo menos eu havia tido dez meses para pensar que meus filhos se lembravam de meu sorriso amoroso.

❈

Nicolas conseguiu fazer duas viagens de negócios à Austrália num espaço de alguns meses, mas agora ele sugeria que eu fosse à Bélgica. A ideia me agradava, e eu tinha trabalho a fazer em várias partes do mundo. Além do mais, a Antuérpia podia ser uma base bem conveniente para o trabalho de ajuda em que eu me envolvia progressivamente, e que se focava cada vez mais nos Bálcãs; além disso, eu poderia visitar minha amiga Patsy em Ambly. A viagem também facilitaria um encontro com Paula Yates e Michael Hutchence, quando eu examinaria uma proposta que Paula me havia feito em um de seus inúmeros telefonemas. Ela havia adquirido o hábito de ligar a qualquer hora do dia ou da noite; às vezes, insistia para que eu expandisse o trabalho em torno de um ou outro incidente específico sobre o qual ela havia lido em meu primeiro livro. Para ela, um simples relato em preto e branco não era satisfatório, porque minha história era interessante e ela queria detalhes, queria conhecer a natureza exata do que eu havia sentido ao encontrar meu pai pela primeira vez aos 13 anos de idade, quando ele morria de câncer.

O curso dos seus pensamentos sempre buscava as tangentes de uma conversa amena.

— Como consegue continuar em frente quando todo mundo quer fazer você parar? — ela me perguntou com tom crítico certa noite, durante um telefonema emocionado que interrompeu um jantar que eu oferecia em casa. — Ninguém entende? Amo minhas filhas, e isso devia ser mais importante que tudo! Só isso importa. — Ela soluçava, respirando profundamente, de forma ruidosa. — Luto por minhas meninas todos os dias, cada vez com mais empenho, como você luta por seus filhos.

Eu não conseguia decifrar se a batalha a que Paula se referia era contra a mídia insaciável ou contra um sistema legal que tratava de questões relativas à custódia. Mais e mais, tinha a impressão de que Paula lutava para se defender, defender sua vida amorosa e as filhas na mídia, sem se importar se era assunto de fofoca nos tabloides ou motivo de ultraje moral na Inglaterra.

Mas a Austrália era bem diferente. Aparentemente, Paula se sentia ansiosa para mudar a percepção que o povo do país de Michael tinha dela; estava determinada a dissipar as insinuações e a desconfiança que a cercavam como nuvens, tanto na Austrália quanto na Inglaterra, alimentadas basicamente por artigos muito negativos veiculados pela imprensa. Michael também havia participado de alguns desses telefonemas.

— Estou p*** da vida com essa gente falando bobagem sobre Paula. Ela é uma mulher fascinante e uma mãe incrível — ele me contou num tom fervoroso. — As pessoas não entendem, nem nos entendem, e isso está prejudicando as crianças.

Michael deixava transparecer a frustração com o processo de divórcio de Paula e o escândalo que eclodira a partir de uma notícia de suposto uso de drogas. Ele era um homem disposto a proteger a mulher, e estava muito magoado e chocado com tudo que vinha sendo divulgado nos jornais. Para um homem que se sentia à vontade pisando em palcos internacionais do rock, a vulnerabilidade e a perplexidade eram fenômenos novos em sua vida, provavelmente exacerbados pela confusão emocional causada por ter se tornado pai recentemente.

O INXS, a banda de Michael, trabalhava na divulgação de um novo álbum no Reino Unido.

— Venha nos encontrar e daremos um jeito de você escrever sobre tudo isso. — Michael e Paula queriam falar comigo sobre a vida pessoal e a filha do casal, Tigerlily. — Vamos dar uma exclusiva, e você vai poder escrever um artigo sobre nós para uma revista; Michael diz que a *Women's Weekly* é a revista da Austrália — Paula insistiu. — Confio em você, gostei de como escreveu seu livro, e podemos aceitá-la como uma amiga no seio de nossa família. O que acha? Não quer perguntar à revista se eles estão interessados na matéria?

Combinamos que eu passaria algumas semanas mantendo contato próximo com Paula e sua família, e que qualquer coisa que acontecesse durante esse período seria mantido em segredo, a menos que Paula e Michael autorizassem a divulgação. Então, a entrevista formal aconteceria, se Michael me aprovasse. A editora da *Women's Weekly* agarrou com unhas e dentes a oferta da exclusiva, mesmo com todas essas condições absurdas.

Estava perplexa. Só havia escrito alguns artigos para revistas àquela altura. Aquela matéria era muito visada. E eu ainda não conhecia Paula muito bem. Telefonemas emocionados não podem constituir uma amizade verdadeira. Mas ela parecia se relacionar comigo como se enfrentássemos o mesmo tipo de experiência. Varri meu cérebro, tentando encontrar os paralelos que ela via entre nós e o que eu poderia fazer para ajudar a conter sua ansiedade não verbalizada. De qualquer maneira, queria uma boa desculpa para passar um tempo na Europa, e o dinheiro também teria muita utilidade.

Decidi me manter longe da Austrália por alguns meses.

Primeiro iria a Los Angeles, onde encontraria meus agentes para tratar dos direitos da filmagem do meu primeiro livro. E na manhã seguinte, embarcaria no voo para a Bélgica e para alguns dias de solidão. Nicolas estaria tratando de negócios em Hong Kong quando eu chegasse.

Uma amiga próxima de Nicolas fez a gentileza de ir me buscar no aeroporto e me levou de carro para Antuérpia. Ela me deu a chave do apartamento recém-decorado e me deixou na porta do prédio, livre para explorar as instalações e a pitoresca e antiga cidade.

Assim que entrei no espaçoso apartamento *art déco* notei que cada aspecto da decoração era uma derivação do bege. Pensei que devia ter dado uma olhada nos desenhos e no projeto do decorador quando Nicolas pedira minha opinião. (Um ano depois, durante uma conversa e um jantar com o escritor e respeitado neurologista americano Oliver Sacks, autor de *O homem que confundiu sua mulher com um chapéu* e *Tempo de despertar*, entendi as implicações do profundo daltonismo de Nicolas, e como ele percebia o mundo que o cercava. Minha pele clara, que Nicolas insistia em que eu bronzeasse, aparentemente parecia cinza aos olhos dele, semelhante à de um cadáver em decomposição! Lisonjeiro, realmente!)

— Bege, Jacqueline — o próprio Nicolas me explicaria —, é a única cor que sei que posso identificar.

Bem, o decorador tomara sua palavra ao pé da letra. Estar no apartamento era como ficar preso numa gigantesca poça de café com leite, sem biscoitos ou bolo para expandir as papilas gustativas.

Do lado de fora, porém, uma cidade encantadora esperava por mim. Apaixonei-me pela casa do grande artista Rubens e pela fabulosa arquitetura da cidade. Cinco dias sozinha me deu tempo para perambular pelas ruas secundárias e visitar a Gros Platz (Praça da Cidade) com calçamento de pedras envelhecidas e telhados de traços medievais. Na antiga catedral, acendi velas votivas por meus filhos; aquele ponto da religião em Antuérpia se mantivera sólido por séculos, e eu sentia meu mantra de esperança e proteção ecoando entre milhares de súplicas já sussurradas naquele lugar sagrado.

Depois de visitar o mercado de flores e produtos em geral, retornei ao apartamento carregada de rosas de caule longo, queijos e caixas de frutas frescas e doces. Era uma bênção não ter um aparelho de tevê na casa e poder me concentrar em escrever. Há tempos eu não desfrutava do luxo da solidão. (Nos últimos anos vivi trabalhando em televisão, na arena dos sequestros ou divulgando meu livro. Todas essas atividades envolviam contato interpessoal. Como se não bastasse, eu simplesmente não conseguia sair da Austrália sem ser reconhecida e abordada por desconhecidos. Era muito bom poder ficar sozinha e em silêncio.)

Entrei em contato com Paula e combinei jantar com ela e Michael em Londres. Viajei no Eurostar, depois segui de táxi da estação até a casa deles em Chelsea. As meninas mais velhas haviam saído e Paula, Michael e eu nos sentamos para conversar um pouco antes do jantar. A atração que existia entre eles era palpável e evidente na maneira como conviviam, desfrutando de cada pequena intimidade. Eu invejava a linguagem corporal relaxada, a maneira como se sentavam enroscados, sempre se tocando, a perna de Michael sobre as de Paula no sofá diante da janela.

Foi uma noite estranha, que me fez sentir como Alice do outro lado do espelho. Uma horda de *paparazzi* nos perseguiu a caminho do restaurante, pessoas cujos nomes eu conhecia vagamente, todos querendo sua fatia do casal famoso e se lançando nessa busca sempre que eles saíam de casa. No dia seguinte voltei a Antuérpia pensando em qual seria a próxima locação daquele cenário. Telefonei para Anthony Williams, meu mentor e agente literário em Sydney, e conversei com ele sobre tudo isso.

— Continue fazendo o jogo, meu bem — ele me aconselhou. — Apenas continue participando.

Capítulo 12

Uma inspeção continental

Se existe uma coisa que detesto é ser avaliada por minha adequação, para qualquer coisa. Todas as antigas inseguranças vêm à tona, e me coloco na defensiva imediatamente, como se fosse um cavalo prestes a ter cascos e dentes examinados.

Durante o jantar com os amigos de Nicolas, porém, a sensação de ser inspecionada se desfez rapidamente. Eu estava entre novos amigos! O grupo era diversificado, mas acolhedor: um era artista, outro, editor de um jornal, uma mulher era sócia numa firma multinacional de contabilidade e o marido dela era arquiteto.

— Cuidado com esse homem — brincou alguém —, estamos cansados de vê-lo sabotar algo bom quando nos acostumamos com uma pessoa.

Nicolas parecia mais desconfortável do que satisfeito.

— Quieto — censurou a esposa daquele que havia falado. Depois, em francês: — Ela vai fugir, e então vamos ter de começar tudo de novo com outra desconhecida. Além do mais, essa tem cérebro e modos, graças a Deus.

Sustentei um sorriso e fingi não entender o que ela acabara de dizer; discrição era parte integrante de meu esforço de tentar agradar!

Mas, algumas noites depois, em um restaurante perto do litoral de Antuérpia, minha sensação de desconforto ganhou novos ingredientes quando Nicolas começou a tecer para os amigos comentários pejorativos sobre um casal sentado em uma mesa próxima.

— Homossexuais — Nicolas resmungou para um dos amigos com uma careta de reprovação —, vamos mudar de lugar.

Infelizmente, decidi não questionar aquele comentário enquanto estávamos no grupo. Por sorte, permanecemos na mesma mesa. Mas a atitude não pressagiava bom futuro se esse era um exemplo de seus preconceitos ou de receios homofóbicos. Eu tinha muitos amigos homossexuais e não queria que fossem ofendidos por ninguém do meu círculo, fosse um namorado ou um simples conhecido.

✤

Durante as duas semanas seguintes segui em compasso de espera com a história de Paula e Michael. Voltei a encontrá-los algumas vezes, e Paula telefonava frequentemente. Era estranho. A raiva pelo ex-marido parecia crescer na mesma proporção em que ela e Michael se aproximavam, mas tinham de enfrentar as questões impostas pelo sistema legal referente às famílias na Inglaterra. Eu ainda não conseguia entender por que o ressentimento de Paula contra Geldof crescia, e tive de morder a língua algumas vezes, quando ela tentou comparar seu ex-marido e o meu. Finalmente, fui obrigada a dizer a Paula que não havia sentido em se preocupar que Bob obtivesse a custódia integral das crianças mediante uma ordem judicial. Talvez eu fosse ingênua, mas queria acrescentar minha perspectiva ao seu ponto de vista.

— Paula, se você e Michael não estão prejudicando ou espancando as crianças, ninguém, nem mesmo a Alta Corte Britânica, vai tirar as meninas de vocês. E não acredito que Bob se empenharia tanto para garantir a segurança das filhas no ambiente familiar da antiga casa só para criar problemas mais tarde. Ninguém vai sequestrar suas filhas — concluí com uma irritação maldisfarçada de que me arrependi imediatamente.

Houve um silêncio atônito durante o qual esperei que ela me mandasse para o inferno. Mas ela não me recriminou, e até soou arrependida por alguns minutos, antes de irritar-se novamente e concluir a conversa dizendo:

— Mas você não o conhece. Essa história da corte e todo o resto... Ele é a encarnação do mal!

— Paula — eu resmunguei —, as coisas se complicam quando um casamento desmorona e todo mundo fica ressentido, mas isso não está fazendo bem às crianças.

— Hmmm... Tudo bem — ela respondeu, e então se despediu.

Nicolas tinha compromissos durante o dia, fazendo viagens de negócios à Espanha, Alemanha e França e passando a noite fora ocasionalmente, o que me permitia a liberdade de fazer exatamente o que quisesse. Minha adorada amiga Patsy foi me visitar duas vezes, ocasiões simplesmente maravilhosas. Fomos caminhar pelo parque que havia em frente ao prédio, atendendo à necessidade que ela tinha de estar ao ar livre, e conversamos até ficarmos roucas. Mas, quando se conheceram, Nicolas e Patsy sentiram uma antipatia imediata e recíproca, um sentimento tão intenso, que a hostilidade de Patsy me deixou sem ação. O que eles conversaram rapidamente em francês e flamengo permanece um mistério para mim. Patsy se recusava a falar flamengo, e Nicolas se negava a falar francês: eles se comunicavam usando dois idiomas diferentes! É engraçado pensar nisso agora mas, naquele momento, tudo me pareceu muito estranho, quase como um evento isolado retratando a longa rivalidade entre as diferentes regiões da Bélgica: a base industrial do país, os flamengos, e a zona agrícola e agropecuária em Wallonie, a parte da pequenina nação onde se falava francês. Era ainda mais estranho pensar que Patsy era casada com um flamengo, Walter. Agora suspeito de que sua reação enfática foi provocada pelo perfil público da família de Nicolas e seu envolvimento com a ala de direita da política, mas Patsy ainda se nega a discutir o que ela chama de "os insultos" daquele dia.

Quando Nicolas e eu estávamos juntos, nosso relacionamento era elétrico e volátil. Desde que não falássemos sobre política, causas humanitárias e etnia, tudo ia bem! Nicolas tinha uma tendência a ser insondável, uma característica que eu considerava incongruente com a franqueza de suas cartas e de seus telefonemas, e, embora nossos momentos privados ainda fossem apaixonados, ele tinha dificuldades para entender meu crescente compromisso com projetos humanitários.

Eu era gananciosa ou sensível — não posso decidir o quê —, mas sabia que meu amante teria ao menos de aceitar minhas convicções como bem-fundamentadas e mais que uma simples diversão. Nas cartas ou na cama, Nicolas era sensacional; na realidade da vida diária, de perto... bem, eu já começava a resmungar a palavra "fascista", e esse não era um sentimento adequado. Discordância intelectual é uma coisa, mas a feiura do preconceito é outra, muito diferente.

Enquanto eu me preparava para viajar para São Francisco, as coisas entre nós chegaram a um ponto crítico.

Naquela noite, havíamos retornado ao apartamento depois de um jantar black-tie no clube que ele frequentava, quando Nicolas começou a fazer objeções a uma viagem de trabalho à Bósnia (que estava emergindo de cinco anos de guerra) que eu planejava para o fim daquele ano. Foi o golpe final. Disse a ele que seria melhor que não fosse me encontrar em Nova York no mês seguinte, porque nossa relação simplesmente não estava indo bem, e que insistir em uma noção puramente romântica seria um engano.

Foi tudo muito civilizado. Concordamos com a separação, e ambos sabíamos que seria melhor assim.

Patsy ficou absolutamente satisfeita com a notícia.

— Bravo, Jacqueline! — ela exclamou ao telefone. — É um alívio ouvir essa notícia! Não se preocupe com ele, o homem *é* um fascista, como você mesma disse.

E assim embarquei para os Estados Unidos sem arrependimentos pelo tempo que Nicolas e eu passamos juntos. Havíamos sido maravilhosamente honestos um com o outro. Depois de tanto sofrimento nos anos anteriores, depois de tantas decepções em meus relacionamentos passados, meu tempo com Nicolas havia restaurado minha autoconfiança e minha autoestima feminina. Romper o relacionamento agora, por vontade própria, me fazia sentir que estava no controle. Eu havia entendido que é possível preservar sua identidade e não se subjugar ao parceiro. Aos 33 anos, finalmente aprendia esse segredo.

Uma amizade era o máximo que Nicolas e eu podíamos esperar ter, mas pelo menos o chocolate fora divino.

Capítulo 13
Sentindo a pulsação

Nova York era um excelente lugar para fugir de tudo que me prendia na Austrália. Ainda esperava notícias de Paula e Michael sobre a entrevista. Conversava com Paula todos os dias, ou quase todos, e ela continuava falando sobre datas e fotos para o artigo. Eu começava a suspeitar de que ela simplesmente gostava de conversar comigo sobre um pouco de tudo, e não incentivava sua amargura. Disse isso à editora da revista, mas ela não se incomodou e me instruiu a permanecer nos Estados Unidos ou na Europa, caso a entrevista finalmente acontecesse.

Enquanto isso, desde que deixara a Bélgica, eu vivia num ritmo frenético, o que me ajudava a suportar a saudade de meus filhos. São Francisco fora estimulante, informativa e divertida: a região da baía é linda e a hospitalidade demonstrada pelos organizadores da conferência era genuína, calorosa. Na conferência denominada World Congress tive a oportunidade e o prazer de trocar informações com amigos e colegas de todas as partes do mundo. Minha palestra foi bem recebida e fiz muitos contatos novos e valiosos. Os diversos fóruns, grupos de discussão e encontros com juízes, e também com defensores dos direitos humanos, me deram uma visão mais ampla das respostas internacionais ao sequestro parental, e enriqueceram minha lista de recursos e contatos.

Encontrar minha grande amiga Sally Nicholes foi um bônus. Fomos juntas a algumas palestras e dedicamos algum tempo às compras e aos passeios pela cidade. Nos hospedamos no mesmo quarto e ficávamos até tarde da noite comparando anotações, rindo e saqueando o frigobar. Nós nos conhecemos quando ela era uma jovem estagiária, e agora ela era considerada uma das maiores especialistas em sequestro parental internacional e na Convenção de Haia. Passamos horas incríveis juntas, trabalhando em casos de rapto do mundo todo.

Em Washington, nos reunimos com um de nossos antigos clientes, Jim Karides. Havíamos conhecido Jim quando ele esteve na Austrália procurando pelo filho pequeno. Contador de Virginia Beach, especializado em administração esportiva, Jim havia usado minha casa em Melbourne como base por duas vezes durante a procura de quase um ano pelo bebê, Adam, sequestrado pela mãe.

Jim havia se mostrado o hóspede perfeito, embora estivesse vivendo um verdadeiro inferno naquela época. Desanimado após meses de investigações por conta própria, campanhas infrutíferas na mídia e associação de seu nome a assuntos policiais, Jim havia voltado aos Estados Unidos de mãos vazias depois de sua segunda viagem à Austrália. Sally não medira esforços para convencê-lo a ficar apenas um pouco mais:

— Só mais alguns dias, Jim. Não vá agora. Sinto que alguma coisa está por acontecer.

Mas foi inútil.

Seis dias depois, Sally e eu gritávamos com ele pelo telefone:

— Adam foi encontrado, volte o mais depressa possível!

Depois de uma audiência na Corte de Família da Austrália, pai e filho puderam voltar para casa e recomeçar a vida. Sally e eu os levamos ao aeroporto, mas não tivemos tempo nenhum com o bebê.

Adam se aproximava agora dos 3 anos. Enquanto estivéssemos ali, ele teria de suportar o assédio das tias australianas.

Sally e eu havíamos alugado um apartamento no centro de Washington para podermos nos movimentar com maior facilidade, e foi lá que reencontramos Jim e Adam. Levamos o menino ao zoológico em Washington e nos dias de folga passeamos com ele no parque. Era incrível poder segurar a mão daquele menino, porque na última vez em que o vi ele era só um bebê de colo encerrando uma longa e traumática odisseia. Não pude deixar de pensar no quanto meus filhos deviam ter mudado fisicamente, e senti uma incontrolável e amarga pontada de dor pela perda. Mas eu não teria perdido aquela reunião por nada no mundo. Gostava muito de Jim, e estava feliz por revê-lo no papel de pai em tempo integral. Quando encerramos nossos compromissos com o Departamento de Estado, Sally e eu seguimos no carro de Jim para sua tranquila cidade natal, Virginia Beach, onde conhecemos o restante da família.

Era maravilhoso poder fazer parte daquele amoroso círculo de parentes e amigos. Eles organizaram um churrasco para agradecer por tudo que Sally e eu fizemos, e fomos brindadas com uma noite VIP em um show dos Parrotheads, uma experiência musical de que jamais vou me recuperar! Fomos informadas de que ficaríamos em camarotes, por isso me arrumei com um vestido de renda preta, próprio para ocasiões mais formais, mas logo notei que o restante da plateia usava bermudas, camisa havaiana e chapéus de palha decorados com papagaios e flores exóticas!

Sally teve de partir, mas eu ainda prolonguei minha estada, me divertindo com o pequeno Adam e cuidando dele para que Jim pudesse descansar um pouco. Descobri as delícias locais, coisas como patinhas de caranguejo e casquinhas de siri, e fiz longos passeios com Jim pelas estradas pitorescas da região. Ter aos meus cuidados uma criança pequena e poder desfrutar de momentos tão doces como tia postiça me permitiram viver momentos próprios de conforto maternal. Passar esse tempo com Jim, seus pais e suas irmãs, reforçou minha confiança em sua devoção ao bem-estar do pequeno Adam e me fez entender, ainda mais, que ser um bom pai significa sufocar os próprios preconceitos em favor do que é bom para a criança. A mãe de Adam era incentivada a visitar o filho, e Jim tinha de se resignar e fazia o que era moral e emocionalmente certo para Adam.

Anthony Williams já era agente literário e nome de peso no circuito internacional de publicações muito antes de eu me tornar sua cliente e amiga. Antes chefe da agência literária inglesa William Morris, ele havia decidido retornar à Austrália após uma ausência de muitas décadas para criar um braço da prestigiada agência naquele país. Tony não correspondia ao estereótipo do agente literário explorador e ávido por porcentagens, como vemos nos filmes; pelo contrário, ele era urbano e imaculadamente sereno, com um sotaque e um senso de humor ferinos, e uma inabalável lealdade aos que escolhia para serem seus amigos. Em torno dos 65 anos, Tony colecionava pessoas interessantes e receitas singulares, e apreciava reunir tudo isso numa divertida mistura. Seu olhar para os detalhes era aguçado e sua administração das minhas aventuras pelo mundo era histérica, tanto que ele parecia uma mistura de mamãe ganso, estilista de moda e organizador de casamentos.

Interrogando-me minuciosamente antes de cada viagem ao exterior, Tony considerava a natureza da jornada e se eu podia ou não contar com conhecidos no local de destino. Depois, ele anunciava minha chegada aos seus amigos mais próximos com um fax inquestionável, orientando que eles me abrigassem sob suas asas. Enquanto isso, ele me falava um pouco sobre cada uma dessas pessoas, contando suas histórias e até alguns detalhes picantes, tolos ou divertidos.

Tony havia decidido que aquela viagem a Nova York poderia combinar vida profissional e pessoal, por isso havia agendado para mim uma reunião com a agência William Morris, e também com um de seus bons amigos, Sonny Mehta, chefe da Random House Publishing. Tony havia me enviado uma lista com telefones, horários de reuniões e outros compromissos, e instruções para que eu entrasse em contato com Sonny Mehta e outros de seus bons amigos, os Averett, assim que eu chegasse em Nova York.

— Meu bem, Sonny Mehta é o deus da publicação em Nova York — Tony enfatizara. — É também um perfeito cavalheiro e um grande amigo.

Depois de me instalar no elegante Wyndham Hotel, por insistência de Tony (o local tinha preços razoáveis e era ponto de encontro de muitos escritores britânicos em Nova York), me dediquei a seguir o roteiro preparado por ele: café da manhã com meus agentes americanos na William Morris e, no início da noite, um convite para um evento editorial na empresa do sr. Mehta.

O café da manhã com o pessoal da William Morris na Avenue of the Americas não foi mais que uma cortesia dolorosamente polida a mim estendida por causa de Tony. Ficou desconfortavelmente claro que os dois agentes, um homem e uma mulher, não estavam impressionados comigo e com minha origem australiana, nem se dispunham a oferecer mais que um café solúvel e uma rosquinha passada. Mas quando o desagradável encontro já se encaminhava para o fim, o telefone do escritório tocou, e era Tony pedindo para falar comigo.

— Apenas ouça e diga sim ou não — ele começou. — Eles pediram outra reunião ou demonstraram algum interesse pelo que você está fazendo em Nova York?

— Não — respondi, olhando na direção dos dois agentes.

— Nesse caso, espere mais uns cinco minutos e diga que precisa ir cuidar de outros compromissos, e mencione o compromisso dessa noite. Diga casualmente que Sonny Mehta vai mandar o carro ir buscá-la às 6h da tarde, e veja esses merdinhas condescendentes ficarem verdes. — Rindo, ele desligou.

— Ah, sim... Deve ser o bastante. Até logo — eu disse para a linha muda.

Devolvi o fone a um dos dois agentes tão claramente desinteressados e retomei nossa conversa, esperando alguns minutos para fazer exatamente o que Tony havia recomendado. Foi espantoso. Como ele previra, notei uma imediata e intensa mudança de cor no rosto de cada um deles, e os dois até me convidaram para almoçar no dia seguinte no famoso Four Seasons, se eu estivesse livre. Com certo toque de perversidade, prometi verificar minha agenda e entrar em contato. Eu podia apostar que meu nome acabara de entrar para a lista de clientes daqueles dois.

Capítulo 14
Estado mental nova-iorquino

Eu simplesmente queria que a terra se abrisse e me tragasse. Uma multidão de nova-iorquinos estava de queixo caído. Eu estava presa na porta giratória da loja de departamentos Bergdorf Goodman! Sacolas de compras, mão e pulso esquerdos ainda estavam dentro da loja, e corpo coberto por um vestido azul e rosto completamente vermelho tentando emergir na East 58th.

Quinze minutos e um relógio de pulso Raymond Weil arruinado mais tarde eu fui libertada.

Pessoas que passavam por ali paravam para assistir à cena e me dar conselhos.

— Você devia processar a loja. — Era uma espécie de consenso. Eu só queria voltar para o hotel e me recuperar antes que o carro chegasse para me levar à sagrada órbita do deus das publicações em Nova York.

Eu acabara de entrar no quarto do hotel quando o telefone começou a tocar. Ainda nem tinha tomado banho! Era Tony outra vez. Olhei para o relógio sobre o criado-mudo e fiz um cálculo rápido. Era meio da noite em Sydney. Por que ele estava telefonando para mim àquela hora?

Eu já devia saber.

— Olá, meu bem. O que vai vestir hoje à noite?

— Ah, eu... Estava pensando no meu Dinnigan de renda preta e sapatos altos de seda preta — respondi hesitante.

— Sim, boa escolha — Tony decidiu com tom imperativo. — Mas, por favor, nem tente competir no terreno das joias. Gita, a esposa de Sonny, tem a maior e melhor coleção que eu já vi, e você só conseguiria parecer uma prima pobre.

Nada como um bom "Sr. Williamismo" para resumir uma situação com clareza e objetividade!

— Bem, na verdade estava pensando em usar apenas o colar que foi da minha mãe e deixar o cabelo solto — respondi, refletindo com alguma seriedade sobre esse cenário bizarro.

— Perfeito — declarou Tony. — Tenha uma noite adorável, querida, lembre-se da postura e faça brilhar sua história. — Ele desligou.

O que minha avó teria deduzido de tudo isso? Ela era uma alma pacata e contente, com certa dose de pessimismo para manter os pés no chão. Sua primeira viagem ao exterior fora para testemunhar meu casamento real, e saber que a neta agora embarcava e desembarcava de aviões como quem anda de ônibus, e percorria o templo dos musicais, a Broadway, a teria deixado sem fala. Sua ideia máxima de sucesso era apertar a mão do primeiro-ministro, e eu já nem sabia mais quantas vezes repetira esse gesto.

Sonny Mehta apertou minha mão na porta de seu apartamento, para onde seu motorista me conduziu. Homem de estatura mediana e gestos agradáveis, ele possuía olhos que projetavam inteligência aguçada e despertavam em mim o desejo de recitar alguns versos ou citar passagens dos clássicos. Eu me sentia uma fraude ali no meio de sua sala, me insinuando para o interior de seu círculo de convivência por mera associação.

Mas não precisei de muito tempo para perceber que Sonny era divertido, simpático e acolhedor, e que não estranhava a amiga que Tony Williams colocara aos seus cuidados. Conversamos por algum tempo, enquanto eu olhava de soslaio para sua maravilhosa coleção de livros dispostos em prateleiras que iam do teto ao chão. Sonny me contou que iríamos a um coquetel para o pessoal da Condé Nast Publications, e ele esperava que o evento não fosse tedioso demais para mim. Mais tarde jantaríamos com alguns de seus amigos, pessoas que, ele esperava, eu acharia bem divertidas. Gita, sua esposa, estava fora do país, por isso não nos acompanharia.

Chegar ao coquetel e caminhar pelo tapete vermelho foi um momento *Sex and the City*, com flashes espocando e fotógrafos perguntando a Sonny o meu nome enquanto, entrávamos indiferentes no edifício.

— Agora ouça isso — Sonny cochichou com um sorriso debochado, virando-se para um dos repórteres. — Esta é a princesa Yasmin e ela é escritora.

Todos os presentes olharam para mim, me avaliando enquanto seguíamos nosso caminho.

Lá dentro, Mehta exibiu maneiras impecáveis, me apresentando às pessoas e me envolvendo em todas as conversas enquanto percorríamos a ala e cumprimentávamos seus conhecidos. Durante todo o tempo ele manteve a mão em meu braço ou em minhas costas, num gesto protetor. Minha cabeça girava com tantos nomes, e me sentia desajeitada e deslocada, mas estava determinada a não embaraçar meu anfitrião.

Jantamos naquela noite em um restaurante numa das áreas nobres da cidade, um estabelecimento cujos proprietários eram uma australiana chamada Nell Campbell (do famoso Nell's nightclub) e seu sócio, Eamon. Tivemos à mesa a companhia de Susanne Bartsch, uma glamourosa figura gótica europeia que, aparentemente, acordava todos os dias às 5h da manhã para se preparar para a excursão da noite, sempre acompanhada por um maquiador, e de seu marido, David, além de muitos outros. A conversa era divertida e muito mais relaxada que antes, no coquetel. Nomes sobrevoavam a mesa como folhas arrancadas de revistas literárias e da *Vanity Fair*. Márquez, Leibovitz, Vidal, Clinton e Sontag. Cada um era citado com uma familiaridade que caracterizava um relacionamento próximo. Eu era agora conhecida do amigo de um amigo que realmente conhecia toda aquela gente. Foi um momento absolutamente surreal.

Nell decidiu me manter sob sua proteção e começou a sugerir locais e datas para me apresentar aos amigos. E quando me levava de volta ao hotel em seu carro, Sonny me aconselhou a aceitar todos os convites de Nell. Agradeci pela noite estimulante e divertida, concordando inteiramente com as palavras que o autor John Didion usara para referir-se ao homem que me acompanhava: "ele projetou (...) uma espécie de galanteria e inteligência irresistíveis."

Nova York me deu a chance de lançar um olhar imprescindível para dentro de mim mesma e recuperar a coragem e a confiança que eu havia perdido. A horda artística expatriada da Austrália nunca me questionou sobre Iddin e Shahirah, me deixando simplesmente existir na cidade quase que anonimamente, pelo menos por algum tempo. Aprendi o truque de levar um livro para um pequeno restaurante francês na West 58th para me proteger de companhias indesejadas. E andava incansavelmente pelos museus Metropolitan e Guggenheim quando tinha uma folga entre meus compromissos. Escrever como autônoma para a imprensa australiana ajudava a pagar as contas e me mantinha ocupada enquanto eu esperava pela entrevista exclusiva de Paula Yates e Michael Hutchence. Eu caminhava pelas ruas de Nova York e gravitava todos os dias para a catedral de St. Patrick e seu tanque de velas votivas. Depois, sempre escrevia um cartão-postal para Iddin e Shahirah, tentando dar à mensagem o tom mais divertido de que era capaz. Beijava o selo antes de colá-lo, tentando imprimir na mensagem meu amor incondicional e eterno.

Sonny Mehta, com seu largo círculo de amigos, me permitiu conhecer pessoas fascinantes e frequentar diversos eventos. Em uma noite memorável dancei em um clube de salsa com quatro ou cinco dos principais artistas do Balé da Cidade de Nova York e dois dançarinos do Dance Theater of Harlem. Sem nenhum constrangimento, ocupamos a pista e nos divertimos muito.

Mais recatados, os queridos amigos de Tony, Ros e Jack Averett, que residiam em Beekman Place, também cuidaram de mim com grande gentileza, se certificando de que eu almoçasse ou jantasse com eles regularmente. Um casal encantador, em torno dos 70 anos, eles eram sábios e fiéis representantes da "velha" Nova York. Sua cobertura possuía jardins maravilhosos na varanda de onde se viam Manhattan e Roosevelt Island. Ros e eu ainda mantemos forte amizade desde que nos conhecemos sempre vou me lembrar da mão dela sobre a minha e das lágrimas em seus olhos quando, emocionada, ela me disse que, se tivesse 20 anos menos, "iria pessoalmente buscar seus bebês".

Eu me apaixonei por Nova York, por seu ritmo e sua vibração, e nunca me sentia apreensiva ou insegura ao sair sozinha. E estava sempre acompanhada por um amigo que tenho certeza de que Nell Campbell e Sonny haviam decidido ser ideal para mim, e a quem me haviam apresentado.

Com mais de 1,80m de altura, dono de cabelos compridos com mechas grisalhas, pele morena e grandes olhos atentos, protegidos por óculos, David Rieff era uma presença imponente. Suas botas de caubói, o nariz grande, o intelecto sagaz e a gargalhada expansiva realmente o destacavam na multidão. Jornalista respeitado e redator de artigos que tratavam de direitos humanos e conflitos internacionais, ele havia escrito histórias na Bósnia que eram fortes e objetivas, e especialmente interessantes para mim, considerando que planejava viajar para os Bálcãs em um ou dois meses. Sua companhia era relaxante, nada ameaçadora. Acho que eu o divertia com meu fervor pelo trabalho de ajuda, e ele devia me achar ingênua e idealista, porque estivera no coração do conflito sangrento na antiga Iugoslávia, vivendo na cidade sitiada de Sarajevo.

A famosa exposição fotográfica montada por Annie Leibovitz havia sido possível porque David a desafiara a acompanhá-lo à zona de guerra e registrar a devastação e seus efeitos sobre vidas humanas. Ele também a levou a Ruanda para documentar o desastre humanitário naquela área conforme me contou quando nos sentamos em sua caótica sala de estar e examinamos caixas e mais caixas de fotos nunca publicadas por Leibovitz. Minha impressão era de que a fotógrafa se sentira esmagada pela miséria humana na África; a enormidade da carnificina não permitira que ela focasse mais intimamente uma determinada pessoa ou um momento, como costumava fazer, e pela primeira vez sua confiança profissional fora abalada.

A casa de David era digna de comentários. Escuro, quase destituído de luz natural, o pequenino apartamento era cheio de livros, e cada superfície disponível era coberta por recortes de jornais amarelados pelo tempo. Alinhada diante de uma imensa estante estava sua coleção de botas de caubói e um aquário cheio de joias de turquesa e prata sem as quais ele nunca fora visto. Uma alcova no canto da sala servia de dormitório, e o banheiro era pouco maior que um armário, mas não me lembro de ter visto uma cozinha. Do outro lado do corredor ele mantinha outro apartamento, onde escrevia e trabalhava; só pude dar uma rápida olhada naquele santuário.

Filho único da escritora Susan Sontag com seu ex-marido e professor universitário, Philip Rieff, David havia sido educado na França e na Inglaterra.

No meio de toda essa atividade, eu também tinha de cumprir meus compromissos, dar palestras e participar de conferências, o que acontecia com frequência cada vez maior desde o início da operação Book Power. Ainda em Nova York, recebi a informação de que havia sido premiada pelo National Center for Missing and Exploited Children por meu trabalho na área do sequestro infantil e proteção de crianças. Foi uma grande alegria ser honrada por essa instituição americana e saber que eu havia feito alguma diferença. O sucesso internacional de *Empty Arms — Broken Hearts* também gerava convites cada vez mais frequentes para dar palestras e participar de conferências, atividades voluntárias, mas que desempenhavam um papel muito importante na minha cruzada para explicar e reduzir o impacto do sequestro parental.

Quando ainda estava nos Estados Unidos, viajei para Hong Kong — que logo seria devolvida à China — para dar auxílio em uma apresentação a advogados da vara de família interessados na ratificação da Convenção de Haia por Hong Kong, um importante passo internacional que me deu uma base sólida para penetrar em uma jurisdição antes intratável. E havia uma visita rápida à Bélgica, onde era imperativo convencer o governo a assinar a Convenção de Haia. Espantosamente, a Bélgica era um dos poucos membros da União Europeia que se recusava a assiná-la. Tantas crianças eram afetadas por essa atitude que fazer *lobby* com os membros do governo pela ratificação da convenção tornou-se um assunto central para mim.

Foi nessa época que recebi uma boa notícia. O Reino Unido havia decidido fechar uma brecha que facilitava a saída de crianças sequestradas em seu território para outros países. Crianças de qualquer idade agora teriam de ter seus próprios passaportes e documentos de viagem; um pai não podia mais simplesmente anotar o nome de um filho em seu passaporte e atravessar fronteiras internacionais. Essa era uma importante vitória a ser comemorada.

Mas nem tudo soprava a favor ou era uma atividade excitante. Eu estava emocionalmente confusa, sempre emaranhada em minha própria realidade. O esforço de agir sempre como profissional e manter a compostura enquanto discutia o sequestro de crianças, estatísticas, estratégias legais e políticas era grande demais, e por dentro eu gritava por Shah e Iddin. Em algumas noites eu simplesmente não conseguia dormir. Sentia muita falta das crianças; em outras ocasiões eu apontava o dedo no espelho, dizendo a mim mesma que aquele era o curso de ação que as crianças teriam aprovado.

Mesmo assim, na primeira oportunidade que tive ao retornar para a Austrália, me encolhi na cama e fiquei lá por alguns dias, mantendo o mundo tão longe de mim quanto era possível. Eu estava cansada, esmagada sob o peso da falta de meus filhos, e exausta pelas lembranças da minha incapacidade de defender Iddin e Shahira, como defendia tantos outros. Lágrimas lavaram meu rosto por horas. Não eram como minhas lágrimas quenianas, porque essas eram de perda e dor.

Eu queria dormir por anos seguidos, até o dia em que pudesse rever meus filhos. Mas ainda havia muito trabalho a fazer.

Capítulo 15

Eu sou um picles faminto!

A Bósnia era minha próxima parada. E mesmo lá meus filhos estariam comigo.

Eu havia feito contato com algumas grandes organizações de ajuda e aproveitaria para estudar o trabalho dessas entidades e filmar seus projetos de reabilitação, tendo em vista um possível uso desse material para um documentário ou para angariar fundos. Também planejava investigar se o projeto Book Power era adequado para as crianças da região. Queria estabelecer os recursos educacionais que seriam necessários para crianças que precisavam aprender a recriar um mundo de fantasia seguro e feliz em meio a uma realidade em que a inocência havia sido devastada. Os números na região da Bósnia e Herzegovina eram assustadores em termos de trauma infantil. Uma em cada três crianças havia perdido um dos pais ou um parente próximo na guerra, testemunhado a detonação de uma mina terrestre, sofrido mutilação por uma explosão de mina terrestre ou presenciado a morte de outra pessoa.

Poucas semanas antes, Diana, a princesa de Gales, estivera trabalhando na região e agora, tragicamente, estava morta. O mundo estava triste e preocupado com seus filhos ainda tão jovens, e eu me sentia devastada por pensar que os meninos nunca teriam a oportunidade de conhecê-la numa relação de adulto para adulto. Tivemos casamentos reais difíceis e vivemos dificuldades extremas ainda muito jovens. Mas, apesar das dificuldades, sua personalidade brilhante havia sensibilizado muita gente em todo o mundo, e sua dedicação à campanha contra minas terrestres havia divulgado seus horrores ao planeta, tornando-a respeitada e admirada.

Ela havia me telefonado pouco tempo antes, alguns dias antes do famoso leilão do vestido na Christie's em 1997, quando nós duas estávamos em Nova York, e ainda me lembro de sua risada franca. Agora eu estava de partida para a Bósnia, um lugar sobre o qual conversáramos, e passaria um tempo com algumas pessoas com quem Diana estivera recentemente. No dia de seu funeral, eu estava no trânsito, a caminho da Bósnia. Em um quarto de hotel, eu, como milhões de outras pessoas no mundo, assisti pela tevê ao adeus à princesa sentindo profunda tristeza por seus filhos e pelas diversas campanhas de caridade com as quais ela estava pessoalmente comprometida. Havia a diferença de dois anos entre nossas idades, e comemorávamos aniversários com apenas quatro dias de diferença. Eu me casara com meu príncipe no início de 1981, ela, em julho do mesmo ano. Nossos filhos haviam nascido em épocas próximas e nós duas lutamos para encontrar o caminho em meio a padrões muito rígidos estabelecidos por famílias reais intolerantes e duras. No final, ambas perdemos nossos filhos, mas eu ainda tinha a esperança de um dia rever os meus. Era um sentimento sombrio.

O tempo na Bósnia me afetaria mais profundamente que o trabalho na África, ou, pelo menos, de um jeito muito diferente. Pertencer a uma nação ocidental desenvolvida gera certo distanciamento ao indivíduo na África. Há uma rede de segurança subconsciente e silenciosa de tecnologia, economia e arquitetura superiores que diferencia voluntários e visitantes do povo com quem trabalhamos e convivemos lá. Um ponto de referência que diferencia os habitantes dos países mais ricos. A topografia e a imundície não tinham nenhuma semelhança com o que víamos em casa. Na Bósnia, porém, preconceito e intolerância, desconfiança e histeria refletiam os lados mais feios das nações ocidentais. Os edifícios bombardeados e as marcas de balas nas paredes das casas destruídas podiam pertencer a qualquer cidade em qualquer país rico. Vi evidências de guerra em situações que podia comparar à minha nação e minha vida: transportar aquelas cenas para um subúrbio de Melbourne não era tão difícil. Entender finalmente como havia sido na Bélgica ou em Londres depois dos bombardeios e da guerra se tornava possível. Os vilarejos por onde passávamos, de carro ou a pé, podiam ser os lugares que eu amava em meu país seguro e pacífico. Os termos e as condições da guerra eram um conceito muito estranho para alguém da minha idade, que nunca havia testemunhado conflito no solo de seu país.

Na Bósnia, aquele inferno na terra era resultado de extremos de jingoísmo e xenofobia inversa aliados a uma voracidade semelhante à de tubarões atraídos por cheiro de sangue. E o restante do mundo se mantivera distante, permitindo sem nenhum remorso a ocorrência do genocídio.

Com a assinatura do histórico Acordo Dayton no início do ano, uma frágil paz havia descido sobre a região, permitindo uma real avaliação do que aquele povo tão vulnerável e deslocado poderia necessitar em termos de assistência humanitária, e eu queria muito encontrar um meio de contribuir.

No ponto mais largo do rio Savva, que serve de rota para a Bósnia partindo da Croácia, havia gigantescas balsas substituindo a ponte bombardeada, cujos destroços ainda podiam ser vistos, duas metades afastadas e transformadas em escombros irrecuperáveis. Os veículos formavam fila para realizar a travessia. A espera era cansativa, mas todos pareciam resignados por ser ela a única maneira de chegar ao outro lado. Carros e pedestres embarcavam na balsa, que ia e voltava dezenas de vezes todos os dias.

No Toyota com tração nas quatro rodas, a viagem para Tuzla, nossa primeira parada, levou sete horas por terreno montanhoso e estradas sinuosas danificadas por minas terrestres e abandono. Quase sempre exigindo fila única e com curvas perigosíssimas, a estrada cortava um cenário de beleza que não condizia com o vandalismo inconsequente. Casas abandonadas e parcialmente destruídas exibiam clichês racistas, marcas deixadas por tiros e cartazes com fotos de criminosos de guerra procurados, sendo o mais proeminente entre eles Radovan Karadzic, líder dos sérvios bósnios nos tempos de guerra, acusado de genocídio, crimes contra a humanidade, assassinato e diversas infrações à Convenção de Genebra. Karadzic era médico e psiquiatra atuante. Alguns afirmam que boa parte da tortura psicológica e da "limpeza étnica" da guerra foi planejada por esse homem, com uma atenção determinada aos menores detalhes e real compreensão do impacto, em longo prazo, dos campos de estupro em massa que detinham mais de 50 mil mulheres bósnias com idades entre

3 e 83 anos. Um subproduto desse crime de guerra foi a avalanche de gravidezes indesejadas, que as mulheres eram forçadas a levar até o fim. Aquelas cujas mentes eram mais danificadas pelas experiências cometiam suicídio ou abandonavam os bebês por medo do preconceito social.

A República da Bósnia e Herzegovina é uma colcha de retalhos de territórios em constante oposição e zonas de exclusão desmilitarizadas. Minhas experiências naquele lugar também formaram uma colcha de retalhos, pedaços compostos de lágrimas e riso, cultura e brutalidade, fragilidade e força.

Eu me empenhei na tentativa de obter alguma fluência no idioma local, e para isso ouvi uma fita gravada por meu amigo John Udorovic, cuja família migrara para a Austrália da antiga Iugoslávia quando ele ainda era criança. As frases básicas e a pronúncia que eu esperava soar croata me ajudariam a enfrentar o difícil período naquela terra devastada.

Tuzla era uma cidade pequena, com um centro comercial composto de oito ou nove ruas aninhadas aos pés das colinas. A arquitetura tinha um toque italiano distante, com praças com cafeterias e arcadas que se projetavam para o exterior a partir do então famoso centro cívico. Havia sido ali que, durante um suposto cessar-fogo, um ataque havia matado inúmeras crianças numa tarde de verão.

Os suprimentos de comida ainda chegavam de maneira desordenada, por isso havia excesso de alguns itens e evidente carência de outros. As prateleiras nas lojas eram sempre arrumadas de modo muito organizado e atraente, mas havia apenas uma ou duas fileiras de alimentos. Em um supermercado era possível encontrar apenas detergente e café instantâneo, em outro, só havia leite condensado e sal.

As áreas residenciais da cidade escalavam as colinas íngremes. Muitas estradas se encontravam em terríveis condições, então percebi que era mais fácil subir a encosta a pé que ficar sentada dentro de um carro que apenas gemia e patinava, incapaz de escalar o terreno quase vertical. Os residentes da afluente classe média local haviam morado naquela encosta onde eu estava baseada; casas de três andares exibiam marcas de balas e antenas parabólicas gigantescas. Aquele era o lado de Tuzla que sofrera os ataques mais violentos em função da localização da artilharia sérvia.

Pouco depois da minha chegada em Tuzla fui procurada por Sandra, uma jovem integrante do grupo bósnio-croata que havia sido instruída por um amigo comum a esperar por mim. Muito alta e magra, com vívidos olhos azuis e cabelos louros, Sandra fora tradutora da Cruz Vermelha Internacional durante a guerra, e depois trabalhara com a Ajuda do Povo Norueguês. Certa noite, quando caminhávamos por seu jardim, Sandra tentou me explicar como haviam sido as condições do sítio. Falou sobre a morte de seu pai durante a guerra, e como ela e a mãe haviam sobrevivido por simples tenacidade, se negando a deixar a casa mesmo quando as balas estilhaçavam janelas e morteiros aterrissavam nos canteiros do jardim. Elas haviam sido anfitriãs da princesa Diana em sua breve visita de uma noite à cidade, porque a casa delas era a única que ainda contava com um quarto e um banheiro intactos. As duas mulheres tinham boas lembranças de Diana e sua capacidade inata de simplesmente se adaptar e ser uma hóspede normal. Sandra riu quando me contou que havia encontrado a princesa com as mãos mergulhadas em água e detergente na pia da cozinha, lavando a louça do jantar.

— Peixe e hóspedes não podem ser preservados em casa por mais do que três dias —, Diana brincara ao vê-la.

As mulheres de Tuzla eram impressionantes: muitas delas tinham uma beleza estonteante, de pele clara e cabelos cuja coloração podia variar do louro platinado ao negro intenso. Elas se orgulhavam de sua aparência e todas usavam roupas muito elegantes e modernas. Minissaias curtíssimas e botas de cano longo eram as favoritas das adolescentes, e jeans era a peça básica de todos os jovens, homens e mulheres. Tuzla havia sido decretada cidade muçulmana pelas facções em guerra, embora a maior parte da população tivesse crenças variadas. Batom vermelho e brilhante coloria os lábios das mulheres locais, e o contraste entre as residentes permanentes de Tuzla e as refugiadas mais conservadoras de outras partes da Bósnia era gritante.

A pobreza dos que viviam nos comitês semipermanentes para refugiados era assombrosa. Trabalhei com algumas dessas crianças por certo tempo e ouvi suas histórias, me sentando ao lado delas enquanto desenhavam imagens de pesadelos, partes de corpos ensanguentadas e pais perdidos. O maior grupo ali era formado pelas mulheres de Srebenica, arrancadas de seu vilarejo sob a ameaça de armas, levando apenas as coisas que pudessem transportar nos braços. Todos os homens com mais de 7 anos — toda a população masculina, de 7 mil seres humanos — haviam sido então assassinados e enterrados em valas secretas numa tentativa ridícula de encobrir o massacre.

(Essa "limpeza étnica" forçada foi observada por um contingente da Unprofor — Força de Proteção das Nações Unidas —, soldados das Terras Baixas que não moveram um dedo enquanto as forças sérvias dividiam famílias e conduziam homens e meninos bósnios para a floresta, de onde eles nunca mais sairiam.)

Certo dia, uma mulher pálida acompanhada pelo filho pequeno, um menino que não tinha mais de 7 anos, entrou no escritório quando eu discutia com alguns colegas a distribuição de auxílio.

— Com licença, eu estava pensando se poderiam me dar um pouco de sabão, porque preciso lavar meus filhos — ela disse educadamente.

Respondi que ali funcionava apenas um escritório administrativo, e que os depósitos ficavam muito afastados de onde estávamos. Ofereci um biscoito ao menino, que aceitou, mas não comeu. Isso parecia estranho em uma criança daquela idade, e eu refletia sobre o comportamento inusitado da criança quando a mãe cambaleou e caiu.

Quando ela recobrou a consciência, nós a incentivamos a contar sua história. Sua dignidade e reticência eram humilhantes. Enquanto bebia uma xícara de chá, a mulher explicou que ela e os três filhos estavam morando sob uma ponte. O marido morrera, e a pequena família vivia de forma itinerante há quase 18 meses. Desajeitada, dei todos os biscoitos que tínhamos para o menino, e planejei encontrar alguma acomodação para a mãe e seus filhos.

Duas coisas sempre me acompanharão depois daquele dia. Primeiro, apesar de todas as dificuldades enfrentadas por aquela brava mulher, sua dignidade e autorrespeito não permitiam que ela negligenciasse a higiene dos filhos e dela mesma. Segundo, aquele menino não mordeu um único pedaço de biscoito no pacote até poder dividi-los, com grande gravidade e contenção, com os irmãos mais novos.

A Organização para a Segurança e Cooperação na Europa (OSCE) e a Força de Estabilização das Nações Unidas (SFOR) me designaram para observar e relatar as primeiras eleições desde o fim da guerra. Tendo sido indicada para um dos maiores contingentes das forças militares americanas nos Bálcãs, eu devia seguir de Tuzla para a Base Águia, um acampamento militar nos limites da cidade de Brcko.

As placas nas ruas e a sinalização nas estradas eram poucas e muito espaçadas naqueles dias, por isso a viagem foi tensa e orientada por instruções rabiscadas em um pedaço de papel, coisas como: "Virar à esquerda perto do poste branco a exatamente 7,8 quilômetros a sudeste da estrada, depois procurar pela pedra grande."

Em contraste, a base militar era um anúncio do poder da máquina militar americana. Era como se tudo fosse feito para assegurar que uma fatia do centro dos Estados Unidos fosse removida e depositada na Bósnia. As acomodações para as unidades de infantaria eram basicamente tendas interligadas por passarelas de madeira que mantinham os soldados longe da lama. Fui acomodada em uma tenda segura e privada, próxima de soldados dos batalhões femininos. Havia uma capela, uma biblioteca, duas grandes cantinas onde era possível encontrar Coca-cola e frango frito, um salão de bilhar, um centro de informática e um cinema, tudo construído com material desmontável. A joia da coroa para qualquer trabalhador voluntário com poucos recursos era a companhia "PX", uma espécie de loja de conveniência onde era possível encontrar de tudo, de absorventes internos a camisetas, xampus e CDs. (Na verdade, o comércio era de uso exclusivo da equipe americana em serviço, mas com muitos sorrisos simpáticos e piscar de olhos consegui fazer com que minha lista de compras fosse aceita, uma relação interminável e cheia de pedidos de voluntários baseados em Tuzla, gente que ficara sabendo da minha incursão em território militar americano.)

Como parte de minha missão na OSCE viajei com as unidades de infantaria para fora da Base Águia em tanques e carros blindados. Viajando sempre em comboios de quatro veículos e armados até os dentes, os pacificadores patrulhavam as áreas no entorno da base a cada hora para garantir que o processo político democrático não fosse impedido por ataques armados.

Minha primeira experiência em um Humvee blindado foi muito inquietante. Usando a indispensável jaqueta camuflada, fui posta sem nenhuma delicadeza sentada contra as pernas de um soldado que ficou durante toda a jornada em pé, olhando para trás, com a cabeça e os braços para fora do veículo, empunhando uma metralhadora com a qual cobria nossa retaguarda. E ancorados à coluna central do Humvee, apontando mais ou menos para o meu rosto, iam os soldados das longas e mortais M16. Mais inquietante, porém, era que, depois do primeiro e pavoroso dia de tão casual exposição ao fogo, tornei-me indiferente aos tiros que estavam sempre cruzando todos os espaços.

De vez em quando, a patrulha parava e ia verificar a situação de um vilarejo, ou de um local de votação. Às vezes, os soldados quebravam a regra de não confraternizar e conversavam com as crianças e distribuíam doces. Era fascinante ver os jovens americanos jogando bola com crianças refugiadas no meio de um acampamento de ajuda voluntária. Apesar de estarem uniformizados, com capacetes e jaquetas de combate, por dez minutos aqueles soldados não pareciam ser muito mais velhos do que as crianças com quem brincavam.

Foi durante uma dessas paradas que o destino me colocou diante das primeiras notícias de Iddin e Shah em muitos anos.

Havíamos parado o comboio para inspecionar uma pequena cidade na periferia do território sérvio. Chovia bastante e o acostamento da estrada era irregular e lamacento. As rodas de nossos veículos deixavam marcas profundas e meus pés derrapavam desajeitados no barro. Não havia nenhum edifício que não exibisse as marcas da guerra: as fachadas de todas as casas estavam pichadas e não sobrara uma única janela inteira. Os buracos eram fechados precariamente com velhos sacos de farinha e placas com o símbolo das Nações Unidas estampado em azul. Muitos telhados desmoronavam, e havia paredes com enormes buracos. Restavam poucas árvores; muitas tinham sido cortadas para servir de combustível em fogueiras nos acampamentos ou para a grande população de refugiados.

Quatro soldados nos cercaram enquanto o capitão e eu nos dirigíamos ao edifício parcialmente bombardeado onde funcionavam as zonas eleitorais, com voluntários de todas as partes da Europa. De repente, um membro da Força-tarefa de Polícia Internacional das Nações Unidas me chamou, em malaio!

O homem parecia perplexo por me ver acompanhada por uma escolta da SFOR e usando colete militar no meio da Bósnia. Naquelas circunstâncias, eu não estava menos surpresa por ouvir alguém falar comigo em malaio.

— Quer saber sobre seus filhos? — ele perguntou. — O príncipe afirma que não está interessada e não se preocupa com eles.

Numa rápida sucessão, me senti chocada, humilhada, depois eufórica... e, por fim, decidi manter o foco, pois só assim poderia obter alguma informação.

Com algum incentivo, o oficial malaio acabou cedendo e me olhou nos olhos.

— Então, quer mesmo saber? — ele perguntou com desdém.

Contive o impulso de esmurrar aquele nariz arrogante e me concentrei na necessidade de manter a calma.

— Sim, é claro que sim. Quero saber de que tamanho eles estão, estou desesperada para saber qualquer coisa sobre meus filhos. Você os viu nos jornais? — Eu falava em malaio, mas não ousava alimentar esperanças.

E então ele me contou.

Antes de ir para a Bósnia, aquele homem havia sido membro do contingente policial de Terengganu, e passara um bom tempo no Palácio Badariah a serviço da realeza. Tive de respirar profundamente e travar os joelhos para não cair, quando ele disse, com um sorriso petulante:

— Cuidei de seu filho, o príncipe Iddin, algumas vezes.

Forçando-me a continuar calma e quieta, fiz um enorme esforço para não agarrá-lo pelo colarinho e sacudi-lo até arrancar mais informações dele. Tudo que eu precisava fazer era deixá-lo jogar; tinha de permitir que ele se sentisse superior a mim. E, finalmente, ele falou um pouco mais.

— O príncipe Iddin é muito alto. Tem pelo menos 1,80, talvez 1,90m.

O homem não podia me dizer muito mais e sabia pouco sobre Shahirah.

No final, pedi licença e me afastei com toda dignidade de que era capaz, indo a um canto de um edifício bombardeado, sob os olhares atentos dos soldados. Eles não haviam entendido uma única palavra do que eu dissera, porque toda a conversa havia sido conduzida em malaio. Longe do olhar debochado daquele policial, me dobrei e comecei a soluçar, meu corpo todo sacudido por espasmos secos.

Tentando me recompor, elaborei uma explicação razoável para os soldados americanos. Depois, removendo o capacete e coçando a cabeça, o sargento, Larry, um sujeito grandalhão de 25 anos, nascido e criado em Indiana, fez uma pergunta que me fez rir, me arrancando do repentino estado de depressão.

— Quer que a gente dê um jeito nele, senhora? — ele sugeriu, solícito.

Eu não sabia se Larry se referia ao oficial da polícia da ONU ou ao meu ex-marido, mas por um segundo me permiti o luxo de imaginar o que Bahrin faria se um batalhão de soldados americanos aparecesse em sua porta!

Agradeci, mas recusei sua oferta.

Durante dias após esse incidente meus pensamentos continuaram girando e me empurrando em muitas direções. Estava grata por ter obtido alguma informação sobre Iddin, mas também revoltada por ela ter sido divulgada por um desconhecido com boa vontade questionável. Mas esse era o estado a que havia sido reduzida minha condição de mãe — observações sensacionalistas.

O restante do tempo que passei na Bósnia foi preenchido por eventos contrastantes. Um dia eu me ocupava cantando e imitando os sons dos mais estranhos animais australianos para crianças abrigadas em uma escola parcialmente destruída por bombas, no outro eu ia encontrar adolescentes que sofreram amputações em virtude de explosões de minas terrestres e pedir a opinião deles sobre o desarmamento. Passava um tempo com mulheres refugiadas, destituídas e expulsas do devastado vilarejo de Srebrenica; e conversava com jovens trabalhadores muçulmanos sérvios, croatas e bósnios com seus 20 anos, rapazes que se recusavam a ser definidos por sua etnia e trabalhavam juntos e em harmonia em um centro de ajuda humanitária na cidade de Banja Luka para famílias sérvias necessitadas. Às margens de um lago azul aninhado entre as colinas que cercavam Tuzla, bebi café turco e ouvi em silêncio quatro de meus jovens colegas, alguns deles soldados, explicarem o que havia acontecido com as mulheres de suas famílias, namoradas e colegas que haviam estado entre as 50 mil mulheres submetidas aos campos de estupro. No dia seguinte eu liderava uma fila de conga formada por crianças, a apenas 10 metros do campo minado ao lado da escola, e elas gritavam e riam de alegria.

Iddin aos 7 anos, eu segurando nossos cãezinhos, Jock e Strap, e Shahirah aos 5 anos no quintal de nossa casa em Hawthorn.

Na Quinta Avenida, em Nova York, filmando o documentário *Empty Arms – Broken Hearts*.

Walter e Patsy no jardim deles em Ambly. Uma das raras ocasiões em que consegui fazer Patsy posar para uma foto. Walter era um homem grandalhão, sempre risonho e cheio de insights.

Os maravilhosos Jack e Ros Averett no terraço de sua cobertura em Beekman Place, Nova York. Amigos de Anthony Williams, eles me protegeram e ofereceram um lugar familiar e acolhedor para visitar.

Eu com Pamela Green e seus filhos em Surrey. Foi maravilhoso ver toda a família finalmente reunida.

Em uma conferência internacional em Washington, com Ernie Allen, presidente e CEO do National Center for Missing and Exploited Children, e Lady Catherine Meyer, esposa do (então) embaixador britânico em Washington, que também teve o filho sequestrado.

Uma de minhas amigas mais próximas, Deb Gribble. Se alguém conseguiu me fazer rir durante os tempos mais difíceis, esse alguém foi Deb, com seu humor seco e suas tiradas rápidas.

Em Washington com minha amiga e advogada Sally Nicholes, um dia depois de minha palestra no departamento de Estado norte-americano. Estamos com o pequeno Adam, uma criança sequestrada cujo pai ajudamos a reencontrar.

Filmando *Neighbours* no Quênia com os Maasai. Na foto estão Brett Blewitt e Jackie Woodburne. Segurando a câmera, Harmon Cusack, meu amigo e um piloto entusiástico.

Operação Book Power em ação no território Maasai.

Rasoa, uma das crianças que ajudei como mãe adotiva. Não nos víamos havia meses, por isso nosso encontro no Quênia começou hesitante, especialmente por causa das câmeras.

Uma de minhas fotos favoritas com Naipanti. É incrível como não é realmente necessário conhecer o idioma falado pelas crianças, desde que possamos abraçá-las.

Com um tenente do Exército norte-americano designado para me acompanhar na Bósnia. Quando vesti pela primeira vez o colete camuflado, quase caí com o peso.

Bósnia, 1997: Jasmin, meu intérprete, com o jovem Elvis Pivic, que perdeu os dedos enquanto brincava em uma árvore que fora usada como esconderijo para explosivos.

A temida distribuição de colchões no Stenkovec II, um campo de refugiados para kosovares durante a guerra. Era terrível decidir sobre o conforto das crianças e dos enfermos. O hospital de campo francês, uma lona inflável, está ao fundo na foto.

Ao amanhecer, numa colina de onde se via
o campo de refugiados Cegrane
(por volta do meio-dia, a temperatura
chegava aos 45°C à sombra), no qual
57 mil almas viviam sob lonas
distribuídas com precisão militar alemã.

Eu e Kushtrim, minha "sombra" de 12 anos, na tenda que servia como clínica do Comitê Internacional da Cruz Vermelha em Stenkovec II. Estou segurando o frágil bebê que eu acabara de reanimar, esperando pelo melhor.

Paula Yates e minha querida amiga e cúmplice, Judith Carran. Paula iluminou o ambiente no dia em que nos conhecemos, mas sua fragilidade era evidente.

No restaurante Le Dôme, em Los Angeles. Comigo estão Jackie Collins, Joanna Poitier (esposa de Sidney, a segunda a partir da direita), David Niven Jr. e Shakira Caine (última à direita). Naquele dia, tentei imaginar o que minha avó diria diante de toda aquela realeza hollywoodiana.

Traduzindo no Timor Leste, enquanto recrutava staff. Dez vagas para trezentos candidatos. Chris "Geeb" Allen está atrás de mim.

No campo Dom Bosco, onde recebi a tarefa de transformar edifícios incendiados em acampamentos temporários.

Timor Leste: havíamos acabado de conduzir um comboio de caminhões por uma cordilheira para levar comida e esse bebê simplesmente foi parar nos meus braços – ela está rindo porque se prepara para fazer xixi em mim!

Uma semana antes de Verity nascer, um pouco da leveza de que eu precisava. Essa foto foi feita pelo cinegrafista Peter James.

Verity com quatro semanas, usando o macacão de estampa de leopardo dado por Paula Yates. Verity logo perdeu essa roupa, e agora o macacão veste seu ursinho de pelúcia preferido.

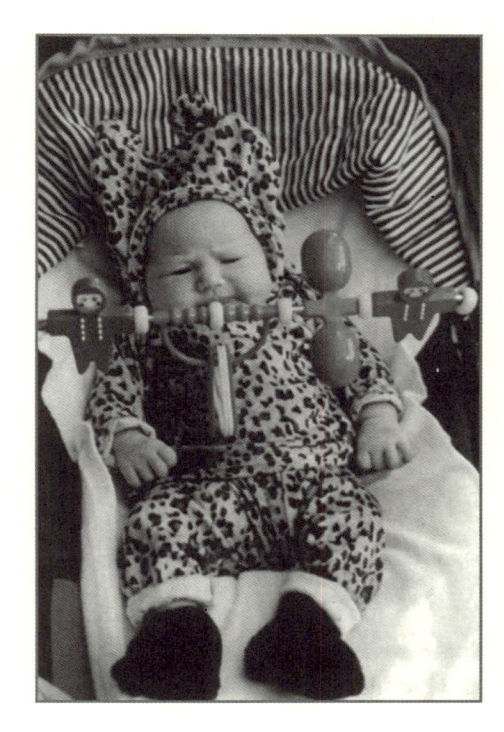

Minha linda filha, Verity Isabelle (aos 8 meses). Naquela tarde vimos um arco-íris duplo no nosso jardim.

Bill e eu no dia de nosso casamento.

Verity dá o primeiro banho no irmão, Lysander, 12 horas após ele nascer. Ela havia esperado por esse momento praticando com as bonecas, e desde então tem sido uma irmã amorosa e muito protetora.

Verity, Bill e Lysander, que era muito gorducho quando bebê. Posso dizer que, como ocorreu com os irmãos mais velhos, tanta saúde é decorrência do aleitamento materno.

Festa de aniversário de 5 anos de Verity e boas-vindas para Shahirah.

Um feriado familiar aos pés das pistas de esqui de Victoria. Verity, eu, Shahirah e Lysander depois de uma divertida caçada ao ovo de Páscoa.

Melhores momentos com família e amigos: Sally (e três de seus cinco cachorros), Shahirah, feliz por estar cercada por cães novamente, e Verity e Lysander, também felizes.

Era maravilhoso estar entre Shahirah e Iddin e ser abraçada por eles. Tudo indica que serei mais baixa que meus quatro filhos!

Lysander observa fascinado enquanto o irmão mais velho, Iddin, mergulha com os tubarões e as arraias no aquário de Melbourne. Mergulhar é uma das paixões de Iddin: ele sempre encontrou paz na água.

Meu maior desejo sempre foi um dia poder apresentar meus filhos uns aos outros. Felizmente, esse dia chegou.

Esses eram os contrastes da situação e a lógica que me deixava ao mesmo tempo confusa, eufórica e perturbada.

Certa vez, quando nosso comboio de veículos foi deixado sem supervisão por um breve período, fomos roubados. Levaram os livros infantis, a bagagem e o dinheiro. Em outra ocasião, durante minha segunda visita à Bósnia, o veículo foi parado e o motorista e eu sofremos um assalto à mão armada. Em uma atitude estúpida, eu havia recusado uma escolta para o breve percurso entre territórios sérvios e bósnios. O cano de uma AK-47 contra a base do crânio serve bem para enfatizar a tolice que o ser humano pode exibir em alguns momentos.

Também testemunhei outro evento histórico e animador por várias razões. Eu estava no Estádio Olímpico de Sarajevo, um local marcado pela batalha, numa noite clara, mas gelada, passando por entre círculos de tanques Nato, cercas de arame farpado e tropas armadas da ONU. Aviões AWACS (Sistema de Controle e Alarme Antiaéreo) sobrevoavam o espaço para antecipar um eventual ataque de um míssil. A necessidade de segurança era real, pois a mentalidade de caubói ainda prevalecia. Faróis de busca iluminavam o céu, e me submeti a duas revistas truculentas realizadas por soldados italianos (bem desfrutáveis, na verdade; confesso que me senti tentada a voltar e ser revistada novamente) antes de ser admitida no evento mais esperado desde o cessar-fogo em Sarajevo: uma fabulosa apresentação da banda irlandesa U2.

Havia uma intensa expectativa no ar. Cerca de 45 mil pessoas esperavam a entrada da banda no palco. O concerto era um símbolo de que a cidade, antes sitiada, voltava a viver no mundo "normal". Pessoas entre 5 e 55 anos se levantaram quando o primeiro acorde da guitarra ecoou pelo estádio. Milhares de isqueiros foram acesos e balançados simultaneamente enquanto a multidão cantava. Bono, o vocalista do U2, tinha lágrimas correndo pelo rosto enquanto levava a plateia a esquecer a guerra e celebrar a paz. Por uma noite, o povo da Bósnia tornou-se uma força reunida em torno de um objetivo: ouvir uma das maiores bandas internacionais nascida numa pequena ilha com sua própria história de conflito interno. Naquela noite, os sarajevos foram unidos por uma cola que transcende a linguagem e o ódio: música.

Sempre incluirei aquela noite entre as mais inesquecíveis de minha vida. Meu respeito pelo U2 e pelo ativismo de Bono me transformou em fã. A banda cumpriu a promessa, feita no auge da guerra sangrenta, e nunca se desviou do compromisso.

Em outra noite, eu estava em uma espécie de fortaleza. Erguida no alto das montanhas que se debruçavam sobre Sarajevo, a fortificação servira de ponto de observação e base para artilharia pesada. Olhando para baixo, vi um cemitério aninhado na base da colina. Centenas de lápides brancas e simples marcavam os túmulos. Desci a encosta e vi que a maioria das sepulturas era nova. Um portão frágil encaixado entre as vigas de uma cerca de madeira verde dava acesso ao cemitério. Havia gente lá dentro aparando a grama e cuidando dos túmulos, mas levei alguns instantes para perceber que se tratava de idosos. A ordem natural da vida e da morte havia sido perturbada pela guerra — pais e avós cuidavam dos túmulos de gente jovem. Vidas cheias de promessas haviam sido obliteradas pelo conflito civil e pela perseguição religiosa.

Percorri sem pressa as alamedas entre as sepulturas, notando que as datas em uma área do cemitério eram todas relacionadas a um dia específico. Vinte e seis túmulos pertenciam a crianças que haviam morrido em um ataque de morteiros que parecia ter sido cuidadosamente calculado. Crianças com as mesmas idades de Shahirah e Iddin.

Olhando com mais atenção, tive de repente a sensação de que o ar me faltava e o tempo parava. Comecei a correr de um túmulo a outro. Duas sepulturas tinham o primeiro nome de Iddin: Baharuddin; outras sepulturas abrigavam os corpos de meninas pequenas, entre elas uma Shahirah e uma Aishah, o segundo nome de Shah. Era absurdo, aterrorizante! Crianças não deviam morrer antes de seus pais, não deviam ser alvos em um conflito sangrento.

Nenhum de nós, ninguém do mundo externo àquele território rasgado pelo conflito pode se furtar à responsabilidade do que aconteceu com as crianças na Bósnia. Quantos assistiram à cobertura da guerra pela CNN ou pela BBC enquanto jantavam ou tomavam seus aperitivos, mudando de canal quando a reportagem se tornava excessivamente chata? Onde estava nossa firme e unificada voz exigindo forte intervenção e paz? Por que temos tanto medo do pacifismo, da vontade política humana e pacífica? Por que, ainda hoje, quando vemos ações militares pelo mundo e sentimos as garras do terrorismo nos agarrando pelo pescoço, nossos líderes políticos não escutam nosso clamor por soluções pacíficas para o conflito? Essa não é só uma falha nas sociedades ocidentalizadas, é um crime obsceno perpetrado por todos aqueles que defendem a intolerância religiosa, a supremacia cultural e violenta e se escondem por trás de religião ou política.

A guerra jamais poderá ser a resposta para os nossos problemas.

❄

Quando transferi minha base para o outro lado de Banja Luka, no território sérvio da Bósnia, fui designada para observar o trabalho do Centro de Controle de Minas das Nações Unidas (UNMAC). O Centro era responsável por supervisionar e implementar a remoção e o desarme seguro de minas terrestres, além de conduzir programas educativos e de conscientização sobre o tema.

Em uma manhã quente e sem nuvens, eu acompanhava uma equipe do UNMAC numa missão de desativação. Os militares da equipe eram basicamente ingleses, exceto por um major australiano, e o restante deslocado de regimentos variados: o 21º Esquadrão de Campo de Engenheiros Reais, o 3º Esquadrão Armado de Engenharia e o 38º Regimento de Engenheiros.

A procura por uma mina terrestre ativa começa com o sapador vestindo um avental de proteção, calçando luvas e colocando um capacete com visor. Depois, ele reúne as ferramentas profissionais: um longo e fino bastão de metal e uma pequena pá. O sapador se movimenta de quatro, sobre mãos e joelhos, e vai varrendo cada centímetro quadrado de um pequeno terreno, por três perigosos meses.

Enervante, tenso e delicado.

Na época do Acordo de Dayton, quando chegou a frágil paz, havia uma estimativa de 3 milhões de minas terrestres em solo bósnio. Elas não degradam. Feitas de plástico e outros materiais modernos e de qualidade, mantêm seu mortal poder explosivo até serem removidas e desmontadas, o que significa que podem ficar quietinhas na terra por décadas, esperando o momento de provocar dor e mutilação. Em termos da economia atual, elas têm um custo de produção inferior a três dólares, mas custam mil dólares para serem localizadas e removidas com segurança. E esse é o custo unitário.

Naquela época nos Bálcãs, oitenta crianças deixavam suas casas para brincar ou ir à escola todos os meses e eram mortas ou mutiladas por uma mina terrestre. Os pequenos chegavam a servir de alvo numa campanha de terror obscena: cápsulas plásticas de detonador eram fixadas em árvores frutíferas, em equipamentos de playground e em instrumentos musicais. Crianças perdiam dedos, olhos e mãos.

Mesmo tendo passado um período tão breve com a unidade do UNMAC, perdi parcialmente a audição no ouvido direito. Um soldado sérvio a serviço do UNMAC para detonar uma mina antitanque achou que seria engraçado se causasse a explosão dois minutos antes da hora marcada, antes de a área ser totalmente evacuada. Devia ter sido uma piada para provocar os engenheiros ingleses; um pequeno ato de rebeldia. A explosão, processada pelos fones de ouvido que eu usava para supervisionar a filmagem, eliminou minha capacidade de ouvir alguns sons com o ouvido direito e me deixou com certa dificuldade de lidar com ambientes barulhentos e conversação.

Certa noite, completamente exausta e faminta depois de ter passado as últimas 24 horas sem tempo para comer, devorei um pote inteiro de picles e caí num sono profundo. De manhã, minha pele havia adquirido uma tonalidade esverdeada e eu tinha a temperatura dos quentes trópicos. Era um caso de intoxicação por ptomaína.

— Sou um picles faminto! — gritei desesperada num bósnio confuso para o médico que se debruçava sobre minha cama, tentando explicar a ele que eu não precisava de uma cirurgia para remoção de apêndice! Meu esforço era ainda mais torturante e infrutífero porque, ao dar entrada no hospital, alguém injetara em mim uma dose generosa de petidina, o que me deixava atordoada e incoerente.

Consegui preservar meu apêndice e aprendi algumas valiosas lições: nunca coma picles como única refeição do dia; nunca tente falar uma língua estrangeira em um hospital estrangeiro depois de receber uma dose maciça de petidina e sempre use roupas íntimas decentes quando estiver em uma zona de guerra.

Capítulo 16

Continue correndo e não olhe para trás

A comentada entrevista que eu deveria escrever para a *Women's Weekly* jamais aconteceu embora Paula e Michael falassem dela intermitentemente. Duas semanas antes da morte de Michael, ele me telefonou de Nova York. Estava aborrecido, mas se mostrava disposto a proteger Paula. Ele queria saber se Paula e os quatro filhos poderiam usar minha casa em Melbourne como esconderijo se o acompanhassem à Austrália nas próximas semanas.

— Você tem uma daquelas casas antigas e normais, não é? — ele perguntou. — Pode ser uma solução para os nossos problemas. — Michael encerrou a ligação dizendo que Paula entraria em contato comigo em breve.

Paula não telefonou e só voltei a falar com ela depois do funeral de Michael. Na cerimônia religiosa, ela se sentou na primeira fileira com a filha Tigerlily nos braços, chorando silenciosamente. Em torno dela estavam as glamorosas ex-amantes de Michael, incluindo a cantora Kilye Minogue e a modelo Helena Christensen. A atmosfera era, ao mesmo tempo, fúnebre e agitada, uma mistura incoerente mas compreensível, considerando as circunstâncias. A presença de famosos do show business e a transmissão ao vivo pela televisão criavam uma confusão de mídia e luto. Eu me sentei ao lado de um velho conhecido, o escritor e comentarista Richard Neville, enquanto os familiares de Michael Hutchence refletiam sobre a perda que tinham acabado de sofrer.

Paparazzi e representantes da mídia dos tabloides cercaram Paula depois do funeral, enfiando bilhetes por baixo da porta de seu quarto de hotel, tentando provocar um comentário sobre a morte de Michael. Ela foi forçada a se esconder em um flat em Sydney — inconsolável e certa de que Michael não cometera suicídio. Consegui encontrá-la e conversamos por telefone duas vezes nos dias seguintes ao funeral.

— Ele não se matou — Paula soluçava. — Ele não faria isso conosco. Por que ninguém me escuta? Foi uma porcaria de um acidente!

— Também não entendo como isso aconteceu, querida — respondi tentando confortá-la.

— Você viu como ele nos amava. Ele nos amava, não? Eu não estou certa? — Ela suplicava por minha concordância, o que ofereci prontamente, confusa com o que havia acontecido na noite em que Michael fora encontrado morto no hotel Ritz Carlton. Ele falava sobre o futuro quando telefonara para mim naquela noite, semanas antes. Eu não sabia o que podia fazer por Paula e Tiger; sabia que ela viajava acompanhada por uma amiga, mas me ofereci para ajudá-la com o bebê, embora não me restasse alternativa além de não ir adiante.

Depois da viagem à Bósnia, eu sempre me surpreendia pensando nas mulheres que viviam naquelas condições tão difíceis. Lembrava constantemente da mulher que pedira sabão para lavar os filhos e outra que me procurara em busca de produtos de higiene feminina, imaginando que eu podia ter algum excedente do meu estoque pessoal. Eu não podia pensar em nada pior para uma mulher já tão castigada por aquelas circunstâncias do que não dispor de absorventes ou tampões para lidar com seu fluxo menstrual, e não havia alternativas disponíveis. Papel higiênico era um conforto caro e raramente disponível nas prateleiras das lojas, por isso não era possível nem mesmo improvisar. E dinheiro, se as mulheres da Bósnia tinham algum, era para comprar comida e combustível para cozinhar, não para gastar com as comodidades que muitas mulheres ricas não valorizam.

Por isso desenvolvi um projeto chamado Operação Anjo, que tinha por objetivo ajudar mulheres e crianças que viviam em meio a conflitos. As doações não eram o foco do projeto: eu estava mais interessada em bens e ajuda do tipo prática e apropriada.

O principal projeto em 1998 era coletar produtos sanitários e de higiene, tanto do povo quanto das autoridades australianas, para doar às mulheres e crianças dos Bálcãs. Um comercial de televisão foi produzido com a ajuda de pessoas da indústria cinematográfica para divulgar a ideia, e muitas delas doaram seu trabalho. Richard Lowestein fez um excelente trabalho de direção, e o INXS, a banda de Michael Hutchence, demonstrou amizade e apoio nos dando a canção *Mediate* para servir de tema do comercial. Os consumidores eram instigados a ajudar dobrando a compra de um dos produtos de higiene da Johnson & Johnson. Para cada dois produtos comprados, a companhia doava generosamente um produto para a Operação Anjo. Como incentivo, os consumidores podiam recortar um cupom de uma revista feminina, a *New Idea*, e participar de uma competição para ganhar prêmios variados. Transportar um enorme carregamento de absorventes, sabonetes, desodorantes e xampus parecia ser uma maneira prática e plausível de restaurar um pouco de dignidade. A campanha angariou o equivalente a mais de 600 mil dólares australianos em produtos, que foram enviados aos refugiados da guerra em Kosovo.

Hoje, pensando nisso tudo, acho que estava exigindo demais de mim. Fui a Viena para me reunir com os executivos da (hoje extinta) Lauda Air para conseguir um Boeing 777 para transportar as doações da Operação Anjo até a região dos Bálcãs. Depois, numa sucessão rápida, participei de palestras e conferências na Escandinávia, na Bélgica, em Hong Kong, na África do Sul, em Paris e em Washington.

Suponho que podia ser acusada de estar fugindo quando viajava para fora da Austrália, embora a tentativa fosse fútil e a fuga inatingível. Mas viajar tornava o vazio em mim moderadamente tolerável por um breve período.

Assim, quando a neta de uma importante família em Hong Kong foi sequestrada e levada para a Colômbia, via Londres, decidi atender ao pedido de ajuda.

O pai da criança estava desesperado para rever a filha de 4 anos, e muito preocupado com as ligações suspeitas do novo namorado de sua ex-esposa. Para sorte dessa família em particular o dinheiro fala alto, e, com recursos ilimitados para sustentar processos legais e contratar advogados, o caso logo foi resolvido por especialistas em direito internacional de quatro países. Uma família de menos recursos jamais teria alcançado uma solução tão rápida. Mas não acuso nem critico a posição financeira que tornou possível esse desfecho, uma criança em perigo merece toda e qualquer ação legal disponível para protegê-la.

Ocasionalmente, quando participava de conferências sobre questões de direitos humanos ou legislação internacional, os outros delegados perguntavam sobre meus filhos. Muitos eram bem-intencionados, mas alguns eram acadêmicos insensíveis, tentando construir um nome em um novo campo, e me irritava que tratassem os pais deixados para trás como uma espécie a ser estudada e regurgitada para mérito intelectual, ignorando a situação delicada.

Sempre senti certa náusea nessas situações, e pedia licença na primeira oportunidade para ir me refugiar no banheiro mais próximo, onde recuperava o ar e continha as lágrimas que ameaçavam correr livremente. Era imperativo que eu mantivesse o autocontrole. Meus filhos estavam constante e continuamente nos meus pensamentos, não eram trancados em um cofre no canto da minha mente e retirados de lá quando e como eu bem entendesse para serem usados como cenário para uma performance de sofrimento. Eu não obtivera permissão para falar com meus filhos nem mesmo por telefone em todos aqueles anos. Mas de nada adiantaria ficar gritando; queria de qualquer maneira manter distanciamento entre mim e os constantemente magoados e ressentidos pais deixados para trás que, algumas vezes, surgiam nessas conferências portando apenas instrumentos pessoais para pressionar a sociedade. Comportar-me de maneira menos que profissional teria sido um grande desserviço à causa como um todo. Eu via um panorama maior, porque cada contato, cada grama de respeito intelectual que eu conquistasse traria com ele o potencial para ajudar outras crianças e seus pais. E talvez, apenas talvez, meus filhos também pudessem se beneficiar a longo prazo.

Em Washington para uma conferência de uma semana organizada pelo National Center for Missing and Exploited Children, conheci um novo integrante na cena do sequestro internacional de crianças pelos pais, Catherine Laylle, recém-casada com *Sir* Christopher Meyer, embaixador da Inglaterra nos Estados Unidos. Lady Meyer era uma loira elegante e sofisticada, de ascendência francesa e russa, que havia trabalhado anteriormente em Londres como corretora de *commodities*. Acima de tudo, porém, Catherine era mãe e, como eu, fora deixada para trás. Sua luta para assegurar o retorno dos dois filhos, Alexander e Constantin, sequestrados em 1994 pelo pai, um alemão, havia sido tão inútil quanto a minha.

Até serem removidos da custódia de Catherine, os meninos moravam com ela em Londres, onde reconstruíra sua vida depois da separação conjugal. As crianças tinham 9 e 7 anos quando foram retidas na Alemanha depois de uma visita. Quando Catherine e eu nos conhecemos, nenhum dos meninos tivera contato com a mãe. Dez anos mais velha que eu, Catherine esgotara todas as vias legais disponíveis para obter o retorno dos meninos, e quase falira nesse processo. Mas ela tentara de tudo.

Um dia essa odisseia a levara ao escritório de Christopher Meyer, então embaixador inglês na Alemanha. Vários meses depois eles se casaram e ela se viu em um avião num novo papel, o de primeira-dama da Embaixada inglesa nos Estados Unidos.

Lançada no circuito diplomático pelo casamento com Christopher, Catherine deixou rapidamente sua marca em Washington com seu estilo e sua conversa erudita. Ativos no National Center for Missing and Exploited Children, os Meyer se ofereceram para organizar um jantar black-tie na Embaixada para os delegados da conferência, e também um chá vespertino.

Durante a conversa que antecedeu o jantar, Catherine e eu gravitamos uma para a outra, porque nós duas víamos nossa situação e a dor de estarmos separadas de nossos filhos como parte de um cenário global muito mais amplo. Comparar anotações e discutir nossos casos em particular foram uma progressão natural. Quando chegou a hora do jantar, lembro-me da figura alta e imponente de Christopher se aproximando de nós; ele colocou uma das mãos sobre um ombro da esposa e murmurou um sincero e gentil "querida" em seu ouvido. Ela respondeu com um sorriso radiante e inclinou a cabeça na direção da mão do marido. Recordo-me de ter sentido uma solidão que nada tinha a ver com meus filhos, mas se originava da minha condição de mulher sozinha. Por mais que eu parecesse independente, a solidariedade e o romance evidentes em um dos mais cintilantes casais de Washington fizeram minha luta solitária parecer, por um segundo, absolutamente desolada.

Catherine e eu nos despedimos no final da semana com um abraço caloroso e uma cômica troca dos livros que escrevemos sobre o sequestro de nossos filhos. Havia algumas coisas duras demais para serem ditas pessoalmente. Nenhuma de nós desistiria e ambas estávamos determinadas a trabalhar dentro do sistema para obter a melhor solução para as criaturas que mais amávamos, nossos filhos. Éramos mais que capazes de cuidar de nós mesmas; era o impacto emocional e psicológico em nossos pequeninos que mais nos preocupava.

Capítulo 17
Só um pequeno caroço no caminho

Era quase 1998; o tempo parecia passar com velocidade vertiginosa. Por dentro, eu me enfurecia contra o crescimento de meus filhos e amaldiçoava as horas, os dias e as semanas, que me afastavam mais e mais deles.

Eu voltara a Nova York depois de uma viagem ao Quênia para escrever alguns artigos, qualquer coisa que me mantivesse fora da Austrália no mês das três datas, um período que eu passara a detestar. Meu aniversário era em 5 de julho, o de Shahira em 7 de julho e no dia 9 de julho meus filhos haviam sido sequestrados. Os jornalistas sempre comentavam aniversários e me procuravam em busca de novos comentários, tentando me convencer a colaborar com seus artigos ou matérias para a tevê, trabalhos que eles poderiam usar para fazer seus nomes. Todos queriam uma exclusiva que em nada contribuiria para trazer meus filhos de volta. A nuvem negra anual desse período era sufocante, e eu fazia qualquer coisa para ir a um lugar onde pudesse evitá-la.

Mas meu agente Tony Williams me localizou no sombrio Wyndham Hotel, onde eu sempre me hospedava por sugestão dele mesmo. Aparentemente satisfeito por eu ter me mantido fora de confusões enquanto visitava os museus e as galerias de Manhattan, ele deu início à sua campanha seguinte. Em uma rápida sequência de telefonemas, me pediu que fosse encontrá-lo em Los Angeles, deu instruções e se certificou de que eu estaria adequadamente vestida para a Califórnia.

Informado de que eu já tinha planos próprios para Los Angeles, Tony seguiu em frente reorganizando minhas reservas de hotel e as reuniões com a agência William Morris. Retomamos as discussões sobre vendermos os direitos de meu primeiro livro para o cinema, mas eu não estava muito entusiasmada. Eu sabia que Hollywood gostava de um bom final feliz, por isso acreditava que essa seria mais uma discussão inútil.

O furacão de atividades sociais arranjado por Tony me envolveu na mesma tarde em que desembarquei do voo de Nova York. O coquetel na casa de sua querida amiga Pamela Godfrey estava lotado. Havia muitos escritores, diretores e pessoas talentosas que Tony conhecia em Los Angeles. Nos sentamos em torno de uma mesa de madeira no jardim e todos riram quando ouviram as histórias sobre os encontros às cegas em que eu me vira envolvida nos meses anteriores. Eu fingia não me incomodar com esses desastres embaraçosos, e seguia contando histórias sobre encontros com um conselheiro da rainha da Inglaterra, um produtor cinematográfico americano e o pilar da família aristocrática francesa.

Todos queriam sugerir um nome para me apresentar em Hollywood. Só de pensar nisso eu tremia e supliquei para que desistissem. Um jantar com uma companhia recatada e desconhecida era uma coisa, um encontro cercado de expectativas era outra.

No dia seguinte, Tony e eu percorremos os corredores sagrados dos escritórios da agência William Morris em Los Angeles e depois almoçamos na cobertura da loja de departamentos Barney's, de onde era possível ver o famoso letreiro de Hollywood sobre a colina à nossa direita. Passeamos pela Rodeo Drive, onde Tony comprou algumas roupas, e comentamos debochados sobre os vários exemplos de cirurgia plástica e aparato anti-idade que passavam por nós.

Eu não havia passado muito tempo em Los Angeles antes, e estava realmente curiosa para apertar meu nariz contra as vitrines. Algumas delas haviam sido criadas por um de meus ícones, a srta. Jackie Collins, a quem eu admirava havia anos. Jackie e eu fomos apresentadas durante uma de suas turnês pela Austrália, e nos demos muito bem de imediato. Ela havia sido muito gentil comigo em todos os nossos encontros e havia me incentivado muito a escrever, sendo ela uma escritora também.

Jackie dizia que seus amigos gostariam de me conhecer. Eu só esperava corresponder às expectativas. Marcamos um almoço no famoso restaurante Le Dôme, em Sunset Boulevard. Troquei de roupa três vezes antes de sair, e acabei decidindo pelo vestido de seda cinza e pelos acessórios de camurça preta, como os sapatos.

Enquanto era levada a uma grande mesa redonda no fundo do restaurante, ergui os ombros e disse a mim mesma para relaxar e me deixar levar pela correnteza. Perfeitamente penteada e usando um traje casual, mas muito elegante, e joias lindíssimas, Jackie se levantou para me beijar no rosto e fazer as apresentações. Entre os convidados estava a bela Shakira Caine, David Niven Jr. e Joanna Poitier.

Jackie sempre me dera a impressão de ser uma pessoa muito inteligente e maleável, uma mulher sábia que havia encontrado seu nicho como romancista e que sabia exatamente como levar entretenimento ao seu público. Os amigos que ela reuniu naquele dia eram agradáveis e simpáticos, interessados em meu trabalho e nas questões do sequestro infantil. Eles também tinham ideias sobre quem deviam me apresentar como parte do jogo de relacionamentos em Hollywood, mas recusei todas as sugestões com firmeza polida. O que minha avó teria pensado de tudo aquilo era algo que eu nem conseguia imaginar, mas eu me sentia uma fraude, prendendo a respiração antes de ser detida.

O restante de minha temporada fulgurante em Los Angeles passou depressa, numa sucessão alucinante de jantares e almoços — Spago, The Ivy e Le Dôme eram lugares populares para se ver, e eu apreciava cada minuto disso, embora me sentisse completamente deslocada.

Em meu último dia, o produtor cinematográfico David Giler se ofereceu gentilmente para me levar ao aeroporto, onde eu embarcaria num voo noturno para a Austrália. Passamos a tarde em sua piscina, fazendo churrasco, tomando banho de sol e nadando, um dia relaxante e simples.

Ao tomar banho depois da piscina, senti um arrepio repentino, uma espécie de premonição.

— Não pode ser... — murmurei, deslizando os dedos sobre meu seio direito, na direção da axila. Havia ali um caroço do tamanho de uma ervilha. — Droga! — praguejei.

Eu havia sentido um caroço quando estava no Quênia, semanas antes, mas ele havia desaparecido. E meus seios estavam imprevisíveis recentemente. A certa altura, eu havia até produzido leite, por um excesso de estrógeno, subproduto do sofrimento pela ausência de meus filhos. Caroços e solavancos se tornaram a regra.

Bem, não havia nada que eu pudesse fazer naquele momento, ali em Los Angeles, não quando me preparava para embarcar em um voo dentro de algumas horas. Por isso engoli o pânico e continuei me arrumando.

Mais tarde, no aeroporto, estava tão distraída me despedindo de David que nem percebi que ele havia providenciado um *upgrade* para mim, para a primeira classe, e quase nem reconheci o homem, Wes, a quem ele me apresentou, e que também embarcaria para Melbourne. Sabia que conversaríamos mais tarde, durante o longo voo noturno, mas tudo o que eu queria fazer era dormir e acordar sem um estúpido caroço inoportuno.

Durante a escala na Nova Zelândia, Wes se deitou no chão da sala VIP e se dedicou a uma rotina impressionante de alongamento. Pessoas começaram a apontar em sua direção, e duas comissárias de bordo passaram pelos guarda-costas para pedir autógrafos. Saindo do transe, percebi, finalmente, que aquele Wes era Wesley Snipes, ator de filmes de ação.

Ele viajava com um grupo para promover seu último filme. Quando nos despedimos no aeroporto em Melbourne, Wes me fez prometer que eu iria à estreia naquela noite, e que também compareceria à festa depois da exibição.

Por curiosidade, fui e descobri que tudo que eu havia visto em Hollywood fora um pacato piquenique de freiras, comparado àquele momento em minha recatada cidade natal! Ensurdecida pela música que penetrava pelas portas fechadas da sala privada na boate, examinei o ambiente e me senti uma espécie de figurante em uma paródia de quinta categoria do estilo de vida dos mimados e irrefreáveis.

Acabei me retirando de maneira meio apressada quando os "refrescos" e a "diversão" proporcionados pelo grupo de Wes começaram a ser servidos. Foi uma cena surreal e engraçada, uma imagem que ficou gravada em minha memória por muito tempo e que me fazia rir sempre que me lembrava dela.

✽

— Beba isto — disse minha vizinha Mandy, oferecendo-me uma vasilha de sopa missô. Por dias a mistura era tudo que eu conseguia manter no estômago. Acontece que o tal carocinho era mais insidioso do que eu imaginara em princípio. Uma cirurgia havia sido realizada às pressas para remoção do nódulo, e para meu imenso alívio o cirurgião acreditava que eu seria uma das felizardas. Mas, como acompanhamento, eu era submetida a radioterapia em um hospital próximo de casa, sempre no início da manhã para não atrair a atenção da mídia.

Meu objetivo era superar a doença com o máximo de rapidez e eficiência e me concentrei nisso. Estava determinada a ver Iddin e Shahirah novamente, e morrer não era uma das minhas opções. Na maior parte do tempo, me fechei emocionalmente e só mantive contato com amigos próximos, pessoas que me mantiveram em pé durante aquele período; meu foco era fazer meu corpo produzir a melhor solução em longo prazo.

Meu maior pesar foi ter de cancelar meu compromisso com a Operação Anjo. Era muito difícil admitir que simplesmente não era capaz de investir no projeto a energia necessária, mas eu não tinha escolha. Felizmente, a revista *New Idea*, a mais importante patrocinadora e promotora do programa, ocupou o espaço deixado por mim e manteve o projeto em andamento sem divulgar uma única palavra sobre minha condição. Bunty Avieson, Sue Smethurst e Laurelle Duffy guardaram absoluto segredo sobre meu estado de saúde e não tentaram transformar o caso em notícia nem invadiram minha privacidade de alguma forma. A ajuda e a amizade dessas mulheres foram um fabuloso divisor de águas no ramo ávido e ganancioso das revistas femininas.

Doze meses mais tarde, depois de algumas discussões, a revista se tornou agente de várias campanhas para angariar fundos para a pesquisa e a conscientização sobre o câncer de mama, e concordei em discutir meu desfecho (até então) positivo publicamente na *New Idea*. Alguém lá em cima estava certamente olhando por mim.

Capítulo 18
Um monte de CUIDADOS

Apesar de sete anos terem se passado, minha saudade de Shahirah e Iddin nunca diminuíra. Sentia falta do cheiro de cada um deles, da inebriante mistura de odores que é única em cada criança. Sentia falta até das pequenas irritações. Eu sabia que Iddin e Shah não eram mais crianças, mas a lembrança de suas mãozinhas rechonchudas segurando meu rosto para um beijo ainda tinha o poder de fazer meu coração parar de bater, ameaçando destruir minha frágil compostura. Meu anseio por eles era intransigente e constante, como a raiva que sentia por tudo que aconteceu. O fato de Shahirah e Iddin terem sido roubados, levados como troféus, destituídos de vontade e razão, me deixava furiosa. Privá-los de forma unilateral do direito de conhecer e conviver com pai e mãe era um desrespeito ao mais básico conceito do autoconhecimento e do desenvolvimento, e eu temia como essa deficiência se manifestaria na vida adulta deles.

Quanto a mim, eu sabia que era mais forte do que o sequestro de meus filhos. Nunca quis ser identificada por essa tragédia. Desde os primeiros dias que se seguiram à perda das crianças, minha mente amadureceu e se expandiu; aprendi a abraçar as inconstâncias da vida e me sentir mais confortável em mim mesma, menos preocupada com as percepções alheias de mim e mais à vontade com meu reflexo no espelho e com minha força interior.

Reconheço, porém, principalmente desde a experiência com o câncer de mama, que boa parte de minha força veio dos amigos, meus queridos, e por tudo que tive a boa sorte de testemunhar e experimentar pelo mundo. Esse elemento da vida me permitiu contextualizar minha resposta ao bombardeio de imagens da mídia que afetam a consciência comum da sociedade.

É essa perspectiva, combinada com minha teimosia irritante e inata, que aprendi a canalizar para projetos e causas pelas quais tenho sentimentos tão fortes. Foi o que me impediu de enlouquecer e também reforçou, nos meus momentos mais sombrios, que continuar vivendo é o que todos temos de fazer. Isso, e criar mudança, se acreditamos que há um erro a ser reparado. Penso que uma opinião verbalizada abertamente é uma das maneiras de mudar o mundo, e a cumplicidade do silêncio pode ser tão obscena quanto a própria injustiça.

Eu *sei* que uma pessoa pode mudar o mundo. Pode não ser uma mudança sísmica, mas simplesmente uma pequena alteração de opinião ou uma contribuição para a humanidade que pode tornar mais tolerável a existência de outro ser humano.

Quando a situação em Kosovo começou a se agravar, mais ou menos na época em que me tornei embaixadora especial da Care International, uma das maiores agências independentes de desenvolvimento e alívio em emergências no mundo, tive esperança de poder criar um pequeno espaço a partir do qual eu fizesse alguma diferença em um fórum complexo e diverso. O ponto crucial quando discuti com Charles Tapp minha indicação como embaixadora especial, então diretora executiva da Care Australia, foi que eu tivesse permissão para trabalhar no campo, em conflitos e em áreas críticas. (Felizmente, nos conhecíamos havia anos e Charles estava acostumado às minhas ideias inusitadas, por isso não me considerava totalmente maluca.) Eu não queria ser uma "celebridade de aluguel" requisitada para fotos. Precisava ter certeza de que poderia continuar pondo as mãos na massa e chafurdando na lama com as pessoas que a Care tentava ajudar. Assim, quando participasse de palestras ou discussões públicas que envolvessem o trabalho da Care, eu não ficaria regurgitando um texto de assessoria de imprensa: estaria falando por experiência.

Para dar uma ideia do quadro, a federação internacional Care consiste em 12 Estados-membros — Estados Unidos, Dinamarca, Alemanha, França, Canadá, Japão, Áustria, Holanda, Austrália, Reino Unido, Noruega e Tailândia — e é supervisionada por um secretário-geral em Genebra, na Suíça.

Cada nação administra individualmente projetos isolados em várias áreas e regiões de expertise, bem como programas de apoio em associação com outros membros da federação Care. Ela é completamente não sectária e apolítica, fator que considero importante, porque não queria afiliações religiosas que diluiriam a pureza do trabalho de ajuda em que estava envolvida, nem propósitos baseados em gênero, raça ou política.

Durante situações de emergência, como no caso de terremotos, guerra ou fome, o desenvolvimento de uma Equipe de Resposta à Emergência Internacional (ERT) é rápido, normalmente acontece em um período de 48 horas. Esses especialistas em soluções para emergências são pessoas que simplesmente abandonam tudo, conseguem licença não remunerada do emprego, pegam a mochila e embarcam num avião. Eles se associam à equipe da Care já em ação naquela região e são especialmente treinados e experientes, reunidos pelo mundo com formação variada. Podem ser engenheiros, técnicos de logística, enfermeiros especialistas em bem-estar infantil, mídia, contabilidade e exército. O pagamento aos membros de uma ERT é mínimo, apenas o suficiente para manter vagamente cobertas as contas em casa e comprar comida no país para onde foram enviados.

A Care foi estabelecida inicialmente na América em 1945 como uma resposta da comunidade aos efeitos da Segunda Guerra Mundial; "Pacotes Care" de sobrevivência foram enviados dos Estados Unidos aos sobreviventes da guerra. Esses pacotes continham chá, carnes enlatadas e outros alimentos, e com a evolução do programa foram acrescentados também cobertores. Os Pacotes Care sempre significaram a diferença entre a vida e a morte para famílias inteiras em situação precária. Ao longo das primeiras duas décadas de existência da Care mais de 100 milhões desses pacotes foram entregues, primeiro na Europa e posteriormente na Ásia e em outras partes do mundo em desenvolvimento.

O trabalho dessa instituição se expandiu com o passar dos anos, abordando os problemas mais ameaçadores do mundo. Nos anos 1950, a organização começou a trabalhar em nações emergentes usando comida excedente dos Estados Unidos para alimentar os famintos. Nos anos 1960, a Care foi pioneira em programas de saúde básica, e nas décadas de 1970 e 1980 respondeu à fome na África com projetos para solucionar a crise e projetos a longo prazo de reflorestamento e agricultura, que integravam práticas ambientalmente sustentáveis de administração da terra com iniciativas agrícolas especificamente projetadas. A Care começou a enfatizar a importância de projetos microeconômicos, como melhorar a vida das mulheres por meio de independência financeira e educação como elemento essencial de erradicação da pobreza e da mortalidade infantil.

Com mais de 14.500 funcionários espalhados pelo mundo — muitos dos quais são cidadãos dos países em que a Care opera —, um foco principal da instituição são os programas que buscam criar soluções duradouras para as mais profundas causas da pobreza. Estima-se que os programas de apoio e desenvolvimento alcançam globalmente mais de 50 milhões de pessoas em bases diárias.

A sigla Care significa Cooperativa para Assistência e Alívio em Todos os Lugares, Inc., mas se você for perguntar a qualquer pessoa que trabalhe fora dos escritórios principais, a maioria responderá apenas: "Não sei, nós simplesmente CUIDAMOS." Francamente, do meu ponto de vista, a simplicidade do nome sem o significado sempre funcionou para mim, porque a palavra "Care" se traduz de maneira magnífica em muitos idiomas. Esse é o valor básico para mim.*

O presidente John F. Kennedy disse em 1962: "Todo Pacote Care é uma contribuição para a paz mundial..."

Acredito que cada vez que a Care ajuda outro ser humano estamos reforçando a promessa de um mundo melhor e mais seguro para nossas crianças.

Eu nutria uma enorme esperança quando aceitei o novo papel. Mais que tudo, queria que meus filhos se orgulhassem de mim e um dia partilhassem das minhas convicções. Sentia que, de alguma forma, estava co-

---

* Care, em português, significa cuidar, se importar. (*N. do T.*)

meçando um trabalho que poderia construir uma ponte pela qual Shahirah e Iddin poderiam caminhar um dia.

Para me preparar, fiz um curso avançado de primeiros socorros para não ficar perdida em uma situação difícil e poder lidar com ressuscitação e hemorragia. Também estudei o tratamento de psicotrauma, que em alguns casos era uma extensão natural do meu trabalho no campo do sequestro infantil e suas consequências.

Eu também tinha de cumprir outros compromissos antes, relacionados à Convenção de Haia e ao sequestro de crianças. Iria à França para participar de reuniões com representantes da União Europeia antes de comparecer a uma conferência sobre mudanças da política a respeito de sequestro parental internacional, em Londres que coincidiu com a publicação de meu livro na Inglaterra.

Em Paris, tive dois meios dias de folga entre os compromissos agendados, e usei esse tempo para encontrar amigos, entre eles o designer Martin Grant, cujo estúdio ficava no famoso quarteirão Marais, na parte antiga da cidade. Martin havia começado em Melbourne, estudando escultura, antes de se lançar no desenho de moda e se instalar em Paris, onde fez seu nome com seus desenhos clássicos e elegantes. Abastecendo lojas como a exclusiva Harvey Nichols e a Barneys, Martin cria roupas que realçam as curvas femininas. Ele criara modelos apropriados para eu enfrentar a mídia em diversas entrevistas marcadas para as semanas seguintes. Era reconfortante estar perto de Martin; sua atenção aos detalhes, o cuidado e o amor com os tecidos e a costura, de maneira geral me lembravam minha avó. Ele tinha um jeito de apertar os olhos sempre que eu saía de trás da cortina do provador usando uma de suas criações que me fazia sentir como se eu tivesse 7 anos outra vez, com vovó ajeitando e revendo a posição dos alfinetes numa peça que ela produzira para mim com restos de tecido para cortinas.

Tudo que Martin desenhava para mim era simples de vestir e aumentava minha confiança de maneira fenomenal; eu nunca havia usado roupas tão lindas e de caimento tão perfeito. Tudo aquilo era só mais um pedaço da minha armadura. Apesar da coragem aparente, eu tremia cada vez que pensava em viajar pelo Reino Unido divulgando meu livro.

Viajei para Londres durante um período agitado para a Care. A guerra em Kosovo fugia ao controle e os refugiados transbordavam pelas fronteiras para a Albânia e a Macedônia, tentando encontrar um local em paz. A Otan havia interferido no conflito tentando impor alguma ordem, e executava ataques a bombas contra Belgrado. Trabalhando na ajuda humanitária, três voluntários da Care, Peter Wallace, Branko Jelen e Steve Pratt, haviam sido retidos como supostos espiões na Sérvia pelo presidente Slobodan Milosevic. Arranjei com Charles Tapp para falar sobre o trabalho da Care em Kosovo e angariar fundos durante minha turnê de divulgação, unindo minha vida antiga à nova.

Em Londres, os 14 dias seguintes passaram depressa: a conferência na União Europeia, as entrevistas, o coquetel e as sessões de autógrafos do livro. Também me tornei oradora da crise de Kosovo no Reino Unido, e utilizei todas as oportunidades durante programas ao vivo para incentivar o povo a fazer doações ao sensível fundo centralizado, que cobria a Cruz Vermelha, Oxfam Save the Children, Care e outras agências, e eliminassem a competição pelo levantamento de fundos em um momento de emergência internacional.

Era um furacão de escolhas mal combinadas. Viagens de trem a Edimburgo para falar à imprensa; um voo rápido a Dublin para aparecer em um *talk show*; compromissos às 5h da manhã e um carro que ia me buscar e me deixava na sede da rádio BBC para uma série de vinte entrevistas a serem veiculadas em emissoras regionais de costa a costa. Exposta repentinamente, como uma pinta sob um forte foco de luz, lembro-me de ter pensado confiante que havia falado sobre a crise no Kosovo e evitado algumas perguntas sobre mim mesma em prol de um tópico mais importante.

E houve uma temível entrevista com Tim Sebastian para o programa da BBC Mundial, *Hardtalk*. Eu sentia náuseas cada vez que pensava nessa entrevista, porque, como me lembrou o sr. Sebastian pouco antes de as câmeras começarem a filmar, eu sabia que havia uma possibilidade de Iddin e Shahirah assistirem àquele programa de tevê, ou ouvirem falar nele. *Hardtalk* era veiculado em todo o mundo, com o mesmo episódio reprisado diversas vezes no primeiro dia, por isso, enquanto eu tentava responder às perguntas contundentes do sr. Sebastian, também imaginava as crianças me vendo pela primeira vez em anos. Meu coração parecia querer saltar do peito com tanta esperança e trepidação.

❊

Foi fascinante entrar na Câmara dos Lordes. A baronesa Patrícia Scotland, que conheci durante uma conferência da União Europeia sobre a Convenção de Haia, me levou para uma volta rápida pelo edifício e depois nos dirigimos ao bar para comer sanduíches maravilhosos e beber uma boa vodca. Patrícia era a primeira mulher negra a atuar como conselheira da rainha e a viver entre os nobres na Inglaterra — pioneira no sentido mais amplo da palavra! (Ela foi ministra de Estado para o sistema de justiça criminal e reforma legal do governo trabalhista de Tony Blair.) Ali, nos salões sagrados da Câmara dos Lordes, me sentei com dois pares, porque fui apresentada também a Waheed Alli, outra pioneira naquela assembleia. Imaginei se vovó não estaria perplexa no céu.

Ela nunca se impressionara muito com o título de meu primeiro marido; para ela, a realeza significava títulos europeus ou britânicos e armaduras. Não há nada como uma avó para trazer alguém de volta a sua condição humilde.

Para mim, o ponto alto da noite foi poder conversar novamente com Shakira Caine, que eu havia conhecido em Los Angeles. Inteligente e sofisticada, aquela era uma mulher que significava muito mais do que o troféu do marido famoso. Shakira me convidou para jantar em um restaurante que ela e o marido, *Sir* Michael Caine, possuíam em Chelsea Harbour. Foi uma noite incrível com conversa interessante e fabulosa hospitalidade, um bom contraponto aos 15 dias anteriores de eventos repetitivos e números para a mídia. A companhia também era boa e muito relaxada. Eu havia convidado um amigo, Salah Brahimi, para me acompanhar, e com Patricia Scotland compusemos uma mesa dinâmica e agradável.

O almoço com o diretor administrativo da britânica Polaroid foi acrescentado à minha agenda na última hora, mas eu tinha uma ideia para uma iniciativa de apoio para a crise no Kosovo e queria discutir minha proposta com ele, que concordou prontamente com o encontro.

Sentamo-nos no Café Orsino, em Covent Garden, ironicamente diante de pratos deliciosos, e expus as condições nos campos de refugiados. Expliquei que crianças perdidas eram quase sempre incapazes de dizer o próprio nome ou os nomes de seus pais, por isso era tão difícil devolver as crianças aos braços dos adultos que as amavam. Fotografias acelerariam o processo, mas não havia eletricidade nos campos de refugiados, tornando-se impossível revelar os filmes rapidamente. A Polaroid se dispôs a doar cem câmeras e milhares de filmes para ajudar a Cruz Vermelha e outras agências no processo de reunião de famílias que haviam sido separadas na fuga em busca de segurança. Passei as semanas seguintes abençoando aquele almoço.

Capítulo 19

Bond, botas e bastardos

Senti a pressão da mão segurando o encosto da minha poltrona no avião e virei para ver quem era.

— Roger Moore — disse a voz profunda naquele tom conhecido em todo o mundo. Pisquei quando ele estendeu a mão para apertar a minha. Uma voz frívola em minha cabeça sussurrava: "Moore; Roger Moore", numa péssima imitação da clássica fala de James Bond, e tive de engolir em seco para me concentrar no cavalheiro sério e de óculos que se debruçava sobre mim. Ele explicou que me vira na BBC recentemente e que conhecia minha história.

O voo que partia de Zurique nos levaria a Skopje, capital da Macedônia e posto central de comando para muitos esforços de ajuda humanitária durante a guerra. Roger e a esposa sueca, Kristina (Kiki) Tholstrup, iam a Skopje como parte do papel de Moore, antigo embaixador da Unicef.

Roger perguntou se podia me apresentar a alguém. Eu sabia que não podia ser menos parecida com uma "Bond girl". A camiseta da Care era mantida para dentro da enorme calça cargo, que eu segurava em minha cintura delgada valendo-me de um cinturão apertado. As botas paramilitares em meus pés poderiam ter ocupado metade do corredor do avião. Mas aquele não era um momento para me preocupar com elegância. Depois de alguns minutos, Roger retornou com um homem sorridente de reluzentes cabelos negros que ele apresentou como Toni Popovski, ministro do Ambiente e Planejamento Urbano da República da Macedônia.

— Excelência, quero que conheça a embaixadora especial da Care International, a ex-princesa Yasmin — Roger anunciou com uma ressonância que eu conhecia de seus filmes. — Ela prefere ser conhecida como Jacqueline Pascarl — acrescentou em tom mais baixo, quase como se contasse um segredo. Tentando esconder minha inquietação, sorri e ergui a sobrancelha para Roger por cima do ombro do ministro. A resposta do famoso ator foi um movimento quase imperceptível com a cabeça, uma negação sutil. Obviamente, Roger conhecia a esfera das organizações não governamentais (ONGs) melhor do que eu. Sorrindo, o 007 mundialmente famoso pediu licença e retornou à sua poltrona ao lado da esposa, enquanto o ministro pisava em meus pés para sentar-se no assento vazio ao lado do meu.

A situação era muito desconfortável. Eu sabia da importância de conhecer alguém do gabinete de um país anfitrião, mas não estava preparada para a ocasião e não entendia nada sobre a dinâmica política da Macedônia. Mas respirei fundo e decidi enfrentar as dificuldades da melhor maneira possível.

Popovski devia ter uns trinta e poucos anos, calculei, e estava decidido a ser encantador. Ele me interrogou incansavelmente sobre meu papel na Care e sobre o trabalho da organização com os refugiados kosovares que inundavam seu país. O ministro afirmou ter me reconhecido pela foto na capa de meu livro, que ele vira na livraria do aeroporto. Se eu estava em uma turnê de divulgação devia ter uma cópia comigo, ele deduziu esperançoso.

Conversamos durante o voo, e Popovski insistiu em que eu comparecesse a alguns eventos diplomáticos e do governo marcados para os próximos dias, ressaltando que eu seria sua convidada pessoal. Bem, nunca se sabe quando um número de telefone pode ser útil, pensei, aceitando o cartão que ele colocava em minha mão. Sob a proteção do ministro, passei sem problema nenhum pela alfândega e pela imigração.

Penetrar em um grupo de pessoas já formado há algum tempo é sempre uma tarefa delicada, e ela se torna muito mais difícil quando ele é formado por trabalhadores da ajuda humanitária dispostos a fazer o recém-chegado suar sangue. Os dois primeiros dias no "escritório nacional" oficial da Care foram de total isolamento. Boa parte da equipe kosovar estava traumatizada pela prisão de três de seus colegas, especialmente porque muitos haviam trabalhado com Steve Pratt e Branko Jenlen antes da guerra. Eles mesmos eram refugiados tentando atuar como parte da ajuda humanitária em um país estrangeiro. Além disso, o diretor do escritório fora convocado para reuniões operacionais e o moral do *staff* estava baixo.

Existe uma divisão clara entre o pessoal da administração na Sede e a Equipe de Alívio de Emergência no campo. De um lado ficam os que põem os pingos nos is e cortam os ts, e o outro lado se preocupa mais com rações de alimento para os que estão sob seus cuidados e com o suprimento de água potável no local onde estão trabalhando.

Enfrentei esses dois dias me mantendo em uma espécie de zona cinzenta, que confundia a todos que desconheciam os parâmetros do meu papel na Care International. Às vezes até eu mesma ficava perplexa, já que sempre me sentira bem próxima dos colegas que atuavam na área de ajuda internacional. Estava ali para representar a Care diante da mídia, trabalhar na administração geral do acampamento, comparecer a qualquer reunião ou evento da ONU ou do país anfitrião, filmar o trabalho da Care para utilizar com propósitos publicitários e encontrar um nicho para mim. Junte a tudo isso as instruções posteriores do secretário-geral da Care, Guy Toussignant. Ele nunca se cansava de tentar me fazer entender a importância de meu papel como embaixadora especial e o foco que ele queria que eu desse à diplomacia e à imagem pública, me incentivando a usar todo o conhecimento que eu podia ter adquirido em minha antiga vida de princesa sobre deportação e a arte da conversação.

Os dois lados do trabalho de ajuda precisam de suas contrapartes; um sem o outro é uma receita para o caos. Aquilo não era Hollywood ou um exercício teórico, só idiotas e caubóis penetrariam uma zona de conflito sem infraestrutura ou plano de ação. Nenhuma agência de ajuda eficiente é capaz de assumir um compromisso firme e operar em condições tão difíceis por semanas e meses a fio sem o apoio de diverso e competente grupo de pessoas encarregadas de resolver problemas e desfazer nós.

A logística de uma operação de ajuda tão imensa é complexa e variada. Tudo tem de funcionar como um efeito dominó. Dinheiro, transporte com confiável suprimento de combustível, equipe nacional (como são chamados os trabalhadores locais), energia, papel, computadores (ou canetas, pelo menos), contabilidade, acomodação *in situ* — tudo isso tem de estar arranjado antes mesmo de a equipe começar o lado mais prazeroso de ajudar a reconstruir vidas destroçadas.

Cinismo era o que eu esperava encontrar e teria sido ingenuidade esperar algo diferente. Eu sabia que teria de conquistar a confiança de todos ali e queria uma oportunidade para isso.

A população residente de Skopje era, normalmente, de 450 mil pessoas. Naquele momento, a cidade estava superpovoada pela chegada de tropas da Otan, centenas de voluntários das Nações Unidas e outras ONGs, uma multidão de repórteres e outros profissionais da mídia internacional, e inúmeros refugiados kosovares que se abrigavam com parentes distantes em porões ou em cômodos improvisados, construídos sob o piso de salas de estar em quase todas as casas da cidade. Considerando todos os indivíduos confinados nos campos de refugiados que haviam surgido nas áreas da periferia, aquela era uma região prestes a entrar em colapso.

Muitos moradores haviam saído de suas casas, alugando-as totalmente mobiliadas para os trabalhadores da ajuda internacional, uma fonte de renda para os habitantes e um arranjo conveniente a todos os envolvidos. A economia local crescia com o dinheiro estrangeiro. Mas o desgaste da infraestrutura da Macedônia era imenso, e havia uma inegável tensão étnica naquele antigo estado da Iugoslávia de Tito.

Ao longo dos séculos, Skopje fora castigada por terremotos, por isso a arquitetura era uma mistura incongruente de ruínas romanas e otomanas, terríveis blocos e prédios de influência soviética e vilas pseudomediterrâneas. As estradas eram largas e bem asfaltadas, e o povo era hospitaleiro, embora a palavra macedônica *ostavime*, cujo significado era "deixe-me em paz", se mostrasse útil toda vez que alguém assobiasse para mim ou me abordasse com mais ousadia machista que bom senso.

Havia uma casa da Care em Skopje, mas ela já estava cheia. Minhas acomodações ficavam no Diplomatik, um pequeno hotel numa região muito tranquila, perto de uma igreja católica e próximo ao escritório da Care. Roza Diplomatik era um lugar modesto e informal: quatro andares com apenas 12 quartos, uma escada em caracol e um pátio aberto no fundo, mais uma pensão familiar do que um hotel, na verdade. Eu dispunha de ar-condicionado e banheiro privativo, e podia me recolher ao quarto do último andar quando não estava trabalhando ou dormindo em um dos campos de refugiados.

O Roza servia café da manhã, drinques e café, mas as refeições eram feitas em um dos pequenos restaurantes ou nas cafeterias que enchiam as ruas de Skopje. Eu raramente via os outros hóspedes, porque tinha de deixar o Roza às 6h da manhã para pegar o transporte das 6h30 e fazer a viagem de meia hora até Stenkovec II, um dos dois campos que a Care administrava e que abrigava naquele momento mais de 27 mil refugiados.

A piada comum na cidade era que as pessoas da agência de ajuda internacional do governo americano (Usaid) que se hospedavam no meu hotel, eram, na verdade, agentes da CIA. Nem preciso dizer que sempre examinava minha caixa de cereal matinal para verificar se alguém colocara câmeras nela!

Protegendo os olhos contra o sol, olhei para a bandeira UNHCR que tremulava no topo do mastro. O dinamarquês Fred, um dos integrantes da equipe das Nações Unidas atuando no campo, finalmente ficaria satisfeito, pensei, com uma nota sombria; tudo que ele havia feito nos últimos dias fora atormentar o pessoal da Care para que o mastro fosse erguido. Francamente, havia assuntos mais importantes para resolver, mas um minuto de paz justificava o esforço.

Eu havia ido de carro até o posto de observação na colina mais alta de Stenkovec II para um intervalo de 15 minutos, tentando fugir do ar fétido nas alamedas entre as tendas do setor G. Bebi um pouco da água que levava no cantil no bolso da calça cargo, ao lado do multiferramentas Leatherman, e tirei o chapéu e o lenço do pescoço. Vinte minutos depois, eu estava diante de um homem de aparência agressiva armado com uma faca, e devo admitir que esse tipo de situação reduz a capacidade de raciocínio de uma mulher. Para piorar, a bateria do meu *walkie-talkie* havia acabado, o que me impedia de pedir ajuda ainda que eu tivesse essa intenção. Aquele homem não havia gostado da minha sugestão de ele e a família dividirem a tenda com outra família de refugiados, e empunhara a faca afirmando estar disposto a cortar minha garganta antes de dividir suas acomodações com mais gente. Aquela não era a primeira nem seria a última vez que algo dessa natureza acontecia. Era um procedimento aparentemente padrão que os homens viessem extravasar seus ressentimentos comigo, em vez de enfrentarem os grandalhões com quem eu trabalhava. Suponho que alguns dos refugiados mais traumatizados e machistas pensavam poder amedrontar uma mulher para impor sua vontade, mas eu sabia que tinha de enfrentá-los. Afinal, era só um blefe. Eles não se arriscariam a cometer um crime em que certamente a polícia macedônica se envolveria. Mais importante, porém, eu sabia que, se não os enfrentasse, comentários sobre minha covardia se espalhariam e estaria aberta a temporada de caça aos trabalhadores da ajuda internacional no campo. Facas seriam empunhadas para decidir disputas de qualquer natureza e haveria agressividade incontrolável e caos.

A pequena colina sobre a qual eu estava sentada me permitia ver o campo lá embaixo. Destituído de árvores, o lugar era uma imensa área poeirenta, que ao menor vento era encoberta pelo pó. Centenas de tendas se enfileiravam presas ao terreno árido. As paredes largas e altas, criadas por onde escavações de uma mina, serviam de estradas improvisadas por onde dirigíamos em baixa velocidade para evitar acidentes. Não tínhamos esgoto, água encanada ou eletricidade — nada era simples ou fácil na tarefa de proporcionar um mínimo de conforto aos refugiados abrigados ali. Cada setor do campo era identificado por uma letra do alfabeto, e em cada tenda havia uma letra e números gravados em vermelho. O sistema nos permitia localizar recursos e contar cabeças em cada enclave. Os setores tinham um representante escolhido pelos habitantes e incumbido de lidar com os funcionários da Care para tratar de assuntos pertinentes à administração do campo — de entregas de pão a pequenas disputas. Isso era importante para garantir que pessoas a quem queríamos ajudar participassem ativamente das decisões que afetavam sua existência diária. Nessas situações, não há espaço para uma atitude paternalista.

O suprimento de água para cada setor era escasso, mas devia ser mantido, especialmente pelos milhares de crianças e idosos por quem éramos responsáveis naquele calor de 40 graus. Cada setor tinha uma mangueira que transportava água para as diversas famílias que dependiam dos tanques coletivos, e a gravidade se encarregava de levar o precioso líquido até as torneiras.

Aqueles tanques gigantescos haviam sido um impressionante feito de engenharia que nossos especialistas em recursos hídricos e sanitários, o pessoal da Oxfam, haviam construído no alto da colina atrás de onde eu estava. Os tanques eram abastecidos por caminhões que perambulavam pelo acampamento 12 horas por dia. Se os caminhões não apareciam, as torneiras secavam, por isso eu tinha especial antipatia por visitantes reconhecidamente VIPs, pois o abastecimento de água era interrompido nessas ocasiões.

Numa colina menor, adjacente àquela em que eu estava sentada, uma ampla forma amarela se espalhava em todas as direções como uma espaçonave alienígena. Era o Hospital Francês de Emergência — uma impressionante estrutura que havia sido inflada, como um pula-pula de festa infantil. Abastecido por geradores a diesel, ele era, sem dúvida, uma maravilha da genialidade moderna e um projeto perfeito para um hospital de campo. Bem, se não perfeito, o melhor que eu já vira. Totalmente equipado com aparelhos de ar-condicionado, ele contava com dormitórios para a equipe médica, sala cirúrgica, equipamento para radiografias, três alas e um laboratório de patologia. Como as noites na antiga mina podiam ser geladas e os dias eram muito quentes, o hospital era realmente um paraíso para os recém-nascidos e os pacientes cirúrgicos. Mantido por uma mistura de médicos e enfermeiros do Exército e bombeiros com treinamento paramédico, ou *pompières*, o hospital só ficaria no campo por trinta dias, período máximo permitido pelo governo francês.

Complementando os cuidados médicos especializados, havia uma pequena clínica ambulatorial no térreo. Administrado pelo Corpo Médico Internacional (IMC) e dotado de uma equipe de médicos e enfermeiros voluntários de diversas nacionalidades, o hospital era a linha de frente em muitos tratamentos e avaliações médicas. Dentistas sem Fronteiras e Farmacêuticos sem Fronteiras também atuavam nos três principais campos da Macedônia — os outros dois eram Stenkovec I e Cegrane, onde trabalhei ocasionalmente.

Apesar de a bandeira da UNHCR tremular sobre o campo, a presença das Nações Unidas era mínima. A Care International fora oficialmente incumbida e contratada pela ONU para cuidar da administração diária de Stenkovec II, com um orçamento estabelecido para a provisão de alimentação, água, abrigo e *staff* nacional, formado por indivíduos da população do próprio campo. (Esse é o procedimento normal em muitas zonas de desastre e guerra para assegurar que a expertise de diversas organizações de auxílio seja plenamente utilizada.) A equipe da Care dormia no campo e era responsável por todos os aspectos de sua administração, inclusive segurança. Estávamos também no comando das Unidades Mãe e Bebê, uma expressão da crença da Care de que os pequeninos deviam ser protegidos e nutridos em tempos difíceis por uma dedicada equipe de enfermeiras e educadoras. Essas unidades espalhadas pelo campo em tendas especialmente reservadas para esse uso garantiam que as mães pudessem banhar seus filhos e tivessem acesso a leite e alimento infantil, água potável e fraldas descartáveis — itens essenciais para a manutenção de um ambiente saudável em condições tão severas. As mulheres que davam à luz no campo eram incentivadas a amamentar pelo bem da própria saúde e do bebê. Um programa especial de monitoramento nutricional também era mantido para garantir a saúde de muitas crianças forçadas a viver naquela situação abaixo do ideal.

As outras agências que trabalhavam dentro do Stenkovec II e do Cegrane eram o Comitê Internacional da Cruz Vermelha (ICRC), que enfrentava a tarefa gigantesca de localizar crianças e adultos perdidos e reunir famílias, e a Unicef, que montara sua sede no ar relativamente fresco daquela colina onde eu estava. Ali eles mantinham um jardim de infância, grupos de lazer e escola para as crianças do campo, mas ainda em condições muito poeirentas, porque boa parte da área era descoberta e desprovida de grama ou vegetação.

Durante o dia, em uma caravana montada diante dos contêineres reformados que serviam como escritório da nossa administração no campo, a IOM (Organização Internacional para Migração) operava. Ali as pessoas deslocadas formavam longas filas para se candidatar à relocação humanitária temporária diversos locais do globo. Cada agência representada no campo interagia e trabalhava com as outras, sem rivalidade, um cenário sem nenhuma semelhança com o mundo exterior da Austrália e Estados Unidos, onde organizações humanitárias competiam rotineiramente por publicidade e doações em dólar. A ajuda para solucionar essa crise era uma história completamente diferente; o fato de estarmos todos juntos era uma das coisas de que eu mais gostava. Disso e da camaradagem.

As tendas oferecidas aos refugiados eram uma colcha de retalhos de equipamento militar fora de uso e abrigos doados por civis. Eu sempre me espantava com a disposição daquelas tendas em Stenkovec II, como se elas tivessem sido erguidas em todos os lugares, em grupos disparatados e formando entre si os mais loucos ângulos. Os maravilhosos e sempre bem-humorados bombeiros e os soldados franceses haviam feito a maior parte do trabalho duro. Em Cegrane, engenheiros do Exército alemão haviam montado o campo com eficiência e precisão teutônicas. Munidos de GPS, os alemães haviam feito questão absoluta de exatidão e, como resultado, suas lonas perfeitamente alinhadas se estendiam até onde a vista podia alcançar, resguardando 57 mil indivíduos desabrigados onde antes havia funcionado um lixão.

Transbordando gente de diferentes vertentes da vida kosovar, Stenkovec II era uma experiência de desafio e aprendizado. Ciganos, professores, operários, agricultores, músicos, professores universitários, donas de casa, comerciantes e encanadores eram forçados a coexistir em condições sufocantes, destituídos de privacidade e autonomia.

O fogo era um problema e um imenso perigo. Velas eram proibidas dentro das tendas escuras, mas, à noite, essa regra era frequentemente desrespeitada. O fogo utilizado para cozinhar era outro risco. Não havia uma cozinha central para administrar a distribuição da "dieta úmida" (expressão usada para descrever refeições pré-cozidas) para os habitantes; em vez disso, uma ração para dois dias de peixe ou carne enlatados, cebolas, pão e alguma fruta era distribuída a partir de um ponto designado em cada setor e registrada em um cartão de racionamento. Havia tantos incêndios dentro ou perto das tendas em consequência da falta de controle sobre o fogo usado para cozinhar que ainda custo a acreditar que não tenha ocorrido nenhuma morte.

Quando releio meu diário daquele período percebo como eram diversificados os meus deveres. A equipe trabalhava diariamente com poucas queixas. A única coisa que eu detestava era distribuir colchões, porque eram valiosos como ouro, e muito procurados. A tarefa sempre era atribuída a mim porque eu falava bósnio e havia aprendido albanês, a língua kosovar. Pedaços de espuma do tamanho de uma cama de solteiro eram liberados de acordo com critérios muito severos. Eram reservados essencialmente para grávidas, idosos e enfermos, graves, embora pudéssemos justificar a entrega de um colchão para uma família com muitas crianças. Todos os outros refugiados dormiam diretamente no chão da tenda, separados da terra apenas por um pedaço de tecido impermeável. Os cobertores eram entregues aos que chegavam. Um para cada um. Não havia travesseiros disponíveis.

Eu odiava o poder que tinha sobre o conforto dos refugiados; odiava não poder oferecer mais àquela gente. Acima de tudo, odiava o clamor e as súplicas quando chegava a hora determinada para as solicitações. O desespero que alguns homens exibiam por suas esposas me emocionava. Eles pareciam condicionar a autoestima masculina à possibilidade de proporcionar uma cama confortável para a avó ou uma irmã mais nova. Aprendi que em um campo de refugiados os homens são as maiores vítimas da depressão e da privação de direitos.

Dia após dia eu entrava nas tendas e encontrava dúzias de homens deitados com o rosto voltado para a lona; a desesperança podia ser sentida no ar. Eles haviam perdido tudo que possuíam, todas as posses materiais, mas, ainda pior, muitos não conseguiram proteger parentes de abuso sexual, estupro ou tortura na travessia das fronteiras controladas pelas forças sérvias. Essa humilhação, às vezes, se manifestava na forma de agressão, com brigas de faca ou ameaças. Era a única coisa que eles podiam fazer pelas mulheres vítimas de abuso: tomar à força o domínio de uma tenda e impedir que invasores se aproximassem. As mulheres, pelas circunstâncias em que se encontravam, não tinham o luxo do luto ou da solidão; os familiares dependiam delas para assegurar rações e água, roupas limpas e cuidados para os filhos e idosos. A divisão por gêneros era enorme e as respostas ao trauma do desabrigo, da violência e da guerra eram marcadamente diferentes.

Um dos meus deveres era inspecionar todas as tendas no setor que me fora designado para aquele dia, e especificar o número de pessoas e o espaço disponível. Stenkovec II e Cegrane eram oficialmente campos de trânsito, o que significava que muitos refugiados esperavam pelo processamento de pedidos de imigração e evacuação para abrigos temporários seguros oferecidos por nações em todo o mundo.

Os habitantes de Stenkovec II podiam passar apenas cinco dias conosco ou até algumas semanas. A população local diminuía ou aumentava de tal forma que era imperativo manter a contagem de indivíduos em dia e controlar constantemente o espaço disponível nas tendas espalhadas pelo campo.

Em um período qualquer de 24 horas, seis ônibus com cinquenta pessoas cada podiam deixar o campo a caminho de outros países, à noite, quando o governo macedônico abria suas fronteiras — sendo a hora decisiva à 1h da manhã — e um enorme comboio de ônibus chegava aos nossos portões acompanhado por militares da Otan ou pela polícia da Macedônia. Um retrato do trauma e da miséria humanos se desenhava em cada rosto dentro daqueles ônibus projetados para transportar até 55 pessoas, mas que levavam até 120 passageiros. Do outro lado da fronteira, no calor do verão, os ônibus eram carregados pelos paramilitares sérvios quando o sol estava a pino. As portas eram fechadas. Se os refugiados não levassem água, não teriam como aplacar a sede.

Eu não estava preparada para a noite em que supervisionei minha primeira grande chegada. Rostos eram esmagados contra o vidro, pessoas permaneciam em pé e estendiam a mão para a pequena abertura da janela perto do teto do ônibus. As crianças eram levantadas e aproximadas daquela brecha para poder respirar um pouco de ar fresco. A condensação escorria pelos vidros, evidenciando o calor no interior dos veículos. As autoridades macedônicas não permitiam que abríssemos todas as portas dos ônibus ao mesmo tempo. Tínhamos de processar os veículos um a um. Eu queria quebrar as janelas e puxar todo mundo para fora, mas não podíamos criar hostilidade contra nossos anfitriões.

Nossos rádios começaram a estalar pouco antes do crepúsculo, nos prevenindo de que naquela noite os ônibus cruzariam a fronteira. Ouvíramos rumores o dia todo e eu já havia preparado as tendas do setor A, relocando os ocupantes anteriores para os setores G e C. Fui prevenida, orientada a descansar, mas eu devia dormir vestida. À meia-noite as sirenes das viaturas policiais começaram a soar ao longe, aproximando-se enquanto eu calçava as botas e pegava minha lanterna de minerador.

Quando o primeiro ônibus se aproximou com as luzes internas acesas, vimos os rostos exaustos e chocados das pessoas espremidas dentro dele. Vimos um, dois, três, quatro, cinco, seis ônibus seguirem as viaturas policiais, passando diretamente pelos portões de Stenk II a caminho de Cegrane, três longas horas de viagem distante dali. Sete ou oito minutos depois, um carro de polícia passou pelo portão do campo seguido por oito ônibus arriados sob o peso do excesso de passageiros. A necessidade mais urgente era de água, e corríamos pela fileira de veículos estacionados como um bando de possuídos, tropeçando em pedras e tufos de grama seca, introduzindo garrafas de água pelas aberturas estreitas das janelas enquanto gritos de *vodu* — água — soavam lá dentro. A temperatura externa ainda estava em torno dos 30 graus. Minha frustração se transformava rapidamente em fúria e num pranto contido por não podermos simplesmente abrir as portas dos ônibus e fazer a triagem de todos aqueles indivíduos ao ar livre.

Finalmente, cerca de meia hora depois da chegada dos ônibus, pudemos direcioná-los ao setor A do campo, onde liberamos os recém-chegados. Eu corria como louca, saltando sobre cordas e pinos e pulando buracos para chegar rapidamente à área de desembarque. Os bombeiros redirecionavam rapidamente o arco de luz que funcionava movido a bateria de automóvel e reposicionavam caminhões para iluminarem nossa área de trabalho com os faróis, pois não tínhamos geradores que fornecessem luz elétrica. Os residentes do campo se reuniram para ajudar, ou na esperança de encontrar um parente ou amigo perdido.

Era um caos organizado, uma tragédia de sofrimento humano e choque. Finalmente aberto, o primeiro ônibus descarregou a carga: uma explosão de seres humanos desidratados, exaustos, imundos e chorosos, agarrando desesperados o que tinham de mais precioso. Momentos se passaram antes que eu percebesse que alguns daqueles volumes eram bebês envoltos em panos e barbante, enrolados à maneira tradicional. Superaquecidos, os seres pequeninos e frágeis estavam pálidos e tinham os olhos vidrados. Crianças pequenas e traumatizadas se agarravam às pernas dos pais chorando.

Imediatamente, paramédicos e voluntários abriram caminho entre as filas de gente que desmaiava e tremia, tentando verificar rapidamente as necessidades de atendimento médico.

Uma mulher de vinte e poucos anos segurando um bebê começou a gritar. Corri até ela, tentando decifrar o que estava acontecendo. Olhei para a criança, que não devia ter mais de 2 meses, e notei que ela respirava com dificuldade e tinha uma coloração preocupante.

— Muito quente — disse à mãe, removendo a faca da minha cintura e cortando desesperadamente o barbante que envolvia o bebê.

Ajoelhada no chão, deitei a criança sobre minhas pernas e removi todo o tecido que a cobria, incluindo uma sacola plástica fedorenta que servia de fralda. Era uma menina e não se mexia. Retirei sua touca e vi um tufo de cabelos louros.

— Vamos, docinho, respire. Respire muito! — supliquei, enquanto a mãe chorava e me puxava por um braço.

A menina era terrivelmente magra e estava coberta por urticárias de calor. Comecei a massagear o corpo frágil e os membros delicados, gritando o nome de Jean Paul, um bombeiro paramédico, para que viesse me ajudar. Então, enfrentando todos os riscos, num momento de desespero, soprei delicadamente a boca e o nariz do bebê. Ela estava perdendo a pulsação. Depois de alguns poucos segundos pavorosos a menina encheu os pulmões de ar, o corpo pequenino e flácido inflando como um balão. Choramingando fraca, ela abriu a boca e virou a cabeça procurando alimento. Naquele momento, Jean Paul parou ao meu lado. Olhando para mim, tocou meu ombro e disse:

— *Aucun problème, Jacqueline, c'est OK, n'est-ce pas?* (Algum problema, Jacqueline, está tudo bem, não está?)

Ele se afastou apressado para ir atender um ferido por bala.

A mãe pegou o bebê com gratidão evidente. Usando gestos e meu bósnio precário, expliquei a ela que fazia muito calor para manter a criança enrolada como estava. Ela assentiu, já se preparando para dar o seio à filha.

De forma imoral, ali a dignidade humana era reduzida a uma fralda para o bebê e um abrigo para mãe e filha. Como os perpetradores daquela suposta limpeza étnica podiam permitir que bebês vivessem na imundície e lutassem por oxigênio, privados do direito de crescer em segurança e cercados pela família?

A equipe era modesta. Muitos dos recém-chegados dormiram em cavernas nas montanhas ou ao relento, tentando chegar à segurança do nosso campo. Pais estavam aturdidos e crianças choravam exaustas; todos tinham uma expressão de sofrimento no olhar, uma insegurança e um pavor que transcendiam o luto e a dor, e a evidente e compreensível desconfiança com relação ao novo ambiente.

Percorrendo as filas de famílias, continuei removendo cobertores de crianças superaquecidas. Um bebê sofria convulsões, e os bombeiros o levaram para o caminhão para transportá-lo ao hospital no alto da colina. Um homem com um ferimento à bala que ainda jorrava sangue e pus foi posto no caminhão com o bebê e a mãe.

Grupo a grupo, os recém-chegados eram conduzidos para a enorme tenda que seria um lar pelos próximos dias. Eles nos seguiam hesitantes na escuridão, caminhando para o local onde teriam de dormir como sardinhas enlatadas, com as costas grudadas contra estranhos nas condições mais precárias. Distribuímos rações, explicamos a regra que proibia velas e pedimos às pessoas para usarem as latrinas e não se aliviarem no interior das tendas.

Deixamos os refugiados na escuridão. Eu podia ouvir choros e gemidos enquanto nos afastávamos. Miséria, medo, dor e desespero tinham o mesmo som em qualquer idioma, e eram ainda mais pavorosos no escuro.

Tudo recomeçou na noite seguinte.

Um intenso gemido de dor, gutural e exausto, escapou dos lábios da mulher. Afastando a franja úmida de seu rosto, olhei para meus companheiros. Três pares de olhos preocupados refletiam a luz da lâmpada de minerador presa em minha cabeça. Um único arco de luz se projetava a partir de um ponto a 6 metros de onde estávamos, iluminando a noite e a fila de ônibus que se estendia diante de nós.

— *Oui* — Jean Paul me disse. — *Le temps pour pousser* — acrescentou. Era hora de a mulher, recém-retirada do ônibus, começar a fazer força.

— Tudo bem — eu disse, olhando para o rosto da criatura que agarrava a barra da minha camiseta com desespero. Suas costas estavam apoiadas na roda do ônibus, e a pélvis repousava sobre um tapete esterilizado que os bombeiros haviam colocado sobre minha jaqueta impermeável, isolando-a do chão sujo. Fitando os olhos angustiados, falei, num albanês entrecortado, que ela devia fazer força. Tentei em bósnio, também: *Guranje*. E acrescentei alguns sons para me tornar mais clara. Passando meu braço direito em torno dela, imitei uma grande inspiração e a força do trabalho de parto. Felizmente, ela se deixou dominar pelo instinto.

Os bombeiros cuidavam do parto, mas dei uma olhada depois de duas contrações e vi que a cabeça do bebê começava a coroar.

— *Attendez une seconde* — Jean Paul orientou firme; ele queria evitar rompimentos durante a passagem da cabeça, por isso precisava desacelerar o processo.

— *Poor marlo* — eu disse a ela em péssimo bósnio. Devagar, esperar. E respirei superficialmente na esperança que ela me imitasse.

Jean Paul assentiu, indicando que era hora de retomar o esforço para a expulsão do bebê, e a incentivamos numa espécie de coro multinacional a fazer força. Com um grito pavoroso, a mulher concentrou toda sua força e empurrou o bebê para as mãos preparadas de Jean Paul.

— *C'est un garçon!* — (É um menino!) Jean Paul sorria com lágrimas nos olhos. Ele exibiu o mais novo membro da raça humana para a mãe, e a pequenina criatura emitiu o primeiro som de protesto e indignação.

Não havia ali um cobertor aquecido e esterilizado para envolver o bebê, nem roupinhas delicadas, nem toalhas macias, só uma almofada esterilizada na qual ele foi colocado enquanto os bombeiros cortavam o cordão umbilical e desobstruíam as vias aéreas. Assim que concluíram o trabalho, tirei minha camiseta da Care, virei-a do avesso por medida de higiene e a entreguei a Jean Paul para que envolvesse a criança, agradecendo à sorte por ter pensado em vestir um top de ginástica prático e confortável por baixo da roupa. O bebê foi posto nos braços da mãe, e a ajudei a abrir a frente do vestido para dar o seio ao filho pela primeira vez. Lágrimas se formaram em meus olhos e corriam livres por meu rosto. Àquela altura, alguém havia providenciado uma maca, e mãe e filho foram transferidos para o caminhão dos bombeiros em que seriam levados para o hospital francês para que a placenta fosse removida e ambos passassem pelos exames necessários. Subi no pneu do caminhão, me pendurando na lateral para beijar delicadamente o rosto daquela mulher.

Fiquei ali parada, vendo os faróis iluminarem a encosta que o caminhão subia devagar. Limpei a jaqueta na grama da melhor maneira possível e a vesti sobre o top. Ainda havia algumas centenas de refugiados aguardando e meu trabalho era ajudá-los e abrigá-los ainda naquela noite.

Cerca de duas horas antes do amanhecer sentei-me no saco de dormir no chão do contêiner que servia de dormitório, me deitando com um suspiro aliviado que poderia ter sido emitido em uma das camas de plumas de ganso do Plaza Hotel. Ajeitei a mochila de forma a improvisar um travesseiro e, ainda totalmente vestida, estendi a mão para me certificar de que as botas estavam perto de mim, e então fechei os olhos. Sabia que meus colegas também estavam deitados à minha volta, e muitos deles roncavam. Três de nós estávamos ombro a ombro, e outro companheiro se apoiara em uma fileira de caixas sob a janela. Com um gemido sufocado esperei poder controlar minha bexiga por mais duas horas e mergulhei imediatamente num sono exausto e profundo. Haviam sido longas 72 horas de atividade.

De repente acordei, graças à combinação de um galo cantando ao longe e a explosão de gases humanos emitidos num espaço confinado. Com o braço sobre a boca e o nariz, abri um olho e arrisquei um palpite sobre qual dos meus colegas havia nos brindado com um presente tão íntimo.

Via de regra, os trabalhadores da ajuda humanitária precisam não se importar com questões de gênero. Esse era o problema de ser constantemente a única mulher em uma missão como essa; era necessário ser um dos "caras" e não ser vista ou tratada como mulher. A julgar pelo que acabara de ouvir, aparentemente conseguira entrar para a turma, embora me negasse a competir nesse campo. Eu ri quando os outros começaram a acordar. E pensar que dez dias antes eu havia jantado em elegantes restaurantes de Londres com celebridades de todas as áreas! É surpreendente a velocidade com que se pode acostumar com o ruído de mísseis, helicópteros e fossas cavadas no chão!

— *Bonjour, Jacqueline.* — O cumprimento soou exuberante, e levantei a cabeça molhada do balde com água onde fazia minha higiene matinal atrás do contêiner reformado. — Você precisa ir ao hospital — Jean Paul informou quando chegou da estrutura inflável. — É um costume albanês. A nova *maman* quer que você dê um nome ao bebê. — Ele saiu com um sorriso largo e um aceno cheio de energia.

E foi assim que um pequeno bebê kosovar recebeu o nome de Baharuddin, uma homenagem a meu filho desaparecido, Iddin. Felizmente, o nome era apropriado para uma criança muçulmana e nem tão incomum em sua cultura.

Segurando a preciosa criatura, sussurrei o nome junto da minúscula orelha e o abençoei com todo o amor que havia em minha alma. A mãe estava deitada na cama de campanha sorrindo, e eu via em minha mente uma espécie de colagem de imagens, o rosto do bebê e o de meu Iddin se misturando.

— Fique em segurança, pequenino, e cresça seguro e forte ao lado de sua mamãe; seja um homem bom e generoso — murmurei para o pequeno Baharuddin, sorrindo ao ver os olhinhos piscando e o rosto me estudando com uma concentração quase solene.

Despedindo-me então com um abraço e um último beijo, eu me retirei rapidamente, temendo que as lágrimas de alegria pudessem se tornar lágrimas de pesar.

Capítulo 20

A verdade sobre sexo em situações de crise

Os voluntários são divertidos, muitos deles carregando algum tipo de culpa ou problema que os faz querer ser melhores. Nos sentimos compelidos a pôr a mão na massa em áreas dominadas pela morte, pelas doenças e pelo sofrimento.

Certamente, os trabalhadores da ajuda humanitária têm um compromisso inabalável com um mundo melhor e com a resolução do sofrimento humano, mas eles são mais santos, mais nobres que as pessoas comuns que passam pela rua? De jeito nenhum.

Trabalhár com ajuda humanitária remove todos os mecanismos de defesa do caráter de uma pessoa, deixando-a nua e exposta. As fraquezas humanas são desmascaradas, porém, mais importante, uma tremenda força e profundidade de caráter vêm à tona. É possível saber em 72 horas exatamente quem é o outro indivíduo que está trabalhando com você em uma situação crítica. Esse é o tempo necessário para que o eu verdadeiro apareça. Sem dúvida, sei que os amigos prestativos e bem próximos que adquiri durante minhas missões de ajuda são os indivíduos mais confiáveis que já conheci. Os melhores conseguem olhar para o problema e ver uma solução em pouco tempo. Hesitação não faz parte de seu dicionário, embora cautela seja uma palavra sempre presente. Nos melhores desses indivíduos, cautela se associa à determinação inabalável. Eu não hesitaria em confiar minha vida a essas pessoas, como realmente fiz várias vezes.

A dificuldade para muitos deles está em retomar a vida comum depois de uma missão. Depois de retornar à Bélgica ou à Austrália, durante semanas me senti fisicamente abalada diante da comida exposta nas prateleiras dos supermercados, e tinha de me esforçar para sufocar a fúria quando testemunhava a estupidez de uma discussão de trânsito ou a ganância inconsciente. Sentia intensamente a distância e o isolamento quando voltava de uma missão, minha experiência se intensificava por também incluir a saudade e o anseio pelo retorno de Iddin e Shahirah.

Comparando minhas impressões com as de outros voluntários sobre os jantares "civilizados" para os quais eles haviam sido convidados, acabamos concluindo que todos tínhamos histórias semelhantes.

"Conte como realmente é" é o discurso padrão. Incentivado em jantares de amigos e conhecidos a descrever o Sudão, a Bósnia, o Timor Leste, o Iraque, o Afeganistão ou Nova Orleans, um recém-chegado de uma missão tem três caminhos a seguir:

O primeiro, normalmente escolhido por veteranos experientes nessas situações de emergência, é proporcionar uma vinheta altamente censurada com um desfecho emocionante envolvendo algum caso de mãe e filho e água potável e medicamentos. Depois, basta assentir e encolher os ombros quando alguém diz que você é maravilhoso por fazer tudo isso, porque muitas pessoas não teriam a mesma força e coragem, e mudar de assunto rapidamente.

A segunda opção é dizer a verdade sem censura, descrever torturas e estupros, falar de feridas infeccionadas e fome. Depois, por segurança, relatar como é a sensação de ver uma criança morrer de sarampo em seus braços, ou como é a experiência de ver os olhos de uma criança revirarem nas órbitas pouco antes de ela desmaiar de fome. Você pode tentar descrever como as palavras são inadequadas para uma mulher que perdeu tudo, e as pessoas vão começar a se mexer nas cadeiras. Surge em seus olhos uma expressão meio vidrada, eles deixam de ouvir, e um silêncio pesado cai sobre a mesa. Então alguém vai tentar fazer um elogio e, em seguida, vai oferecer mais uma garrafa de vinho para aliviar a tensão. E durante todo o tempo o voluntário fica ali sentado com um sorriso fixo, sustentando os olhares vidrados, percebendo que ninguém quer realmente ouvir como a experiência é de verdade.

Seguindo a sugestão de uma enfermeira da Cruz Vermelha Internacional, proponho agora a terceira opção. Ela mente rotineiramente sobre a profissão a qualquer conhecido casual, tornando-se repentinamente uma secretária ou uma dentista, porque fica furiosa com os comentários absurdos e os olhares apavorados quando conta o que realmente faz.

Sei que essas observações são polêmicas, mas a honestidade não se desvia de nenhuma maneira da dedicação genuína e apaixonada das pessoas que trabalham em situações críticas em todo o mundo.

A mente e a alma humana têm seus limites, e às vezes é necessário um curto-circuito para impedir o esgotamento provocado por um trauma severo e pela constante observação da maldade praticada pelo homem contra o homem, ou da indecifrável crueldade da Mãe Natureza.

Em zonas críticas às vezes acontecem, associações silenciosas e pouco notáveis. Cada semana, equipes de diferentes organizações podem se reunir para relaxar e extravasar a tensão. Essas ocasiões não exigem roupa especial nem prometem glamour, música e luzes; em vez disso, uma preciosa garrafa de Baileys pode ser dividida em pequeninas canecas do lado de fora de uma tenda, uma lanchonete pode testemunhar a reunião de 15 ou mais trabalhadores da ajuda para uma refeição ou um drinque, ou festas discretas podem ser organizadas, contando com a presença de alguns poucos militares que oferecem o apoio logístico direto. Essas reuniões não são o prelúdio de uma orgia ou coisa parecida, e quaisquer relacionamentos que se formem são bem diferentes dos casais bêbados que se agarram pelos cantos em festas barulhentas de qualquer lugar do mundo. As interações que observei discretamente nessas ocasiões sempre começam com uma conversa quieta e intensa longe do grupo principal, normalmente sobre questões relacionadas ao trabalho, frustrações com respostas da chefia ou do comando central, e exaustão.

Em algum momento dessa conversa, a dinâmica muda um pouco, e de repente o par se sente seguro e livre das tolices da vida cotidiana que causam constrangimentos e inibições. Duas criaturas estranhamente desprovidas de gênero em busca de respeito, sem vaidades ou jogos.

Quem melhor para compreender o sofrimento humano e as barbaridades que você já testemunhou e teve de suportar naquele dia senão um colega da ajuda? Em que outro lugar você poderia encontrar alguém que fosse capaz de ver o humor negro de uma situação de total devastação? De que outra maneira obliterar aquelas imagens e a lembrança dos sons que outros seres humanos produzem quando mergulham no abismo sangrento da própria tragédia?

Rob e eu nos conhecemos em um coquetel das Nações Unidas em homenagem a uma celebridade em visita à Macedônia. Tivemos a duvidosa honra de comparecer como representantes de nossas respectivas agências e estávamos ambos bem conscientes da política envolvida na situação. Aquela também era uma oportunidade fascinante de ver como o lado cintilante da ajuda internacional se portava em uma zona de conflito quando um VIP chegava à cidade; a discordância das apresentações e da etiqueta das celebridades. Em parte, eu detestava aquele tipo de evento; entendia que eram necessários ao meu trabalho, mas, no íntimo, me revoltava saber que as pessoas da área em que eu atuava não me reconheceriam estando bem vestida e bebendo vinho gelado a apenas poucos quilômetros do local onde eles tentavam sobreviver, embora devastados.

Aquela era a terceira noite de gala a que eu era obrigada a comparecer em poucos dias, todas em homenagem à mesma celebridade. Depois de ter acordado às 5h da manhã e trabalhado o dia todo no calor sufocante de um campo de refugiados, percorrendo as trilhas poeirentas em temperaturas superiores a 40 graus, me vi coberta de lama e suor vinte minutos antes da hora marcada para o início da recepção. Só tive tempo de arrancar as botas imundas, a camiseta da Care e a calça cargo, tomar uma ducha no banheiro da minha suíte no hotel da cidade, o Roza Diplomatik, e pôr o único vestido que havia pensado em trazer na mochila para acompanhar as sandálias Gucci de salto fino. No banco traseiro do táxi que me levou ao centro de Skopje aproveitei para passar batom, delineador e rímel, soltei o cabelo da trança que mantinha constantemente e entrei no edifício munido de um poderoso sistema de ar-condicionado. A última coisa que eu queria naquela noite era me envolver em conversas triviais. Havia sido uma tarde incrivelmente difícil durante a qual eu não medira esforços para transportar uma mulher idosa para as latrinas do outro lado do campo sem o auxílio de uma cadeira de rodas. Para piorar a situação, fui informada de que devia conversar com alguém no outro campo, o Stenkovec I, sobre a situação daquela mulher, mas ninguém sabia me informar o número de seu celular ou a frequência do rádio.

Percebendo que havia sido a última a chegar, e tendo a má sorte de entrar bem no meio do que prometia ser um discurso longo e tedioso, varri a sala em busca de um rosto familiar. Ninguém, exceto o diretor nacional da ONU e a celebridade homenageada. Resignando-me com o que certamente seria uma noite desanimadora e cheia de obrigações, notei um homem muito alto e calvo do outro lado da sala, alguém que parecia estar se divertindo tanto quanto eu. Vestido numa camisa polo azul e jeans, por volta dos 35, ele se apoiava contra um pilar e olhava ao redor em intervalos regulares. Acabamos fazendo contato visual e trocando sorrisos hesitantes.

Mais tarde, misericordiosamente libertados do papel de ouvintes, nos encontramos em um grupo que discutia os últimos problemas de saneamento em nossos respectivos campos de refugiados. Comecei a relatar minhas dificuldades com a idosa naquela tarde, acrescentando minha impressão pessoal sobre o incomunicável colega que deveria me ajudar no outro campo. Parei de falar quando percebi que Rob estava rindo.

— Acha que isso é engraçado? — me irritei.

— Não. É que sou o cretino que você não conseguiu encontrar e acabou de censurar.

Não tive alternativa senão me desculpar, verdadeiramente constrangida, mas ele parecia se divertir com a situação.

Depois de um tempo, olhei em volta e notei que a sala se esvaziava rapidamente. Meus pés doíam e meu estômago roncava. Alto, um desses roncos evidentemente chegou aos ouvidos de Rob porque ele perguntou se eu não queria comer algo. Aceitei sem hesitar, grata pelo convite, e saímos juntos do edifício. Rob dirigia um carro com tração nas quatro rodas, o transporte típico do pessoal das organizações de ajuda.

Minutos depois, chegamos a um café bastante conhecido pelas saladas frescas e pelos pratos com carne assada. Enquanto jantávamos, conversamos sobre as condições nos campos e o estado de nossos refugiados. A refeição era saborosa e a conversa, agradável e fluente, e usamos os atalhos peculiares aos trabalhadores das agências de ajuda para nos mantermos longe dos detalhes mais desagradáveis — nosso estado emocional, a revolta e o inevitável desespero que muitos de nós mantínhamos sufocados com grande esforço.

Ainda não havia escurecido completamente quando chegamos ao hotel em que eu estava hospedada. Decidimos tomar um drinque no pátio aberto no fundo do edifício, onde continuamos conversando por mais algum tempo, até fecharem a cozinha. Então, continuamos a conversa em meu quarto. A noite havia caído. Não foi amor à primeira vista nem atração imediata. Não houve desejo incontrolável ou arrepios. Foi apenas o que foi: conforto e fuga de um mundo tumultuado, dominado pela guerra e por suas trágicas consequências para a vida humana. Uma noite de folga. Nada de planos de cavalgar juntos em direção poente, nada de complicações, nada de romance ou expectativas. E quando acabou, quando rimos juntos com os corpos suados e saciados, demos o primeiro passo na direção da amizade e da vontade de nos conhecermos melhor. Na minha opinião, aquele era um campo minado. Não queria ter de explicar meu passado e contar detalhes da minha história.

— Que número tem essa guerra na sua lista de participações? — perguntei.

— Hmmm... Vejamos... Bósnia, Somália, Irlanda do Norte, alguns lugares que não posso mencionar e aqui. E você?

Apoiando-me sobre um cotovelo e puxando o lençol contra o peito, fiz rapidamente minha relação.

— Bósnia pós-guerra, Ruanda e aqui, na Macedônia. Antes disso, Oriente e África do Sul.

Notei que Rob olhava de soslaio para o meu crachá de identificação da Care e minha identificação funcional, ambos sobre o criado-mudo.

— Jack... o que significa esse nome alternativo na identidade oficial? — ele perguntou. — Sei que é embaixadora especial da Care, mas toda aquela conversa esta noite não foi sobre o trabalho que faz no campo. O título de embaixadora, e agora isso... — Ele moveu a cabeça na direção do crachá. — Não combina com alguém que põe as mãos na massa, meu bem.

Eu me senti na defensiva e exposta, como acontecia sempre que tinha de falar sobre meu passado e a realidade de minha vida e suas complicações. Como resumir uma história para um amante que mal se conhece, e que não tem a menor ideia do que já aconteceu em seu passado? Seria adequado me levantar da cama, me enrolar no lençol e declarar: "Já fui princesa, e não há muitos empregos por aí para as destronadas"? Ou seria melhor rasgar de uma vez a embalagem de minha fachada construída com tanto empenho e deixar transbordar minha alma, revelando que me casara ainda adolescente com o príncipe de uma família real islâmica e que, muitos anos após a dissolução do casamento, meu ex-marido, o príncipe, sequestrara meus dois filhos num acesso de fúria, vingança e fervor religioso? De uma forma ou de outra, qualquer que fosse a escolha, eu acabaria com minha compostura emocional dilacerada e meus mecanismos de defesa em frangalhos.

Debruçando-me sobre a beirada da cama, me preparei mentalmente enquanto escolhia uma camiseta bem larga e folgada na pilha ao lado da mochila e a vestia sem pressa. Rob estava apoiado na cabeceira da cama com as mãos cruzadas atrás da cabeça, e eu o encarei e comecei a falar:

— Melhor saber por mim do que pelos boatos que certamente vão começar a percorrer pela rede da equipe nos campos.

Sentei-me confortavelmente com as pernas cruzadas à maneira indígena e continuei falando com os braços cruzados sobre o peito numa postura defensiva:

— No dia 9 de julho de 1992 meus dois filhos, Iddin e Shah, foram sequestrados, e não os vejo nem falo com eles desde então. Seis anos, dez meses e alguns dias. — Antes que Rob pudesse começar a fazer perguntas, prossegui resumindo tudo que havia acontecido e tudo que eu havia perdido. Falava depressa e sabia que, àquela altura, era como estar em um campo de batalha, avançando em velocidade máxima e sem parar para respirar ou permitir interrupções.

— Desde o dia em que foram sequestrados por meu ex-marido, cuja versão abreviada do nome é Bahrin, não pude mais ver nem falar com Shah e Iddin. Nunca mais tive notícias. A questão esteve em todas as manchetes internacionais da época e tem voltado à mídia constantemente desde então. Toda essa batalha tem sido muito feia, e fiquei dilacerada com isso. Ainda me sinto assim, para ser honesta. Na verdade, acho que esse é o motivo de eu estar aqui, ou, pelo menos, um dos motivos.

Escrevi um livro sobre o que aconteceu, que acabou de ser publicado em Londres, por isso sincronizei as datas. Vim para cá logo depois da turnê de divulgação e de uma conferência internacional. — Parei para respirar fundo, olhei para Rob para estudar sua reação, e concluí:

— A Care me indicou como embaixadora especial, mas insisti em alguns critérios específicos que foram aceitos pela organização. É isso. Minha história de vida.

Rob suspirou ruidosamente e abriu a boca por alguns segundos antes de falar.

— Bem, é espantoso... Tudo isso faz as histórias que ouvi nessas minhas viagens parecerem passeios no parque. Bem, agora é minha vez. Sou ex-SAS, passei muito tempo na Bósnia antes de deixar o regimento, o que fiz por me sentir um pouco saturado, cansado de estar sempre do lado armado do muro, e agora estou aqui, envolvido em uma missão numa zona de guerra e ligado a uma ONG. Meu pessoal está aqui com um mínimo de recursos financeiros para ajudar os refugiados ainda menos favorecidos, como os incapacitados física ou mentalmente, e os idosos. Talvez por isso tenham mencionado meu nome quando você precisou de uma cadeira de rodas para a idosa no seu campo. Tenho fundos para isso, e no Stenk isolamos uma área para lidar com os portadores de necessidades especiais, pessoas em risco e sem familiares que possam se encarregar dos cuidados necessários. E... qual é, exatamente, a extensão de sua fama em Londres? — ele perguntou coçando a cabeça calva.

— De um tamanho suficiente para me render entrevistas no *Times*, na NBC americana e em outros veículos pelo mundo.

— Ah, que ótimo... Escute, não sou casado, nem tenho nenhum outro compromisso. Sou solteiro. Nada com que se preocupar nesse sentido. Mas... Bem, odeio os jornais e essa imprensa especializada em celebridades. Posso até imaginar as manchetes: "A Princesa e o Paramilitar."

Eu ri. O que mais podia fazer? Ele estava certo. Num dia sem grandes eventos, a mídia faria uma festa com uma notícia como essa. E um escândalo dessa natureza desviaria o foco do trabalho que a Care realizava na Macedônia e nos Bálcãs. O risco de uma manchete anunciando alguma coisa que ainda não podia nem ser chamada de grande amizade, muito menos de romance, era desnecessário. Além do mais, francamente, isso consumiria uma energia que eu não tinha para desperdiçar.

— Ei, fiz um ótimo amigo e um grande colega — eu disse ao apagar a luz. — Boa noite.

— Para você também, Jack.

Nós nos víamos no trabalho, porque ele estava sempre em trânsito entre o campo dele e o meu. Às vezes, eu pegava uma carona para a cidade ou trabalhava com ele, e ocasionalmente comíamos juntos. Sexo e dormir na mesma cama eram apenas extensões das conversas profundas que tínhamos. Na desolação daquele lugar, a ternura era um fator de grande peso na nossa amizade. Tínhamos de ser firmes, estávamos sempre muito focados no nosso trabalho, e o alívio físico e emocional nos momentos em que estávamos juntos acaba sempre provocando lágrimas nas mais estranhas circunstâncias.

Protegíamos nossa amizade com unhas e dentes, mantendo-a em segredo e agindo casualmente quando estávamos com outras pessoas. E também nos resguardávamos da mídia.

Com o passar das semanas, comecei a amar Rob como um amigo com quem eu fazia sexo de vez em quando, ou quase sempre, alguém com quem eu chorava e dormia sem que houvesse necessariamente contato sexual. Nosso relacionamento era de confiança e respeito, algo como estar emocionalmente nu e ser sempre absolutamente franco em uma situação muito solitária. Mesmo agora, de uma distância de milhares de quilômetros, estamos sempre conversando por e-mail e dividimos a alegria de nossos casamentos, a felicidade dos filhos e tudo que nos acontece na vida diária. É como diz a canção: "mas acima de tudo, quando a neve cai, quero seu bem."

O flerte em troca de comida era uma história completamente diferente, e todos os envolvidos acabavam tratando a situação sempre com uma boa dose de humor.

Certa vez, quando a noite se aproximava, não havia ainda nenhum sinal do carro que trazia nosso almoço da cidade. Geralmente comíamos pão, queijo, frutas e salame. Nossos estômagos roncavam, e ficaríamos de plantão até tarde da noite. Perto dali o depósito estava abarrotado de ração, mas ninguém sequer cogitava a possibilidade de tocar nos alimentos que seriam distribuídos aos refugiados. Decidimos comer o chocolate derretido que um doador havia nos enviado de Londres, e bebemos água para enganar a sede.

À nossa volta as fogueiras eram acesas para o preparo da comida, e do acampamento francês vinham o som de riso e um aroma tentador.

Abri a mochila para pegar os dois pacotes de sopa missô desidratada que sempre carregava comigo por medida de precaução. Brandindo as embalagens diante dos outros quatro integrantes da equipe da Care, anunciei que tinha uma ideia.

Soltei o cabelo da longa trança, passei batom e anunciei que estava a caminho da cozinha do acampamento francês, disposta a implorar e subornar, se fosse preciso.

— É isso aí, Jack — incentivou-me um colega chamado Michael.

Além do hospital inflável, os franceses haviam levado uma cozinha totalmente equipada para o preparo das refeições de todo o contingente. Com um forno e um fogão de aço, despensa, adega de vinhos, talheres e pratos, aquilo era diferente de tudo que eu já havia visto no mundo do socorro humanitário. A tenda possuía uma longa mesa de jantar que podia acomodar trinta pessoas, e havia um freezer e um refrigerador no espaço anexo. Só os franceses pensariam em levar os confortos da boa comida e do vinho para uma zona de guerra!

Ajeitando o cabelo antes de passar pela cerca, entrei no acampamento fingindo ignorar os assobios debochados e respondendo aos cumprimentos. Pegando o touro pelos chifres, abordei o capitão e fiz meu pedido sem rodeios. Eles poderiam nos dar alguns ovos? Eu batia as pestanas exageradamente e assassinava a língua francesa.

— *Certainment* — respondeu o sorridente capitão, me convidando a ficar para comer com o contingente francês e tomar uma taça de *vin rouge*. Eu seria a rosa entre os espinhos! Todos riram. Eu tentava desviar os olhos dos peitos nus dos bombeiros que saíam do corredor dos chuveiros.

Agradeci emocionada, mas recusei o convite, alegando que meus colegas da Care estavam com fome, e eu teria de dividir a comida com eles.

O capitão me deu três ovos para acrescentar à mistura de sopa, e depois convidou toda a equipe da Care para retornar na noite seguinte e saborear uma refeição de verdade e uma boa taça de vinho. Rindo, agradeci pelo convite e me retirei.

Quando nos sentamos para tomar a sopa e comer o pão, meus colegas tiveram de concordar que o truque havia sido muito inteligente. Acocorados à luz de uma única vela enquanto a noite caía, devíamos ser uma imagem cômica: todos estávamos inclinados tentando ouvir a música que brotava dos fones de ouvido ligados em um *discman* equilibrado sobre uma garrafa vazia. Pequenos luxos adquirem grande significado no meio do nada.

❃

Mais uma vez, o temido momento chegara. Eu teria de usar a latrina. Havia aprendido a dar grande valor ao banheiro do meu quarto de hotel, e aquele era um momento de grande estresse para mim. As instalações eram tão fétidas que eu segurava a urina por muito mais tempo do que era saudável para minha bexiga.

Quando me aproximava do prédio, abri o cinto e retirei do bolso um frasco de aromatizante, que borrifei no ar e em mim mesma. Respirando profundamente antes de abrir a tranca e entrar no cubículo, tentei não olhar para baixo e consegui prender a respiração durante todo o procedimento.

Quando saí do cubículo, com os pulmões quase explodindo, ouvi alguém gritar meu nome. Um colega da Care se aproximava acompanhado por um mensageiro que carregava um imenso buquê de cravos. Outro momento surreal! Eu já havia vivido outro momento insólito naquele mesmo dia quando Paula, totalmente alterada e incoerente, conseguira me encontrar pelo celular.

O mensageiro me entregou o buquê, curvou-se e desapareceu em um carro do governo. Aquele era o segundo ramalhete que eu recebia em uma semana, e no meio de um campo de refugiados!

Com as flores, havia uma nota de admiração assinada por Toni Popovski, o ministro do Ambiente e do Planejamento Urbano da Macedônia. Aquilo estava indo longe demais. Ele já havia aparecido sem se anunciar para uma inspeção no campo, mas pelo menos a visita me dera a chance de pedir mais água e uma extensão do campo Cegrane para a floresta próxima.

Já começava a desconfiar de que o ministro estava me observando e vigiando meus movimentos. Certa noite, quando eu me preparava para entrar no banho no hotel, a recepcionista ligou anunciando que o ministro estava no saguão e queria me ver. Encontrei-o no pátio e passei uma estranha meia hora em sua companhia, bebendo licor local, *slivovitz*, antes de me desculpar e sair, alegando cansaço.

Em outra ocasião, quando comia com alguns colegas em um restaurante, ele apareceu do nada repentinamente e me convidou para ir conhecer as partes mais antigas da cidade. Recusei prontamente o convite, e o ministro se sentou em uma mesa próxima para escrever um bilhete amoroso que fez chegar a mim pelo garçom.

Manter boas relações com um governo anfitrião era uma coisa, ser assediada por um ministro de Estado era outra! Acabei telefonando para Anthony Robbins, meu brilhante e prestativo conselheiro no escritório da Care em Londres, e pedi instruções. Tudo que posso dizer é que aquela conversa com Anthony me fez ter histéricos ataques de riso e não me ajudou em nada! É claro que o ministro Popovski havia sido de grande utilidade e, por intermédio dele, eu, como embaixadora especial da Care, fora apresentada ao primeiro-ministro e ao presidente da Macedônia, mas aquela era uma situação delicada da qual eu queria sair o mais depressa possível, e de maneira elegante.

Agora, com as flores nas mãos, respirei fundo e decidi tirar proveito da situação. Levando todas as garrafas vazias que consegui encontrar, fui ao hospital no topo da colina e dividi os cravos (que nem eram meus favoritos, para ser bem franca) em pequenos arranjos para as pacientes femininas. Os médicos franceses me olharam como se eu houvesse perdido a razão, mas argumentei lembrando que todas as mulheres do mundo mereciam ganhar flores quando davam à luz ou sobreviviam a uma cirurgia, especialmente as mulheres que estavam em um campo de refugiados tão longe de casa.

Capítulo 21
Pão, sem circo

 Uma forma menos favorável de atenção masculina pode ser encontrada em qualquer lugar, mas dessa vez ela vinha de um novo integrante da minha organização.

Ele era um desses sujeitos estranhos e totalmente disfuncionais em uma situação de emergência, um inútil, fácil de encontrar em uma zona de guerra, e parecia estar decidido a colocar uma ex-princesa em seu devido lugar.

A primeira gracinha foi garantir que não houvesse um veículo disponível para mim, quando saí tarde da noite de um café onde todo o pessoal da Care se reunira para comer numa cidade próxima da casa que a Care havia alugado para a equipe em Cegrane. Fui obrigada a caminhar sozinha por quase 4 quilômetros de estradas secundárias na área rural da Macedônia tendo apenas uma lanterna de mineiro para iluminar o caminho.

— Bastardo — resmunguei, enquanto caminhava empunhando a faca. Mas o pior ainda estava por vir.

Depois de algumas semanas, durante as quais ele havia criado todas as dificuldades possíveis para minha atuação no campo, eu me vi sozinha com esse homem em uma sala no fundo do escritório em Cegrane, onde eu separava caixas. Quando me levantei, mantendo as costas apoiadas na parede, ele pôs as mãos nos meus ombros e começou a falar.

— Então, se eu tivesse um castelo, você se deitaria comigo? — perguntou, o hálito morno em meu rosto.

— É pouco provável! — respondi.

— Sua vadia arrogante — ele murmurou, tentando tocar meu seio enquanto aproximava a boca da minha.

Felizmente, Rob havia me ensinado alguns movimentos de defesa pessoal no início daquela semana, e posso afirmar com total confiança que causei ao meu desagradável colega um elevado grau de desconforto. Duvido que ele tenha tentado assediar alguma outra mulher nos dias seguintes, ou que tenha pensado em "sexo de emergência". Nem todos os trabalhadores da ajuda são santos, e de vez em quando aparece um bastardo detestável.

�֍

A visita de celebridades a uma zona de conflito é uma faca de dois gumes. Por um lado, tem o potencial de iluminar e atrair a atenção do mundo para circunstâncias trágicas, promovendo uma resposta financeira imediata. Por outro lado, os trabalhadores alocados em áreas de conflito e desastre sempre consideram a invasão de uma celebridade e da mídia que a segue como um mal necessário que, de acordo com as instruções do escritório central, devem facilitar, e é possível que se ressintam contra a perturbação da afinada rotina do campo.

E essas visitas realmente perturbam. Durante minha estada na Macedônia, um circo de celebridades esteve na cidade: Richard Gere, Bianca Jagger, Hillary Clinton, Vanessa Redgrave, Roger Moore, o ministro das Relações Exteriores da Alemanha, o primeiro-ministro holandês e sua esposa, só para citar alguns, todos em viagens de reconhecimento de fatos, e tenho certeza de que todos estavam verdadeiramente preocupados com o sofrimento humano que observaram.

Mas sempre que uma celebridade faz uma visita-relâmpago a um campo de refugiados, pelo menos três trabalhadores da organização a que a celebridade em questão está afiliada devem abandonar suas atividades de rotina para agir como acompanhantes e guias, respondendo perguntas e ajudando em tudo que for necessário para a movimentação do *entourage* da tal celebridade, fotógrafos e outros acompanhantes. Com a falta crônica de pessoal na maioria dos campos, a interrupção da rotina normal é importante, e muitas tarefas diárias acabam sendo negligenciadas.

Quando Hillary Rodham Clinton visitou o campo Stenkovec I, por exemplo, as entregas de água e pão foram suspensas por um dia, por razões de segurança, e alguns abrigados simplesmente não se alimentaram. Muitos serviços vitais ao funcionamento do campo são interrompidos porque agentes do serviço secreto evacuam e delimitam determinada área, especialmente limpa para a visita. Não é culpa de Hillary se os requerimentos da segurança e da mídia perturbam tanto a rotina do lugar, e certamente sua influência política era importante, mas sempre me perguntei se outras pessoas importantes sabiam o que um dia sem pão podia causar à família de um refugiado, gente com qualidade de vida já tão insatisfatória. Se soubessem, ainda insistiriam em ver de perto as mazelas da humanidade?

Com certeza, os grandes figurões do mundo, os que tomavam as decisões e seguravam as cordas das marionetes no palco, deviam ver pessoalmente o sofrimento alheio e levar com eles aquelas imagens e cheiros da miséria, e deviam usar essas lembranças ao decidir sobre questões de vida ou morte. Mas não creio que seja necessário que atores e atrizes tenham o mesmo acesso ao que é sempre uma excelente oportunidade para fotos gloriosas.

Se a celebridade chegasse sem fanfarra três dias antes do palanque armado pela mídia, e sem publicidade, guarda-costas ou *entourage*, para desembalar remessas de suprimentos, distribuir rações de comida e viver com os trabalhadores da ajuda... Se fossem expostos a 72 horas de realidade antes de enfrentarem uma coletiva de imprensa... Quantos não optariam por mandar dinheiro, em vez de ir pessoalmente?

O campo Cegrane acolhia 57 mil pessoas desabrigadas e emocionalmente devastadas; área de descarga de lixo convertida em campo de refugiados, suas camadas de granito branco se estendiam até a encosta da colina e eram quase que totalmente recobertas pelas tendas, fileiras e fileiras que pareciam intermináveis.

Antes da chegada do primeiro-ministro holandês, sr. Wim Kok, trabalhadores de várias organizações de ajuda se dedicaram à limpeza do campo e tentaram ensinar a todos como se comportar adequadamente. Ver toda aquela gente correndo de um lado para o outro, se preocupando com as manchas na camisa, me deixou incrivelmente revoltada. Os tratamentos médicos foram interrompidos enquanto as latrinas pútridas eram isoladas por cordas das áreas ditas próprias para a inspeção do primeiro-ministro. As latrinas eram sujas demais para sua sensibilidade.

No dia da visita, o grupo oficial de boas-vindas se colocou numa fila bem organizada para cumprimentar o primeiro-ministro, que havia acabado de inspecionar a clínica médica e algumas tendas limpas para a ocasião. Em pé ali como embaixadora especial da Care, eu me sentia patética: uma tempestade repentina no início da manhã começara a inundar rapidamente uma ala de barracas, e eu fora forçada a cavar uma canaleta na terra para servir de escoamento usando apenas as mãos e a tampa de uma lata. Havia lama seca em minhas roupas, apesar de eu ter lavado as mãos da melhor maneira possível.

Quando parou na minha frente na fila, o primeiro-ministro se certificou de que eu era realmente a embaixadora da Care e depois chamou sua esposa, Rita, para juntar-se a nós. Por coincidência, ela havia terminado recentemente de ler meu livro em holandês. Conversamos um pouco sobre o trabalho nos campos e as condições, até que o diabo em mim assumiu o controle.

Olhando fixamente para o sr. Kok, perguntei com ousadia se ele e a esposa não gostariam de conhecer realmente o campo de refugiados.

— É claro que sim — ele respondeu enfático. E, para horror de seu *entourage*, o sr. e a sra. Kok me seguiram pelo campo, passando pelos cordões de isolamento a caminho das latrinas comunitárias alguns metros longe da área delimitada para a mídia.

Na medida em que nos aproximávamos, o cheiro ia se tornando quase insuportável. Expliquei que cada bloco de cinco latrinas atendia às necessidades de quase 2 mil pessoas. Sem mecanismos de descarga, as latrinas eram grandes buracos no chão cercados por tábuas. Não havia chuveiros no campo, revelei ao perplexo casal.

Seguimos em frente, passando por tendas cujas aberturas revelavam seres humanos em suas mais baixas condições. No rosto eles tinham expressões defensivas ou vazias, revoltados ou humilhados pelo estado a que haviam sido reduzidos. As tendas eram projetadas para acomodar até seis pessoas, mas cada uma abrigava até vinte criaturas desesperadas.

A sra. Kok parou e olhou para mim.

— Sabe, depois da guerra, quando eu era criança, fui uma refugiada — ela confessou com lágrimas nos olhos. — Como podemos ajudar? Do que precisam aqui?

— Bem, precisamos desesperadamente de colchões e dos fundos prometidos pelo governo holandês — respondi. — Não em um mês, mas agora. O granito do piso é duro demais para os enfermos e os pequenos.

— Wim — ela disse ao marido —, isso tem de ser feito.

O primeiro-ministro me olhou nos olhos e segurou minha mão.

— Prometo que vou ver o que podemos fazer rapidamente — ele disse.

A *entourage* nos alcançou.

Várias pessoas da UNHCR olhavam para mim com ar de reprovação, mas ninguém ousou pronunciar uma só palavra de censura. Esse foi um daqueles momentos em que ser uma ex-princesa serviu para alguma coisa, e os limites da etiqueta foram ultrapassados por uma boa causa.

Vinte e quatro horas depois o dinheiro da Holanda estava no banco, e os colchões de espuma chegaram 48 horas após essa conversa.

Quando dirigia pelo Stenk II o velho utilitário azul que usávamos para transportar refugiados e suprimentos pelo campo, eu parava sempre que tinha alguns minutos para mim. Era a hora do recreio.

Nas semanas anteriores, as crianças e os pais se acostumaram a me ver pulando do caminhão e começando uma brincadeira no espaço mais próximo. Sempre que eu estava dirigindo para cumprir uma tarefa, as crianças corriam ao lado do caminhão e me pediam para parar e brincar. Elas já me conheciam: "Canguru, canguru", gritavam animadas, formando uma longa fila de conga atrás de mim enquanto eu cantava: "Pula a moita, canguru" com toda a força dos meus pulmões. Havia outras músicas, mas sempre terminávamos com minha versão ensurdecedora do canto do pássaro australiano maluco, para delícia dos adultos que nos observavam. Eu não me incomodava se aquilo tudo era bobo ou ridículo; as crianças adoravam brincar, e eu adorava vê-las rir.

Sorrisos e risadas eram raridades na vida daquelas crianças. Elas precisavam se divertir, eu não precisava da minha dignidade. E cada vez que fazia um rostinho solene se abrir num sorriso, eu abençoava meus filhos e esperava que alguém os fizesse sorrir em seu cativeiro. Via Iddin e Shahirah refletidos em cada pequeno rosto que me olhava para mim, e sentia mais saudades deles que nunca. Naquele momento, as crianças do campo eram a única maneira que eu tinha de estar com meus filhos.

Certa manhã, o renomado fotógrafo inglês Tom Stoddart chegou ao nosso campo perguntando se poderia fotografar a rotina diária. Embora fosse parte de meu trabalho acompanhar a mídia pelo Stenk II, eu já estava farta de filmagens não agendadas invadindo a área e nos atrapalhando, sempre com pouco ou nenhum respeito pela tragédia humana que as cercava. Prevenida, observei atentamente enquanto ele seguia os trabalhadores pelo campo, registrando a realização de tarefas. Fiquei surpresa quando o vi pedir permissão a um determinado homem antes de fotografá-lo. Era uma mudança agradável depois de tantas pessoas terem estado no campo reunindo imagens e informações e partido como se houvessem observado animais no zoológico. Tom, porém, conversava com todos, se abaixando na terra e dando um pouco de dignidade às pessoas que viviam naquelas circunstâncias tão indignas. Aquele era um homem merecedor de confiança e admiração.

Tom e eu dividíamos o transporte quando íamos para o mesmo lugar. Ele parecia evitar o grupo majoritário da imprensa voraz, movimentando-se sozinho e tentando capturar o espírito humano dos indivíduos. A foto que aparece na quarta capa deste livro foi feita por Tom. Sem um fotojornalismo de qualidade e respeito pelos indivíduos, muitos momentos de injustiça social, violência e necessidade ficariam sem registro e o mundo permaneceria na ignorância. Uma das fotos de Tom, na minha opinião, valia mais do que cem visitas de celebridades.

Kushtrim, um menino magro de 12 anos, era nosso mais jovem voluntário kosovar. Pensativo e educado, ele havia levado a avó para Stenkovec II num carrinho de mão, empurrando-a pelo terreno difícil até chegar a nós.

Eles eram os únicos sobreviventes de um brutal ataque homicida contra toda a família e foram forçados a se esconder sob os corpos sem vida por dois dias antes de fugirem para a Macedônia. Se um adolescente tinha uma razão justificável para se tornar introspectivo e deprimido, esse indivíduo era Kushtrim. Em vez disso, ele havia decidido ser meu protetor e passara a me seguir pelo campo enquanto eu trabalhava.

Alguém havia reportado um casal "enlouquecido" e algumas crianças "ferozes" no setor F, e fui enviada até lá para investigar. Acompanhada por Kushtrim, encontrei um homem em estado catatônico deitado em uma poça de urina, e sua esposa, provavelmente esquizofrênica, defecando na tenda que eles dividiam com outras pessoas. A filha de 3 anos estava imunda e faminta e implorava por comida aos outros refugiados. A mulher nem parecia notar o bebê que, deitado ao lado do pai, mal respirava. Outros refugiados relataram que a mãe não amamentava o bebê havia pelo menos três dias. De acordo com algumas pessoas que os conheciam, o casal tinha uma banca de jornal em Prístina. Na chegada ao campo, haviam passado pela inspeção inicial sem problemas, mas agora tinham de viver sem os remédios que controlavam sua saúde mental.

Tive de tomar uma decisão rápida. Levando o bebê gravemente fragilizado, corri para o caminhão e deixei a criança nos braços de Kushtrim para dirigir até o hospital francês, mas já era tarde demais. O lugar já havia sido desmontado para a partida prevista anteriormente. Dirigi o veículo para a clínica ao pé da colina, e estava na metade do caminho quando, pálido e assustado, Kushtrim me disse que o bebê não estava respirando. Parei o caminhão e comecei a aplicar as técnicas de ressuscitação no banco do veículo, sempre com a ajuda de Kushtrim. Felizmente, o pequenino voltou a respirar, e seguimos para a clínica. Lá, um médico do Corpo Médico Internacional com base na Califórnia preparou uma solução intravenosa, enquanto eu oferecia à criança uma mamadeira com hidratação pediátrica. Kushtrim continuava comigo. Naquelas circunstâncias, o médico disse que só poderia manter o bebê na clínica durante a noite, como um favor pessoal para mim. Na manhã seguinte a criança teria de voltar para os pais. Não havia nada mais que eu pudesse fazer, senão providenciar uma visita médica para os pais e extrair do Comitê Internacional da Cruz Vermelha (ICRC) a promessa de que eles teriam os medicamentos necessários. Eu sabia que, sem ajuda para os pais doentes, o bebê provavelmente morreria. Aquele foi só mais um dia no campo.

❦

Um casal havia descido do ônibus para se abrigar no nosso campo, o marido se esforçando para sustentar o peso da esposa, apesar do próprio sofrimento. As duas filhas pequenas haviam sido separadas deles na fronteira, em meio à confusão criada pelos agressivos guardas paramilitares. Os pais haviam protestado violentamente, mas fora inútil. A mãe estava tão severamente desidratada que era quase impossível encontrar uma veia na qual inserir uma agulha para a hidratação intravenosa. Ela quase não falava, resultado da preocupação e do choque. Tive de morder a parte interna da boca para não chorar com ela, porque entendia perfeitamente sua angústia física e mental.

Quatro dias se passaram sem nenhuma notícia das filhas daquele casal. Eu conhecia o sofrimento dos pais: estava olhando para meu próprio reflexo, 15 mil quilômetros e sete anos distante do desaparecimento de Shah e Iddin.

Com uma das Polaroids, fui à tenda médica onde a mãe ainda recebia tratamento. Tirei três fotos dos pais, e providencie para que Tom as deixasse nos centros de rastreamento do ICRC em Cegrane e Stenk I.

Dois dias depois, duas meninas em Cegrane, uma de 3 e outra de 4 anos, apontaram para as fotografias do pai e da mãe. Sucesso!

No dia seguinte, a família se reuniu num momento emocionante de muitas lágrimas. Senti um alívio tão grande que tive a sensação de que meu peito se rasgaria. Gostaria muito de poder produzir mais finais felizes.

Capítulo 22

A tênue linha entre prazer e dor

Deixei a Macedônia em junho de 1999, quando um cessar-fogo oficial foi decretado em Kosovo. Eu estava dividida entre retornar a Paris e Londres — o mundo *real* estava onde eu estivera trabalhando. Tinha compromissos como embaixadora da Care, mas isso não tornava minha partida mais fácil ou as despedidas menos perturbadoras. Eu queria ficar e trabalhar na repatriação dos refugiados; queria muito ver Prístina, a capital kosovar, e ajudar a reconstruir as casas de alguns de meus novos amigos. Mas a entidade precisava de mim para fins publicitários e financeiros, e sabiam que se eu ficasse no campo tinha grandes chances de sofrer estresse. Estava doente de preocupação com algumas crianças cujos pais haviam sido mortos, e que agora estavam aos cuidados de irmãos e parentes mais velhos, que raramente tinham mais de 12 ou 13 anos. Kushtrim era uma de minhas preocupações centrais, mas fiz um arranjo para outra família cuidar dele, e tomei providências para que a avó do menino viajasse no trator dessa família quando chegasse a hora de ir para casa.

Cheguei em Melbourne em julho, e três dias depois os pesadelos com Iddin e Shah retornaram. Era como se o ambiente familiar precipitasse sua volta ao meu subconsciente. As noites não eram mais um tempo de descanso. Passei a pensar que dormia melhor em uma zona de guerra que em minha própria casa.

Despertada no meio da noite pelo que parecia ser o som de vozes infantis chamando por mim, me sentia compelida a sair da cama para ir verificar a casa. Eu sabia que era só um truque da minha imaginação, um subproduto dos pesadelos, mas a saudade de meus filhos, um sentimento que se manifestava em dor física, em uma cólica constante na região do útero, me fazia acreditar que a ligação entre nós não se rompera.

Como o cachorro de Pavlov, eu pulava quando ouvia o som de um e-mail chegando. Seria uma informação real ou outra bobagem? Um truque de minha imaginação, talvez. O remetente daquela mensagem era Iddin. Mas era um Iddin que parecia não conhecer a história da família. Eu poderia explicar esse detalhe para mim mesma no desespero de acreditar que meus filhos tentavam entrar em contato comigo depois de tantos anos, talvez eles só tivessem pálidas recordações de como havia sido a vida em casa, em Melbourne. Eu me agarrava com teimosia inabalável à semente de esperança que tentava germinar e rasgar a superfície, embora meu lado racional me aconselhasse a não desejar o impossível. Eu ficava fisicamente doente toda vez que minha cabeça e meu coração disputavam a primazia.

Cada vez que era evidenciada pela mídia, como aconteceu quando voltei da Macedônia, o interesse pelo caso de minha família era renovado. Ou um repórter principiante tentava fazer algo de novo sobre o rapto de meus filhos, se aproximando da "trágica mãe" como um amigo leal, ou um desconhecido desequilibrado fingia ser um de meus filhos entrando em contato comigo via internet.

Em casa, repetindo os mesmos movimentos mecânicos de sempre, respondi ao último "Iddin" com as mesmas reservas de sempre, formulando algumas perguntas e passando os dias seguintes consumida por uma dúvida cruel, esperando compulsivamente por uma resposta.

Quatro dias se passaram antes de eu receber outra notícia, e dessa vez "Iddin" me implorava para tirá-los de lá. "Contrate algumas armas e músculos e nos salve." Então, o autor do trote acabava se delatando. "Você me perguntou se eu lembrava do vovô. Sim, é claro, e fiquei muito aflito quando soube que ele não estava bem. Tire-nos daqui, porque Shariah e eu queremos abraçá-lo. Leve-nos para casa. Amor do seu filho Iddin."

O avô das crianças havia morrido antes de eles nascerem. Eu tinha apenas 14 anos quando meu pai falecera em Cingapura de câncer na garganta e no nariz. E o nome de Shahirah havia sido escrito de maneira errada.

Eu não tinha como determinar se o autor da brincadeira era um jornalista ou um garoto querendo dinheiro. Uma história sobre a mãe desesperada contratando ajuda armada para resgatar os filhos daria uma excelente matéria. Mas eu não tinha tempo nem disposição para dar atenção àquele maluco. Seguir em frente e me reanimar — essa devia ser minha atitude ou eu jamais sobreviveria.

Porém, uma coisa nunca mudava: o conceito do quê e de quem eram meus filhos: presentes raros e preciosos, espíritos a quem eu amava com todo o meu coração e a minha alma. Eu esperava e orava para que um dia eles encontrassem o caminho de volta para casa e para mim.

Capítulo 23
Um crocodilo e uma bala

Com aquele eterno brilho esverdeado e sombrio, a tela da televisão mostrava um bebê sendo arremessado pela mãe transtornada por cima de uma cerca de arame farpado e caindo, por puro milagre, nos braços de um oficial da ONU. Olhos aterrorizados e suplicantes brilhavam no registro das lentes de visão noturna das câmeras de vídeo. Era o terror do povo do Timor Leste. Durante todo o tempo, tiros e gritos aflitos ecoavam ao redor das câmeras.

Amigos da Austrália começaram a telefonar para mim, todos muito abalados com o que viram na televisão, inflamados com a violência que acontecia na nossa soleira, a apenas duas horas de avião de Darwin, no norte da Austrália.

No dia seguinte, todos os programas de rádio receberam ligações de fazendeiros, professores, caminhoneiros, veteranos militares, adolescentes, todos estranhamente alinhados em suas reações, independentemente de idade, tendência política ou posição econômica: "não sob os nossos olhos, não na nossa porta dos fundos, temos de acabar com isso."

A violência absurda que o mundo testemunhava via satélite explodira como resultado de um inovador plebiscito coordenado pela ONU em 30 de agosto de 1999, um processo cujo objetivo era permitir ao povo do Timor Leste o direito de declarar independência e autonomia da Indonésia, caso a maioria assim desejasse. O presidente da Indonésia naquele momento, sr. Habibie, havia declarado que seu governo aceitaria os resultados da votação. A Indonésia havia invadido a antiga colônia portuguesa do Timor Leste quando Portugal se retirara, em 1975, após mais de trezentos anos de colonização.

Durante os 25 anos de domínio indonésio no Timor Leste, reinara um terror virtual. Pessoas desapareciam depois de manifestar opinião contrária à dos ocupantes, e um movimento de resistência ativa se formou para combater a opressão da democracia. A resistência se instalou nas colinas e era sustentada por uma rede de valentes habitantes dos vilarejos, gente que fornecia comida e informações para os guerrilheiros na selva.

O idioma indonésio fora implantado para todas as situações educacionais e administrativas cotidianas (antes, português e tétum haviam sido as línguas oficiais), e uma política de migração forçada foi instituída pela Indonésia para eliminar elementos rebeldes e formar uma população de etnia indonésia naquele território de predominância católica.

Em 4 de setembro de 1999, quando o então secretário-geral das Nações Unidas, Kofi Annan declarou que 75 por cento da população do Timor Leste havia optado pelo direito de se libertar do domínio da Indonésia, a anarquia e o caos explodiram no território. Alimentado principalmente pela milícia pró-Jakarta e com a suspeita de colaboração do exército indonésio, a violência explodiu de maneira assustadora. A milícia armada e vigilante dominava as ruas sem nenhuma interferência das autoridades da Indonésia, defensores da independência eram sequestrados e provavelmente assassinados, e cidades inteiras eram incendiadas.

Organizações de ajuda com base na Austrália, entre elas a Care, começaram a planejar uma operação para quando a oportunidade surgisse. Se surgisse.

A Força de Defesa Australiana organizava uma evacuação em massa de todos os oficiais das Nações Unidas e de timorenses que temessem por suas vidas, levando-os para Darwin. Surgiu ali uma enorme cidade de tendas, e os motéis e campings transbordavam de refugiados; grandes grupos de trabalhadoras da ajuda humanitária seguiam para a cidade ao norte para ajudar os desabrigados e traumatizados.

Os australianos tinham uma relação muito próxima com o povo do Timor Leste, uma ligação que vinha desde a Segunda Guerra Mundial, quando guerrilheiros pela liberdade do Timor haviam apoiado australianos e tropas aliadas contra a invasão japonesa, com grande custo para eles mesmos e suas famílias. Mais tarde, em 1975, diversos jornalistas baseados na Austrália, profissionais que tentavam reportar a invasão e a ocupação do Timor Leste por tropas da Indonésia logo depois da retirada do antigo colonizador, Portugal, foram assassinados em uma pequena cidade chamada Balibo. E um número considerável de timorenses, eloquentes em sua oposição à anexação Indonésia do território do Timor Leste, se estabeleceram na Austrália e eram conhecidos e respeitados em nosso país. Agora, dezenas de milhares de australianos iam às ruas para exigir que nosso governo tomasse alguma atitude, restaurasse a ordem e levasse ajuda humanitária ao pequeno vizinho.

Desembarquei em Dili sob intenso calor tropical. Em poucos segundos, o calor e a umidade me deixaram encharcada. Era o oitavo dia da Interfet, o esforço de paz sancionado pela ONU e denominado "Força Internacional no Timor Leste". Alguns bodes e um cavalo vagavam pela pista. Por um momento, em retrospecto, visualizei o tempo que passei na Malásia e tentei imaginar como Shah e Iddin lidavam com o calor constante e intenso.

Só um edifício em toda a cidade ainda tinha os vidros intactos nas janelas, a residência do deposto governador indonésio. Todas as outras haviam sido estilhaçadas pelas forças indonésias em retirada, e os canos foram preenchidos com piche e cimento para criar o máximo de destruição. Estações de energia foram destruídas, escolas foram demolidas e suprimentos de água, envenenados. A cidade estava reduzida a prédios incendiados, telhados caídos e paredes rabiscadas com obscenidades dirigidas à Interfet e aos australianos. Até as plantações haviam sido queimadas num acesso furioso de vingança.

Nos escritórios da Care em Darwin, Camberra e Melbourne, havíamos feito planejamento e organizado estoques, preparando a distribuição de ajuda humanitária e providenciando materiais para a reconstrução. Agora, passávamos por pontos de verificação da Interfet em intervalos regulares e soldados australianos realizavam patrulhas a pé com armas em punho.

Bloqueios controlavam a entrada da área central da cidade, o ponto de maior segurança na capital. Verificações de identidade eram realizadas a cada trecho de algumas centenas de metros por diligentes soldados Gurkha, parte do influxo diário de forças internacionais que acabariam incluindo soldados de 22 nações. A reputação dos Gurkhas era lendária, e eles haviam assegurado muitas posições mais próximas e impedido que caíssem nas mãos dos contingentes militares indonésios que ainda restavam, agora confinados em barracas até a evacuação final e, esperávamos, pacífica.

Aborrecidas e hostis, algumas tropas indonésias tinham ido se sentar perto das cercas que delimitavam a área em que suas barracas foram erguidas. Com boinas vermelhas, eles afiavam facas de combate como se quisessem parecer ameaçadores, e imitaram o gesto de passar a faca pelo pescoço quando nosso comboio atravessou o acampamento. Era bom saber que agora eles estavam em menor número do que nossos protetores, e que pelo menos três pontos de verificação teriam de ser atravessados antes que eles pudessem alcançar o local onde se reuniam as forças da ONU.

Ocupando quatro salas de aula em um prédio incendiado de uma escola de ensino médio ao lado da base da ONU, a base Dili da Care era basicamente uma estrutura sem teto e com piso de cinzas negras e sujeira, resultado dos violentos ataques ocorridos entre aquelas paredes. Mobília destruída formava pilhas deprimentes em torno da área de trânsito. Não havia eletricidade ou água encanada. Seis tendas haviam sido erguidas em uma das salas, com duas esteiras de acampamento em cada barraca servindo de camas. As tendas eram uma ideia sensata, considerando que a rede fechada por zíper mantinha a maior parte dos insetos fora do abrigo durante a noite. O calor tropical era opressor mesmo depois do anoitecer, quando pequenos lagartos rastejavam por cima de nossas cabeças passando pelo outro lado da rede, projetando suas sombras alongadas ao luar. Todas as manhãs acordávamos com uma fina camada de poeira cobrindo nossas poucas coisas, e seis semanas se passaram antes que um exausto funcionário do Departamento de Segurança e Saúde da Interfet nos informasse que havíamos estado dormindo sob poeira de amianto azul, exposto pela destruição do prédio, e precisávamos sair dali.

As instalações culinárias eram rudimentares: um fogão a querosene de uma só boca e um tambor de 44 galões para o combustível. Uma bacia plástica para lavar os pratos e um armário cheio de latas de atum e sardinha, bolachas salgadas e arroz comprado na região. À noite, usávamos tochas e uma ou duas lanternas, mas como as temperaturas diurnas e as condições em que estaríamos distribuindo a comida eram duríssimas, muitos de nós virávamos abóbora antes das 9h da noite. E tínhamos de acordar ao raiar do dia.

Certa noite, com a lanterna de minerador em minha cabeça, eu me dirigi ao banheiro do lado de fora. Nosso engenheiro de recursos hídricos e saneamento havia conseguido construir um banheiro na área, e a descarga consistia em um balde cheio d'água. Havia até um chuveiro improvisado — um balde com água e uma corrente apoiados em um velho *pallet* usado para transporte de mercadorias; nosso suprimento de água dependia de um tanque da Interfet abastecido por uma bomba de combate ao fogo.

Piscando para ajustar os olhos à luz do luar, percebi três ou quatro homens conversando em voz baixa. A estática de um rádio revelou que eram soldados. Uma das vozes pertencia ao coordenador de segurança da Care, Bob McPherson. De perfil, o desenho dos óculos de visão noturna se realçou contra o céu da noite quando um dos soldados se virou ligeiramente. Não estava preocupada com a presença deles: as tropas da Interfet patrulhavam a área dia e noite e também se encarregavam da nossa proteção.

Quando notaram minha presença ao se virarem para partir, os soldados me cumprimentaram com acenos rápidos e depois desapareceram silenciosos na noite quieta e sem brisa. Bob explicou que soldados indonésios haviam sido capturados na base vizinha. Eles faziam rápidas incursões no território inimigo para tentar colher informações. Nem perguntei se eles estavam armados; não queria realmente saber. Fluente em indonésio, me juntei à equipe como intérprete, coordenadora de assistência ao abrigo e embaixadora especial. Meu outro dever primário era estabelecer a ligação entre a Care International e o CMOC (Escritório de Coordenação Civil Militar) em relatórios diários para garantir que todos conhecíamos as áreas de trânsito seguro e a atividade militar e a da milícia.

O trabalho em Dili parecia interminável, porque não havia mão de obra, mas o esforço constante e intenso era recompensado quando víamos pessoas sendo alimentadas, melhorando pouco a pouco. Houve momentos em que vi o rosto de um desabrigado se iluminar ao reunirmos sua família, e eu tinha de fazer um grande esforço para não trazer a imagem da minha família para a situação. Pensamentos pessoais podiam me distrair, e eu tinha consciência constante de que estava muito perto geograficamente de Iddin e Shahirah. Eu esperara que a notícia de minha presença no Timor Leste pudesse ser divulgada na Malásia e chegar até eles, considerando que o conflito era uma grande notícia na região, obviamente, mas eu bem podia estar na lua, e o resultado teria sido o mesmo. O contato com meus filhos ainda era inexistente.

A estrada costeira por onde eu dirigia um pequeno caminhão de suprimentos era estreita e sinuosa, e seguia ao longo de um desfiladeiro. Estávamos a caminho da província oriental de Bacau, integrando um comboio da Interfet. Aquela rota havia sido alvo da covarde atividade da milícia, que atacava e fugia, e por isso era considerada área de trânsito inseguro, o que justificava a presença de uma escolta armada. Nossa escolta militar queria aproveitar a situação para realizar um exercício de treinamento: uma falsa emboscada, para mostrar à equipe da Care como lidar com esse tipo de situação.

Parei o veículo quando ouvi pelo rádio o som previamente combinado, e sob orientação do oficial no comando saltei da cabine para me dirigir a uma posição segura. Quando atingi o solo rochoso, senti um estalo e uma dor lancinante no joelho esquerdo, e não consegui conter um grito de espanto e angústia, mas levantei e segui mancando. Terminado o treinamento, voltei ao veículo e me posicionei ao volante para seguir viagem. No final do dia a dor no joelho havia piorado, provavelmente agravada pelas três horas de viagem de ida e volta.

Novamente na base, um médico do Exército americano assobiou ao ver meu joelho inchado. Àquela altura, ele parecia um melão maduro. Uma bolsa de compressa fria do kit médico militar foi aplicada em meu joelho, e eu a amarrei para mantê-la no lugar. Teria de usar muletas por alguns dias, porque havia rompido o ligamento cruzado.

Todo dia era uma prova de resistência no Timor Leste. A umidade tornava exaustiva qualquer movimentação, e a escala do que precisava ser feito para devolver a sociedade ao status de comunidade funcional era simplesmente gigantesca. Nosso *staff* nacional vivia nas mesmas condições dos refugiados, e era inspirador e emocionante estar cercada por colegas tão comprometidos com o propósito de seguir em frente e construir uma nova nação a partir de ruínas.

Aos poucos as condições iam melhorando e novos trabalhadores chegavam. Steve Gwynne-Vaughan, experiente trabalhador da ajuda e fluente em português, francês e inglês, chegou do Canadá para ser o diretor de área da Care no Timor Leste. A estatura de quase 1,90m causava grande espanto entre todos. Dotado de boa vontade concisa, ele era excelente em ir direto ao ponto e examinar os problemas com um olhar neutro, mas não tinha paciência para tolos.

Também recebemos um novo chefe de segurança, Chris Allen, major reformado do Exército. Era um homem forte, com um sorriso torto e engraçado e um senso de humor ácido. Ele havia integrado o Batalhão de Paraquedistas de Elite 3 RAR e fora requisitado temporariamente pela Força Aérea Britânica na África e na América Central. Depois de alguns ferimentos sofridos no batalhão de paraquedismo, ele deixara o Exército para ir cursar a universidade. Motivado pela cobertura da imprensa sobre a situação no Timor Leste, ele fora procurar a Care, se candidatando ao posto em Dili. Tivemos algumas discussões acaloradas durante nosso tempo no Timor Leste, o que serviu como uma base forte para uma amizade que dura até hoje. Pus minha vida nas mãos de Chris várias vezes durante aquela missão. Ele apoiou alguns dos meus esquemas mais arrojados e nunca me tratou com paternalismo ou como se eu fosse um frágil objeto de cristal. Duvido até que ele pense que sou mulher, porque me apelidou de Peej. Insistindo em levar seu bivaque para o lado de fora de nosso dormitório, Chris cuidava de todos nós à noite. Pessoalmente, eu desconfiava de que toda essa atenção era uma forma de fugir dos roncos, gemidos e problemas de gases que nossa dieta de bolachas e comida enlatada produzia.

Como coordenadora de assistência ao abrigo, eu supervisionava a montagem dos acampamentos para milhares de refugiados, muitos deles doentes por terem passado semanas na selva, com pouca comida e nenhum saneamento básico. Nosso principal abrigo seria instalado nas ruínas de uma escola católica para meninos, Dom Bosco, onde fora desenvolvida intensa atividade da milícia.

Preparar os edifícios incendiados era um trabalho árduo e sujo: as paredes instáveis tinham de ser verificadas e era preciso remover todo o entulho do chão. Impermeabilizar o local com lonas da UNHCR era imperativo, porque o período das chuvas se aproximava rapidamente. Projetei uma série de pesos usando garrafas cheias de terra para manter a cobertura de lona no lugar. Os marinheiros canadenses do navio HMCS *Protecteur* e os fuzileiros navais americanos designados para me ajudar foram de grande valor e utilidade, escalando vigas precárias para improvisar uma cobertura no local. Eu teria preferido que eles trabalhassem desarmados, porque escapei por pouco de uma bala acidentalmente disparada do rifle de um marinheiro durante um dos nossos períodos de descanso. A bala passou zunindo ao lado da minha orelha e cravou na parede, no exato local onde minha cabeça estivera um instante antes! Mas, exceto esse detalhe, empunhávamos juntos martelos para fazer o trabalho o mais depressa possível, sempre rindo e conversando muito.

Nem toda minha força foi suficiente para abrir uma porta emperrada ao lado do salão principal que estávamos limpando, por isso pedi ajuda a alguns soldados da Força Especial americana, rapazes realmente corpulentos e conhecidos em outras circunstâncias como Boinas Verdes. Um sonoro pontapé de um deles derrubou a porta!

Ao entrar na sala, munida de vassoura e pá, calculei quanto tempo levaria para limpar os escombros do telhado que havia caído, e logo comecei a remover os destroços com a ajuda de um dos sargentos. Trabalhamos por cinco minutos, talvez um pouco mais, até que minha pá encontrou alguma coisa entre os escombros, e essa "coisa" rolou. Era um corpo carbonizado. Recuando apavorada, quase caí, sem conseguir desviar os olhos dos restos enegrecidos e cobertos por cinza, fuligem e sujeira. Usei meu rádio para entrar em contato com o quartel-general da Interfet, tentando manter minha linguagem tão inofensiva quanto possível, considerando que estávamos em frequência aberta. A última coisa que queríamos era reunir uma pequena multidão de locais tentando identificar a mórbida descoberta. Além do mais, a notícia seria impactante para os que tinham familiares desaparecidos.

O que nos separa dos que são capazes de aniquilar outra vida humana sem nenhum sentimento de culpa? O que causa o ímpeto que leva alguém a desferir o primeiro golpe quando eclode a anarquia? Acredito que a mentalidade de uma turba traz à tona uma absolvição ensandecida da culpa coletiva, permitindo que as pessoas ajam de maneira que nunca teriam considerado aceitável em condições normais, com a capacidade de julgamento necessária intacta. É uma covardia de grande magnitude.

Quando a unidade de investigação criminal chegou, nos retiramos discretamente para outra parte do complexo e deixamos os peritos fazerem seu trabalho em paz. Vários sacerdotes e freiras locais ainda estavam desaparecidos, e aquele era um lugar que alguns haviam usado como refúgio. Eu não tinha dúvida de que aquela era uma área de execução. Mais tarde, dois sacos deixariam a sala levando os corpos. Jamais saberia a identidade de quem eu havia encontrado no meio daquele cenário de horror, mas, naquela tarde, fui até uma pequenina igreja branca perto do centro de Dili e acendi quatro velas. Uma para cada um de meus filhos, e duas para aquelas pobres almas que haviam perecido, cercados por violência e terror. Dessa vez, rezei pedindo para que meus filhos nunca vivenciassem a guerra.

O ginásio de laterais abertas no prédio da escola Dom Bosco foi transformado no ponto inicial de triagem para milhares de pessoas desabrigadas que se dirigiam a Dili, e foi ali que centenas de indivíduos desembarcaram, em outubro, novembro e dezembro de 1999, de todos os tipos de veículos, incluindo uma frota de caminhões de coleta de lixo nos quais crianças e idosos haviam sido empilhados.

No final de nossa primeira tarde de triagem do campo transitório houve uma comoção. Dúzias de pessoas cercaram repentinamente dois indivíduos de quem só conseguíamos ver as cabeças. Vozes sedentas por sangue gritavam "milícia, milícia", e os gritos eram cada vez mais furiosos.

Abri caminho entre a multidão e vi dois homens sendo chutados e espancados no chão, onde haviam caído, bem perto dos veículos da Care.

Dois soldados neozelandeses da Interfet com quem eu havia conversado minutos antes chegaram rapidamente ao local, e relatei o que estava acontecendo com toda calma possível. Eu jamais saberia se os homens agredidos eram, de fato, membros da detestada milícia, mas tínhamos de agir rapidamente para tirá-los dali antes que fossem mortos. O reforço estava a pelo menos 15 minutos de distância.

Subi na carroceria de um veículo de grande porte, um enorme caminhão, e gritei em indonésio e tétum, o dialeto local, pedindo calma à multidão. Informei que a Interfet estava ali e que os dois acusados seriam levados ao quartel-general para interrogatório.

Enquanto os soldados carregavam os dois agredidos para dentro do caminhão e interpunham suas armas e seus corpos bravamente entre os acusados e a multidão enfurecida, eu suplicava àquela gente que não se comportasse como a milícia. E, felizmente, o respeito dos timorenses pela Interfet foi mais forte que a fúria. A multidão recuou alguns passos. Consegui ligar o motor e bem devagar deixei o local, a caminho da unidade policial militar.

Às vezes, o esforço inerente a esse tipo de ajuda é maior do que podemos suportar, e os indivíduos que tentamos ajudar tornam-se uma grande massa nebulosa.

Outras vezes, porém, você se torna passional e pessoalmente preocupado com uma pessoa ou família em particular. É possível que você estabeleça algum tipo de ligação com um único olhar, ou reconheça que aquele homem ou aquela mulher poderia, em outras circunstâncias, ser um amigo com quem você pudesse tomar café ao voltar do trabalho para casa. Talvez um único ser humano torne-se, a seus olhos, o envoltório de toda dor, miséria, violência e injustiça que você tem testemunhado em grande escala. De alguma maneira, você se torna determinado a ajudar essa pessoa e move céus e terras por isso.

Isso aconteceu duas vezes comigo no Timor Leste, as duas com mulheres chamadas Maria. Conheci a primeira Maria quando caminhava pelo quebra-mar, tirando fotos dos abrigos temporários que os refugiados haviam construído na área do porto em Dili para captação de recursos da Care. Maria estava acompanhada por duas filhas pequenas e um filho. Sorridentes e com olhos muito cintilantes, aquelas crianças me fizeram lembrar Iddin e Shahirah. Começamos a conversar e Maria me contou que ela havia acabado de retornar do Timor Oeste. Seu marido fora assassinado pela milícia, e tudo que ela possuía estava agora guardado na bolsa de zíper quebrado que ela carregava a tiracolo. Ao lado dela havia o tradicional pacote de repatriação da UNHCR, um HDR (Ração Diária Humanitária), um balde, um recipiente para água e uma panela para ferver a água.

Maria e os filhos precisavam de uma carona para o último estágio da jornada para casa. Levei-os no caminhão da Care até as ruas estreitas de um bairro não muito afastado do cemitério. Ali, o rosto de Maria se contorceu quando ela viu pela primeira vez as ruínas de sua casa. Mas ela se manteve digna, determinada a não deixar os filhos verem as lágrimas em seus olhos.

As perspectivas para aquela família eram realmente sombrias: Maria não podia deixar o bebê, que ainda amamentava, e as outras crianças pequenas para sair em busca de sobrevivência, e não tinha marido nem outro parente que pudesse ajudá-la.

Eu a abracei e disse que voltaria em breve. No depósito da UNHCR, o supervisor me reconheceu e fingiu não ver quando peguei um pedaço de lona, um rolo de corda e pedaços de plástico usado para vedar janelas. Peguei também alguns cobertores, joguei tudo dentro do caminhão e segui para o CMOC, onde pedi dois mosquiteiros. De volta ao caminhão, ouvi um baque. Duas camas dobráveis do Exército haviam sido jogadas na carroceria. Ninguém disse nada. Um sorriso e uma piscada cúmplice de um major amigo, e acenei pelo espelho retrovisor. Era suficiente que eu limitasse o CMOC aos casos de extrema necessidade e não tivesse o hábito de pedir favores. Depois disso, no contingente francês da Interfet consegui algumas rações extras, dois pacotes de arroz, pão e um pouco de frutas frescas, incluindo laranjas que acabavam de ser retiradas do suprimento enviado de Darwin. Uma vassoura, mais uma panela e uma faca afiada foram cedidos pelo contingente tailandês, e sabão, uma lanterna e uma escova de dentes nova foram cedidos pelos fuzileiros navais americanos.

Quatro rapazes das Forças Armadas dos Estados Unidos voltaram comigo à casa de Maria levando uma escada e um kit de ferramentas. Apenas noventa minutos haviam se passado. Perplexa, Maria ficou olhando enquanto os Boinas Verdes subiam no que restava do telhado de sua casa e o reparavam com lonas. Depois eles se ocuparam com as janelas, e prenderam o mosquiteiro nas vigas chamuscadas do forro. Depois de varrermos o chão, as camas dobráveis foram levadas para dentro. Não contentes com isso, os fuzileiros ainda improvisaram um móbile com pedaços de arame e ferro, um objeto sonoro que penduraram na porta da frente, fora do alcance dos pequeninos. Não era muito, mas, no geral, Maria e os filhos estavam protegidos abrigados e dispunham de alimentos. Era o primeiro passo para o recomeço.

O que fiz contrariava as regras. Mas eu não tinha tirado nada da boca dos refugiados, e havia momentos em que as regras simplesmente deviam ser quebradas.

A segunda Maria segurava um pacotinho nos braços em uma sala no fundo do complexo Dom Bosco, onde um sacerdote a abrigara em seu retorno do Timor Oeste. Uma pequena toalha envolvia a cabeça do bebê. Pedi permissão a Maria e retirei a toalha para ver a criança de 6 meses, frágil e apática, mas sugando o seio materno. A cabeça da criança era deformada e tinha o tamanho de uma bola de basquete. Era evidente que aqueles dois precisavam de ajuda, por isso entrei em contato com os médicos da Interfet, que diagnosticaram hidrocefalia grave, ou água no cérebro — uma condição tratável em uma nação rica, com cirurgia e inserção de drenos para remoção do fluido. O dilema era que a Interfet não podia simplesmente remover por via aérea um bebê do Timor Leste sem antes providenciar um destino e uma equipe cirúrgica pediátrica para atendê-lo. Tudo isso custava um dinheiro que não estava disponível, por isso, depois de discutir as opções com Maria, fui ao Hotel Turismo procurar um jornalista a quem poderia oferecer uma entrevista exclusiva em troca de uma campanha pública na Austrália para cobertura das despesas médicas e da viagem de Maria e seu bebê. O plano funcionou perfeitamente e, três dias depois de a história ter sido publicada na Austrália, um cirurgião pediatra e sua equipe se ofereceram para ajudar. Eles foram postos em contato com os médicos da Interfet, e enquanto acontecia essa troca de informações, o major Mark McKay do CMOC ajudou a reunir todos os recursos para providenciar documentos provisórios para a viagem. No final da semana, Maria e o bebê estavam a caminho de Melbourne. Foi um daqueles grandes momentos em que todos os envolvidos se sentem felizes por terem contribuído para a realização de algo muito importante.

Mas o diagnóstico do filho de Maria estava errado. No Timor Leste, as ferramentas para um diagnóstico apropriado eram simplesmente inexistentes, e na Austrália descobriu-se que, na verdade, o bebê era portador de anencefalia, ausência de cérebro. O tronco cerebral controlava as funções físicas básicas, mas não havia nenhuma possibilidade de desenvolvimento de atividade cerebral superior. A anencefalia é uma condição de nascimento que pode ser evitada com a simples ingestão de ácido fólico antes da concepção e durante o primeiro trimestre da gravidez.

Foi uma declaração de dedicação maternal o fato de Maria ter mantido o filho vivo simplesmente mantendo-o em seus braços sem descanso e amamentando-o sempre que a criança se manifestava. Não havia nada que os médicos de Melbourne pudessem fazer, e assim, infelizmente, Maria e o bebê foram mandados de volta para o Timor Leste, para ficarem com a família enquanto esperavam o inevitável.

Meu maior prazer durante o tempo no Timor Leste era o mergulho matinal. Rob, um agente holandês da Care, e eu adquirimos o hábito de nos levantarmos uma hora antes de todos os outros para mergulhar em uma lagoa a leste da cidade. Nadando na água rasa, víamos o sol nascer, enquanto pescadores jogavam redes na entrada da lagoa. Era uma diversão rara que nos deixava renovados e frescos antes do suor e da sujeira de mais um dia. Mesmo depois de descobrimos que a lagoa era o lar de um enorme crocodilo, não desistimos. Foi estupidez, admito agora, quando penso nisso, especialmente porque ambos éramos míopes, e até observar a paisagem em constante estado de alerta para a eventual aparição do crocodilo era uma situação nebulosa e desfocada. Mas o frescor da água e a beleza natural do lugar compensavam o risco.

O campo transitório estava pronto e funcionava de acordo com o esperado, e era hora de passar para a distribuição da ajuda nos bairros da periferia. Era importante levar sementes às áreas rurais antes do início da estação das chuvas, porque, então, além das dificuldades para o plantio, as estradas ficariam intransitáveis. Transportei vários carregamentos dirigindo pelas montanhas escarpadas da ilha, sempre com comida escassa e pouca ajuda porque não éramos muitos naquela missão. Vários perderam peso rapidamente, por doença ou alimentação inadequada. Eu havia chegado a Dili com 53 quilos e, 11 semanas depois, voltaria para a Austrália com 47, muito abatida e cansada.

Os trópicos causaram mais ou menos os mesmos efeitos em todos nós: um a um, fomos atingidos com todas as formas de enfermidade, de pneumonia (eu tive duas vezes e tenho o músculo cardíaco enfraquecido por isso), a disenteria, dengue e malária — típicas doenças tropicais transmitidas por mosquitos e próprias daquelas condições difíceis em que vivíamos.

No fim, fui mandada de volta à Austrália em um barulhento avião de carga, Hércules C130, para me recuperar do segundo episódio de pneumonia. O período de repouso me obrigou a avaliar aqueles últimos anos e a olhar para o novo com uma mistura de ansiedade e um forte desejo de realizar mudanças.

A ausência de meus filhos agora abrangia dois séculos.

Capítulo 24
Liberdade para amar

Sexta-feira, 16 de março de 2001, 3h41 da tarde.

Olhos muito azuis estudavam meu rosto numa concentração grave e, com certo toque de curiosidade, pequeninos lábios rosados se abriam sugando o ar. Olhei para aqueles olhos cativantes e finalmente soube que tudo ia ficar bem. O mundo se endireitara e nada mais parecia tão terrível. Ficaríamos bem, aquela pessoinha e eu.

Verity Isabelle, minha filha, nasceu com muitos cabelos dourados e longos dedos de pianista. Após meses de preocupação e ansiedade, ela era saudável e chegou ao mundo com 3,71 quilos e 55 centímetros. Ela prometia ser alta. Seus cílios me fascinavam: eram longos e brilhantes, desenhando sombras nas faces e tremulando em seus sonhos de bebê.

Virando o rosto para procurar meu seio apenas um momento depois de me olhar pela primeira vez, ela começou a sugar com confiança e apetite.

— Pronto — disse o obstetra, prof. Michael Bennett. — Eu disse que você ia conseguir. Nunca fiz um parto no chão, sabe? Considere-se uma pessoa honrada e especial!

Garanti a ele que a reputação de temido chefe do Royal Hospital for Women não sofreria um arranhão com aquela experiência. Num clichê horroroso, Michael havia sido realmente o homem que se mantivera a meu lado num tempo muito difícil. Havia sido uma gravidez delicada. Fui hospitalizada várias vezes com complicações, entrei em trabalho de parto prematuro e passei os últimos três meses da gestação de Verity deitada, recebendo medicação para o problema cardíaco que havia desenvolvido no Timor Leste.

Durante os primeiros meses de gestação, Paula voltou a me telefonar; às vezes enroladas, suas palavras eram sempre cheias de sofrimento. Pouco depois disso nosso contato se tornou esporádico e sempre muito triste, embora ela sempre manifestasse seu amor pelas meninas. Tragicamente, Paula seguiu em sua decadência vertiginosa e foi encontrada morta em setembro de 2000, aparentemente em consequência de uma overdose acidental. Seu ex-marido, Bob Geldorf, demonstrou grande compaixão e amor, tornando-se guardião legal de Tigerlily e criando-a com as três filhas legítimas em uma unidade familiar segura e protegida.

Uma semana depois da morte de Paula, recebi um pacote enviado pelo correio. Dentro dele havia um presente, um macacão minúsculo com estampas de leopardo e sapatinhos do mesmo tecido, presente de Paula para o bebê que eu estava esperando.

Sarah Hicks, belíssima amiga e ajudante no parto, não conseguia mais conter as lágrimas. Desde que fomos apresentadas por Judith, nossa amizade só havia crescido e se fortalecido. Ela é a alma mais generosa de meu círculo de amigos. Sarah me dera amparo enquanto eu fazia força para trazer meu bebê ao mundo. Minhas outras amigas, Valerie e Fiona, também estiverem presentes no parto de Verity, e elas também tinham os olhos cheios de lágrimas.

Todos os meus receios de não ser capaz de amar incondicionalmente aquela criança desapareceram como névoa em um dia ensolarado. A dúvida e o trauma emocional da gravidez se dissolveram em um absoluto nada. Senti que, essencialmente, eu não estava tão prejudicada pelo sequestro de meus filhos quanto havia imaginado, e ainda era capaz daquele amor inabalável e visceral que se sente pelos filhos. O sentimento era um alívio e uma revelação, porque, intelectualmente, eu sabia que a parte prática da maternidade seria simples. Era o lado emocional que me deixara apavorada.

Mas Verity não havia nascido para curar meu coração ferido. Nem eu pensava nela como uma substituta para os irmãos mais velhos. Os filhos não são permutáveis, são indivíduos com direitos próprios, não extensões do ego dos pais.

Sem pensar, as pessoas sempre acabavam dizendo que Verity compensaria a falta dos irmãos. Como entendiam pouco, e como desconheciam a pequenina e determinada "velha alma" que era minha Verity.

— Verity é ela mesma — eu respondia determinada, suavizando as palavras com um sorriso. Uma criança não substitui outra, e embora eu me deliciasse com o novo bebê, seu irmão e sua irmã estavam sempre presentes nos meus pensamentos e coração.

Eu havia amado minha Amendoim (apelido de Verity até o final da gravidez) desde o momento em que havia contido a respiração para ver seu coração batendo na tela do ultrassom, semanas após a concepção, enquanto meu então parceiro segurava minha mão no consultório do médico. Embora eu seja definitivamente favorável à possibilidade de escolha, um aborto nunca passou pela minha cabeça, nem mesmo depois de considerar meu histórico médico e os riscos envolvidos naquela gravidez inesperada. No início, os médicos duvidaram que eu pudesse levar a gestação até o fim, pois eu tinha um histórico de aborto natural com dez semanas e um natimorto com 26.

Ainda hoje digo a Verity que ela é meu milagre de Deus e um dos maiores presentes que a vida me deu. Sempre, desde que ela era muito pequenina, sussurrei em seu ouvido quando ia colocá-la para dormir à noite:

— Mamãe escolheu gerar você na barriga. Amo você tanto quanto todas as folhas e todas as árvores de todo o mundo. Amo você com todo o meu coração e com toda a minha alma, e sempre a amarei, aconteça o que acontecer. — E mais tarde, quando conheci o homem que seria seu verdadeiro pai, acrescentei mais algumas palavras àquela bênção da hora de dormir: — E papai escolheu ser seu pai, o que a torna ainda mais preciosa, e ele a ama até a lua e de volta 10 milhões de bilhões de vezes.

A verdade é que Verity não é filha biológica de meu marido, Bill, mas ele é pai dela, e ela é completamente filha dele. Bill trocou as fraldas de Verity desde que ela tinha poucos meses de vida, e a embalou quando ela tomou as vacinas e teve febre e dor. Ele a carregava em um bebê-conforto preso ao peito inchado, cheio de orgulho quando era elogiado pela beleza da filha. Às vezes, desconfio de que ele se apaixonou por Verity muito antes de sua amizade por mim se transformar em amor.

Quando Verity tinha 11 meses e 2 semanas de vida, e fomos informados de que ela poderia ter leucemia, apenas oito dias antes do nosso casamento, Bill segurou o pequeno corpo que se contorcia enquanto os médicos procuravam uma veia de onde pudessem colher mais sangue. Lágrimas lavavam seu rosto naquele momento. Ele havia estado presente nos bons e nos maus momentos, nas sessões de vômito no meio da noite e no triunfo dos primeiros passos e das realizações importantes. Assim, de todas as maneiras importantes para a paz, a segurança e a autoestima de uma criança, Bill é o pai de Verity.

Essa é uma equação delicada sobre a qual escrever, conhecendo seu potencial para boatos e insinuações como conheço, e a única razão pela qual revelo tudo isso é porque tenho certeza de que certos setores da mídia consideram interessante a história essencialmente privada. Nossa Verity ainda é muito nova e quando e como decidimos conversar com nossa garotinha sobre essas questões tão privadas e delicadas é algo que vocês, os que leem este livro, devem respeitar, e não transformar em uma sórdida manchete de jornal, o que certamente a afetaria pelo resto da vida.

Quando Verity foi concebida, eu estava em um relacionamento longo e, eu acreditava, permanente com seu pai biológico. Tínhamos planos de nos mudar para Washington depois do parto. Eu havia reformulado minha vida para estar com ele, a pedido dele. Então, quando eu estava com oito meses e meio de gravidez, ele decidiu redefinir os limites de nosso relacionamento.

Havia reavaliado o futuro, como declarou, e a decisão cabia a mim, não a ele: ou oferecíamos o bebê para adoção no momento do nascimento, ou rompíamos a relação.

Foi devastador, mas escolhi o rompimento e nunca me arrependi dessa decisão. Amei profundamente o pai de Verity, sem reservas ou condições, e confiando totalmente no que acreditava ser sua bondade e sua compreensão de minha história. Eu o amei com o incentivo de alguns amigos muito protetores, pessoas que respeitava, e todos ficaram muito chocados com o fim da história.

Quando perguntei por que ele havia começado nosso relacionamento, afinal, ele explicou, diante de amigos, que havia me considerado "um desafio" e me julgado "intrigante". E depois disso saiu de minha vida para sempre. Nunca mais o vi, nem ele fez qualquer movimento ou solicitação para conhecer Verity.

Esse é um dos episódios mais dolorosos e humilhantes de minha vida, uma história de que tento me erguer e que me esforço para superar.

Mas naquela noite quente de março, quando me recostei para repousar e adormeci exausta com a recém-nascida Verity aninhada na curva de meu braço, não desejei nada além de uma vida maravilhosa e cheia de realizações para ela, e que um dia ela pudesse conhecer os irmãos mais velhos.

Capítulo 25
Serendipidade e salsa

O repouso rápido na confortável cama do hotel depois de um banho e um Danish havia deixado Bill bem atrasado. Portanto, ele não havia comparecido ao restaurante no último andar do World Trade Center.

Ele me telefonou no meio da noite.

— Deve ser um daqueles alegres voos de turismo que vi passar zunindo sobre a cidade. — As palavras mal haviam deixado sua boca quando a câmera de tevê mostrou outro avião se chocando contra a segunda torre. As imagens eram transmitidas ao vivo através das duas zonas de fuso horário.

As Torres Gêmeas desabaram e o Pentágono incendiava.

Continuamos na linha. Perguntei a Bill o que ele estava vestindo. Eu incorporara a trabalhadora da ajuda humanitária.

— Vá imediatamente para o Consulado australiano para se registrar; eles vão ajudar na evacuação, se for necessário. No caminho, saque todo o dinheiro que puder dos caixas automáticos, o sistema provavelmente vai cair em breve, e compre algumas garrafas de água — eu o orientei. O que aconteceria em seguida?

Atordoado e apreensivo, Bill seguiu minhas instruções, indo a pé ao centro da cidade, enquanto uma verdadeira onda humana passava por ele na direção oposta. Nova-iorquinos cobertos de cinzas, poeira e escombros, absolutamente pálidos e em choque, moviam-se como um rebanho migratório enquanto o horizonte ia ficando cada vez mais escuro, e um forte cheiro sufocava a cidade.

Mais tarde, de volta ao hotel, ele conseguiu ligar novamente para a Austrália, e dessa vez atendi com Verity no colo.

— Quando e se eu voltar, vamos nos casar — ele anunciou.

Eu não protestei.

✻

No dia 9 de março de 2002, diante de amigos de várias partes do mundo, eu me casei com Bill no fim de uma tarde de verão, num belo parque, ao som de um quarteto de cordas. Verity, Bill e eu tivemos nossa primeira dança como uma família ao som de *Someone Like You*, de Van Morrison. Considerando a letra da música, eu não podia deixar de sorrir da ironia de me casar com o vizinho.

Havíamos decidido fazer exatamente o tipo de casamento que queríamos. Como um favor especial, o sacerdote que havia conduzido o funeral de vovó e o batismo de Verity, o arquidiácono Phillip Newman, aceitou nos casar fora de uma igreja, em Alexandra Gardens. A cerimônia foi altamente personalizada e muito divertida; uma das características mais encantadoras de Bill é seu generoso senso de humor.

Eu usava um vestido tomara que caia rosa pálido, de cetim duquesa, com gardênias naturais no cabelo, e carregava um buquê de rosas da mesma cor. Verity, nossa dama de honra, estava linda no vestido de renda rosa e sapatos forrados em cetim. Quatro dias antes, ela havia recebido o diagnóstico negativo para leucemia. Tínhamos muitos motivos para celebrar. A recepção, também no parque, foi casual e relaxada, com muita comida circulando nas bandejas. Nossos amigos Jane Allen e Jason McLean haviam passado toda a manhã no parque cuidando da decoração, envolvendo as árvores em muitos metros de *chiffon* branco e espalhando vasos com rosas. Quando a noite caiu, centenas de velas iluminaram as alamedas, cortesia de nossos esforçados amigos Dawn e Martyn Bradley. Amamentei Verity sob uma árvore enquanto via nossa família e nossos amigos girando e dançando ao som de grupo de salsa. A pedido dos pais de Bill, Anton e Elizabeth, intercalamos as batidas latinas com música grega, o que fez muitos convidados se levantarem para uma divertida e animada versão descalça de Zorba, com saias, gravatas e sapatos voando em todas as direções. Vovós agarravam belos rapazes, e gritos de alegria e gargalhadas ecoavam na noite enluarada enquanto o círculo de dançarinos girava ao som da canção. Foi uma mistura de *Casamento grego* e *Descalços no parque*. Eu tentava imaginar como Iddin e Shahirah teriam vivido aquele dia, como teriam lidado com a elétrica mistura de gente e música. Eu teria amado dividir aquela felicidade com eles; o dia teria sido simplesmente perfeito.

Aquela era uma ocasião privada a ser dividida apenas com os convidados. Havíamos recusado ofertas de dinheiro de revistas em troca de fotos do casamento.

Mas os jornalistas estavam determinados a invadir, e chegaram a empurrar alguns convidados idosos quando fazíamos nossos votos. Consequentemente, várias fotos no nosso álbum de casamento nos mostram de cara feia, reagindo a alguma presença indesejada. No fim, a mídia foi firmemente expulsa, e o dia feliz continuou de maneira mais relaxada.

Dias depois, descobrimos que o inferno não conhece fúria como a de um repórter desprezado. De maneira cruel e baixa, fui ridicularizada na imprensa por ter me casado, e chegaram a publicar erroneamente que eu usava um vestido amarelo e brilhante. Sei que as mulheres que estão lendo este livro vão entender que esse foi um golpe baixo, especialmente porque fico horrível de amarelo! Em outro jornal, um colunista que nem havia estado presente inventou uma matéria sobre a cerimônia, o que obrigou seu jornal a imprimir uma retratação e um pedido de desculpas depois de termos tomado medidas legais. Bill é uma pessoa muito reservada, e sempre se aborreceu com o interesse da mídia por minha vida.

Por alguma ironia estranha do destino, Bill e eu havíamos estudado no mesmo colégio em Melbourne, onde eu sempre estivera dois anos na sua frente. Por anos havíamos morado separados por um único quarteirão, e sempre nos víamos na rua em eventos públicos, em concertos ou em feiras. Conhecíamos os mesmos lugares e partilhávamos muitos interesses e experiências, mas, acima de tudo, ríamos muito juntos. Muito.

Assim que Patsy soube que nos casaríamos, fez questão de ir à Austrália para submeter Bill a uma torturante inspeção, depois da qual declarou que finalmente eu havia acertado. Cada um de meus maravilhosos e protetores amigos havia, de maneira muito pessoal, submetido Bill a horas de atenta avaliação, normalmente quando eu não estava presente, o que ele permitia de bom grado. Judith era particularmente cruel em suas torturas. É um milagre que ele nunca os tenha mandado para algum lugar bem distante e desconfortável!

Bill e eu nos conhecemos depois do nascimento de Verity. Eu já havia percebido que queria me instalar outra vez na Austrália, definitivamente. Melbourne me parecia o melhor lugar para criar um filho, e alguns de meus amigos mais próximos estavam lá. Verity só se beneficiaria por crescer entre tantos "tios" e "tias".

De Sydney, onde eu estava vivendo, escolhi uma casa por meio de um anúncio de jornal. No papel, o imóvel correspondia a todos os meus requisitos, e assim, confiando nos amigos que haviam ido inspecionar a casa e dado opiniões bem favoráveis, assinei um contrato de aluguel de 12 meses enviado por e-mail e troquei uma série de telefonemas com o proprietário, que me dera a impressão de ser razoável e correto. Ele havia nascido na casa que eu estava alugando e comprara o imóvel vizinho, bastante dilapidado, e reformado tudo sozinho. Agora ele morava no novo imóvel.

O sol tentava desesperadamente emergir de trás das nuvens no dia em que dois caminhões de mudança e meu carro pararam diante da casa. Uma nova vida se descortinava diante de nós. Retirando Verity da cadeira de segurança no banco traseiro, eu a peguei no colo e atravessei a rua. Bill era o proprietário da casa e me recebeu na calçada, na frente do portão.

— Seja bem-vinda! — ele disse. — Tirei o dia de folga, caso precise de uma xícara de chá ou de um lugar tranquilo para trocar o bebê.

E assim, ao longo dos meses seguintes, Bill tornou-se meu amigo. Íamos passear com Verity em uma tarde ensolarada e ele empurrava o carrinho pelas conhecidas ruas de Hawthorn.

Mas eu já havia decidido não expor Verity a relacionamentos transitórios. Sozinha. Essa era a melhor condição para mim. Mas, às vezes, Bill me olhava de um jeito que me deixava tensa. Finalmente, um dia disse a ele que simplesmente não era uma boa opção, e que não queria perder sua amizade ganhando um amante. Eu o incentivei a fazer a viagem com que ele tanto sonhava.

— Vá procurar uma bela loura sueca ou uma estonteante grega nas praias do Mediterrâneo. Você precisa de uma mulher sem bagagem — eu disse.

Uma semana depois, Bill partiu para uma viagem de dois meses. Quando ele abraçou Verity e se despediu de mim, havia certa tristeza em seus olhos. Naquele momento soubemos que a viagem fora um erro!

— Eu não devia estar aqui; você e Verity deviam estar comigo — ele disse naquele telefonema desesperado.

E o resto, como dizem, é história.

Capítulo 26

Toc, toc, quem está aí realmente?

Eu nunca havia baseado meu trabalho de ajuda em preceitos religiosos; pelo contrário, não medira esforços para evitar a integração dos projetos que coordenava ou executava com organizações religiosas, pois acredito que as piores ações humanas são decorrentes de se definir o valor de uma pessoa por sua afiliação religiosa. Na África, nos Bálcãs e no Timor Leste, eu me recusara a rotular as pessoas de acordo com suas crenças religiosas e me apavorava com a ideia de um globo dividido por credos.

Estávamos caminhando para um mundo dividido em eles e nós, muçulmanos e cristãos? E, se estávamos, qual seria a ponte?

E uma reunião com Iddin e Shahirah estava mais longe agora que nunca?

Então veio o 11 de Setembro. Eu só podia torcer para que toda aquela loucura não desempenhasse nenhum papel na instrução islâmica que Shah e Iddin recebiam em seu lar muçulmano.

O Natal passou. Eu me diverti decorando a árvore de Natal e vendo os olhos de Verity iluminados pela alegria e pelo entusiasmo na medida em que cada bola e cada ornamento era cuidadosamente desembrulhado e pendurado em seu lugar. Na ponta da árvore, como sempre, coloquei a fada que havia feito anos atrás com Iddin e Shahirah.

— Shasha — Verity disse, me entregando uma pequena moldura com a foto de Shahirah.

Pendurei a foto em um galho e me virei novamente quando Verity puxou minha saia.

— Iddin — ela insistiu, imperativa, me dando confiantemente a foto do irmão.

Verity sabia quem eles eram: retratos de Shahirah e Iddin podiam ser encontrados em todos os cômodos da casa, e desde que ela nascera eu contava várias histórias sobre a infância de seus irmãos. Uma tristeza profunda me tomou de assalto; era nessa época do ano que eu mais sentia falta dos dois.

Inclinando-me para pegar outro ornamento, gritei ao sentir o chute do bebê em meu ventre. Aos seis meses, aquela era uma gravidez mais fácil que a anterior, mas eu ainda tinha de ser cautelosa com meu coração. O nascimento do bebê estava previsto para o final de abril e era um sonho que se realizava para Bill e para mim. Havíamos decidido desde o início que não queríamos que Verity fosse "filha única"; embora tivesse irmãos na Malásia, eles eram anos mais velhos, e mesmo que voltassem no dia seguinte, logicamente não seriam companheiros de suas brincadeiras.

Dessa vez, a maternidade era maravilhosa e incrível, mas confesso que passava o tempo todo exausta.

Sentei-me diante do computador e acessei a internet. Entrei na conta de e-mail da Empty Arms, uma caixa de correspondência que eu mantinha para os casos de sequestro de crianças. Essa conta não tinha meu nome.

Havia na caixa uma mensagem de um remetente identificado como "loveisanillusion" sob o título "Pode me ajudar a encontrar minha mãe". Moderadamente interessada, abri a mensagem esperando que fosse de uma vítima de sequestro, talvez alguém de outro país.

Quase caí da cadeira!

O e-mail era supostamente de minha filha, Shahirah. Alguma coisa nele, nada específico, só uma sensação, o fazia diferente dos outros: o tom era muito respeitoso, e nada naquela mensagem sugeria um motivo escuso.

Seria mais um trote? Reli o e-mail, dessa vez mais devagar:

Meu nome é Shahirah e estou tentando entrar em contato com minha mãe, Jacqueline. Gostaria de falar com ela e espero que possa me ajudar a fazer o contato. Meu irmão e eu fomos tirados da Austrália há muito tempo e eu consegui esse endereço de e-mail com *******.

Atenciosamente,
Shahirah.

Por mais que tentasse me controlar, eu estava quase sem ar por pensar que dessa vez poderia ser realmente Shahirah. Tentei controlar minhas emoções, e o bebê se agitou em meu ventre, reagindo à descarga de adrenalina.

Chamei Bill para ler o e-mail. Muito mais cético que eu, ele não estava convencido, mas concordava que eu devia investigar melhor se sentia que podia haver algo de positivo na mensagem.

Tremendo, telefonei imediatamente para Judith Caran na Nova Zelândia e contei a ela o que estava se passando. Por uma questão de mera autopreservação, precisava me manter cética e pensar claramente antes de responder ao e-mail.

Judith se ofereceu para ser intermediária entre mim e essa nova Shahirah. Decidimos que ela podia redigir uma resposta para essa pessoa, adicionando à mensagem uma lista de questões para as quais somente a verdadeira Shahirah teria respostas.

Comecei a trabalhar imediatamente na lista, tomando o cuidado de não incluir nenhuma pergunta para a qual eu pudesse ter dado a resposta durante milhares de entrevistas desde o rapto de Iddin e Shahirah. Nenhuma das respostas corretas seria encontrada em meu primeiro livro.

Quando terminei de redigir minha lista, verifiquei várias vezes cada item, tentando encontrar erros. Estas foram as perguntas que formulei:

- Qual era a cor do mosquiteiro de Shahirah?
- Qual era o nome da boneca? (Ou, por favor, descreva-a.)
- Que idioma Shahirah aprendeu na escola na Austrália?
- Shahirah gostava de dormir na própria cama? Por favor, descreva-a.
- Shahirah consegue lembrar-se de sua última festa de aniversário?

Com o coração aos pulos, liguei novamente para Judith e a instruí para criar uma nova conta com o nome "Chocolateslab", afinal, sou chocólatra, e esse parecia ser um nome de sorte, e por essa conta ela deveria enviar a resposta para "loveisanillusion".

Meu Deus, eu pensei, se for Shahirah, o que pode ter acontecido para ela adotar um nome tão cínico aos 17 anos de idade?*

Prendi o fôlego e cruzei os dedos dos pés e das mãos. Eu teria cruzado as pernas também, mas estava grávida demais para isso. Três dias se passaram. Eu fingia não estar ansiosa, mas verificava minha conta de e-mail em segredo várias vezes por dia.

Estávamos no fim de janeiro e o aniversário de Iddin se aproximava rapidamente. Fiquei imaginando se o cartão e o presente que enviei chegariam, ou se, talvez, o aniversário poderia fazê-lo entrar em contato comigo. Percebi que não havia examinado minha caixa de e-mail nas últimas três horas. Mais uma vez, com grande nervosismo, sentei-me diante do computador. Judith havia mandado uma mensagem.

> *Querida Jack,*
> *Recebi esse e-mail hoje à tarde na conta Chocolateslab. Estou torcendo para que seja positivo. Mande notícias.*
> *Com amor,*
> *Juju*

Abri o anexo com dedos trêmulos e cheia de esperança, e li a mensagem.

> *Chocolateslab:*
> *Minha boneca favorita era uma com cheiro de morango.*

Li a primeira linha e comecei a tremer. Um soluço escapou do meu coração palpitante: quase não consegui ler o restante do e-mail por causa das lágrimas. Nenhum desconhecido poderia saber que, aos 5 anos, Shah ia a todos os lugares levando no bolso a boneca que eu chamava de "*muffin*". Pequenina, com rosto sardento e saia godê feita de borracha para imitar um daqueles vestidos infantis engomados e armados, a

---

* "Loveisanillusion" significa "o amor é uma ilusão". (*N. do T.*)

boneca parecia um bolinho quando a saia era invertida, e tinha cheiro de fruta.

Minhas lágrimas pingavam no teclado quando retomei a leitura da mensagem.

> *Meu mosquiteiro era realmente brilhante, rosa-shocking, e foi feito para mim pela minha mãe.*

O mosquiteiro havia me divertido muito, porque, aos 4 anos, Shahirah havia parado no meio da loja de tecidos e protestado veementemente contra o tom suave de rosa que eu havia escolhido.

— Não, mamãe, quero aquele brilhante — insistira minha filha louca por rosa-shocking. O resultado fora tão cintilante que a família passara a dizer que era preciso usar óculos escuros para entrar no quarto, e que a tonalidade acordaria Shahirah no meio da noite.

> *Acho que aprendi italiano, mas não tenho certeza.*

Havia sido italiano! Aquele momento todo era surreal: isso estava mesmo acontecendo 11 anos e meio depois de ela ter sido roubada de mim?

> *Minha cama era muito alta, com pés mais altos que minha mãe, e eu precisava de uma escada para subir nela.*

Ninguém saberia descrever aquela cama sem tê-la visto. Iddin tinha uma cama igual, mas sempre preferia dormir no colchão no chão para poder chamar o cachorro no meio da noite. Nenhuma foto jamais havia sido divulgada para revelar a estranha configuração, e mesmo que elas existissem, quem as visse pensaria tratar-se apenas de uma cama beliche.

Quando li a resposta sobre sua última festa de aniversário, tive certeza de que era Shahirah!

> *Fomos ao Plaster Fun House e pintamos. Acho que estava chovendo.*

Li o e-mail muitas vezes, sentindo a garganta oprimida pelos soluços de alegria e alívio. Finalmente convencida de que não estava alucinando, chamei Bill e contei tudo. Ele me questionou exaustivamente enquanto eu chorava. Eu tinha certeza de que ninguém mais podia conhecer aquelas respostas? Sim, garanti. Só Shahirah e Iddin.

— Isso é maravilhoso, querida! O que quer fazer agora e onde vamos colocá-los?

Eu não sabia, por isso balancei a cabeça; Shahirah não tinha dado nenhuma indicação de que desejava voltar para a Austrália. Ela nem sabia que era eu a leitora do e-mail. Comecei a ficar amedrontada; queria dar uma boa impressão. Era como um encontro às cegas com um filho que eu praticamente não conhecia mais.

Decidi escrever para ela na manhã seguinte. Antes, eu precisava organizar o jantar de Verity e colocá-la para dormir. Mais importante, precisava organizar as ideias e pensar em tudo que estava acontecendo.

Naquela noite, dormi profundamente e feliz, apesar de sonhar com Shahirah e ver um espaço vazio onde deveria estar o rosto. O corpo era neutro, sem distinções. Mas eu sabia que estava certa: ela segurava uma boneca "muffin" e estava vestida de rosa-shocking.

Capítulo 27

O sol brilhou

O tema de abertura do programa infantil da ABC *Play School* entrou pela porta do estúdio. Verity estaria ocupada por pelo menos meia hora; a babá eletrônica era uma bênção naquela manhã seguinte a uma noite tão especial.

Meu primeiro passo foi criar um novo endereço de e-mail com o nome "yummy chocolate", que não pudesse ser rastreado e levar ao meu nome. Eu compreendia que a caixa-postal eletrônica de Shahirah podia estar sendo monitorada, e não queria comprometer sua segurança. Sentada diante do computador, fiquei olhando para a tela sem saber o que fazer.

Meia hora para escrever uma das mensagens mais importantes da minha vida para uma criatura que havia nascido de mim, sobre a qual eu não sabia praticamente mais nada, e que provavelmente havia sido doutrinada contra mim em todos os níveis imagináveis. Onze anos de esperança, angústia e amor para compactar em uma transmissão eletrônica.

Consciente de que aquela podia ser a única vez em que eu me comunicaria com minha filha adolescente, respirei profundamente duas vezes seguidas. Estava adiando, paralisada pelo nervosismo. Aquela era uma carta que eu sabia que Shahirah *ia* receber, com certeza, depois de tantos anos incomunicáveis. Mas eu pensava na possibilidade de aquela carta não ser completamente privada, mesmo sem ser interceptada, porque eu não sabia se Shahirah confiava ou não no pai. De alguma forma, aquilo era um teste, e eu não tinha a menor ideia se passaria por ele ou não.

Muito bem, a carta devia ser uma brisa, não uma fonte de pressão; a melhor que eu já escrevera. Mas eu ainda hesitava. "Já passou a chuva, o sol já vem surgindo, e a dona aranha continua a subir", eu ouvia as palavras da canção infantil. Verity aplaudia entusiasmada na sala de estar. Os sons me arrancaram do estupor da dúvida. Eu havia cantado aquela mesma canção para meus três filhos, imitando com os dedos a aranha subindo por meu braço. Era com minha filha que eu ia me comunicar; ela poderia não responder, eu sabia, mas em algum lugar dentro dela ainda existia a criança que assistira fascinada à mãe fazendo a chuva cair e o sol sair só para que ela visse.

Comecei a digitar, falando com todo cuidado sobre meu amor e minha alegria, sobre a euforia que senti ao ler as respostas ao e-mail de Judith e descobrir que eram verdadeiras. Eu me sentia profundamente tentada a dizer a Shahirah que nunca havia desistido de tentar entrar em contato com ela e o irmão, e que queria muito ouvir sua voz, agora adulta, e saber como eram ela e Iddin hoje.

Esse não era o momento de recriminar seu pai, por isso não toquei no assunto. O que ela gostava de fazer, quais eram seus hobbies, que tipo de música ela ouvia, sua cor favorita ainda era rosa-shocking? Iddin ainda tinha a mancha loira na parte de trás da cabeça? As perguntas prosseguiram.

Depois, expressei minhas emoções.

> *Seja como for, não posso e não vou fingir ser algo ou alguma coisa além do que sou, sua mãe, com qualidades e defeitos. Tenho amado você e sentido sua falta com todas as fibras de meu coração e de minha alma por todos esses anos... Amo você milhões, bilhões, trilhões e infinitos, e sempre a amarei.*

Também escrevi que não queria a atenção da mídia e que estava muito preocupada com a possibilidade de nossa comunicação particular se tornar um catalisador para um novo circo da imprensa. Explicando como havia me recusado a dar entrevistas sobre assuntos pessoais por um bom tempo, porque preferia uma vida mais reservada, esperava que ela pensasse como eu.

Depois descrevi o sobrado onde morávamos e o jardim.

Decidi não enviar o número do telefone de casa, porque não queria pressionar Shahirah ou envolvê-la em qualquer situação que pudesse ser emocionalmente sufocante para ela. Só rezava para receber uma resposta. Depois de clicar no botão enviar, obriguei-me a levantar da cadeira diante do computador e sair da sala com um único e rápido olhar para a tela iluminada.

Durante as 24 horas seguintes concentrei-me da melhor maneira possível no aqui e agora, tentando manter minha mente teimosa longe do equipamento eletrônico. A doce Verity sentiu minha preocupação e exigiu atenção extra.

Para tornar a situação ainda mais complicada, tive um episódio de contrações prematuras e fui levada à maternidade no meio da noite para uma bateria de exames sobre a condição do bebê. Exausta e com instruções para permanecer na cama, uma sugestão ridícula para uma mulher que é mãe de uma criança pequena e ativa, não tive oportunidade de verificar meus e-mails antes do final da tarde seguinte, quando contei mais uma vez com a valiosa ajuda de *Play School*.

Fechando os olhos, controlei o nível de minhas expectativas, mas meu coração clamava por um milagre. Disse a mim mesma para lembrar que Iddin e Shah viviam dentro de uma religião e de uma cultura muito diferentes da minha. Shahirah podia estar se rebelando num nível intelectual e o contato inicial seria tudo que eu teria. Dar esse salto, simplesmente, já era uma grande iniciativa para uma menina criada pela família real que eu conhecera e rejeitara. O primeiro e-mail podia ser apenas curiosidade adolescente que se dissiparia diante da realidade do contato direto.

Com emoções complexas e contraditórias, movi a mão, levando o cursor pela tela para abrir minha caixa de e-mail.

Minhas mãos começaram a tremer. Havia uma resposta para a mensagem que eu enviara a Shahirah:

Querida mamãe, sim, sou eu mesma, sua Shah, e também amo você. Sinto MUIIIITO sua falta...

Eu desmoronei, e chorava muito enquanto tentava ler o restante do precioso e-mail. O autocontrole de ferro a que eu havia recorrido tantas vezes ao longo da última década me abandonou por completo, e eu me mantive agarrada ao barbante do balão de esperança que começava a subir. Meu rosto doía pelo esforço daquele sorriso tão largo que eu mantinha, como uma idiota, enquanto chorava. Ela me chamara de mamãe e havia dito que me amava e sentia minha falta. Nenhum cartão jamais poderia transmitir mensagem mais linda. Enquanto fico aqui sentada relendo este capítulo, percebo que essa imagem mental do dia em que recebi a primeira resposta de Shahirah ainda me faz sorrir. Não posso evitar. Os anos passados desaparecem e volto àquele momento.

Encontrei Bill no jardim; não ousava sequer sussurrar as novidades por medo de ser ouvida. Levei meu marido para dentro de casa e chorei em seus braços, depois o arrastei até o computador e pedi que lesse, embora, de maneira ilógica, me negasse a soltá-lo, tamanha minha necessidade de ser amparada e abraçada naquele momento.

Tive de ler o e-mail de Shahirah várias vezes antes de perceber que ela havia anexado fotos dela e de Iddin. Emocionada de novo, chorei convulsivamente ao ver meus filhos pela primeira vez em 11 anos. Foi chocante e fabuloso ver meus pequeninos em corpos adultos, e para mim eles eram lindos. Shahirah acrescentou explicações sobre cada uma das imagens. Em uma delas ela aparecia sem o véu para que eu pudesse ver a cor de seus cabelos e como haviam crescido.

Em algum lugar no meio do texto lembro-me de ter lido que sua cor favorita agora era verde. Saber de uma preferência tão simples fez meus olhos se encherem de lágrimas novamente. Fiquei irritada com minha reação, mas ignorei todos os outros sentimentos e me entreguei ao momento de felicidade.

> *As pessoas me dizem em segredo que sou parecida com você e que temos a mesma cor de cabelo. Sou mesmo parecida com você? Espero realmente que sim!*

Uma adolescente magra, de olhar lânguido e com a beleza luminosa da juventude olhava para mim da tela do computador. Eu era capaz de ver parte de meu rosto refletida naquela fotografia, mas Shah tinha algo único e individual e não precisava ser comparada à sua extasiada mãe.

Havia também uma foto para a qual ela fizera Iddin posar: o retrato fora feito pelas costas e, sim, ele ainda tinha a mecha loira, a mesma mecha com que ele havia nascido.

Vê-lo me causou outro choque, porque, aos 20 anos, ele se tornara a imagem de meu pai. As pernas longas e finas e os braços magros haviam desaparecido; no lugar do menino desajeitado havia agora um jovem forte e encorpado; bonito, sério, e totalmente crescido. E ele tinha barba!

Aquilo era melhor do que eu havia esperado, porque, mesmo que tudo fosse só um sonho, mesmo que a comunicação fosse novamente interrompida, agora eu tinha fotografias — finalmente sabia como eram meus adorados filhos, e parecia que ambos eram mais altos que eu!

Iddin mandava transmitir seu amor, Shahirah escreveu, mas era um pouco tímido e avisava que escreveria em breve. Ela poderia ter o número do meu telefone para ligar para mim quando tivesse uma chance?

Respondi que sim, ela poderia ter meu número e ligar quando quisesse, e mais uma vez ressaltei meu amor e minha incredulidade com tudo que estava acontecendo. Com toda sensibilidade de que era capaz, informei Shahirah sobre a existência de Verity e meu casamento com Bill. Incluí notícias de pessoas de quem eu esperava que ela lembrasse e fiz comentários casuais que, esperava, ajudariam a despertar sua memória e a fariam se sentir menos deslocada em nosso relacionamento.

Ainda havia um pequeno detalhe a tratar.

Seu pai sabe que você entrou em contato comigo? — eu perguntei.

Eu duvidava disso, e temia a reação dele quando soubesse, se descobrisse.

Mas viveria um momento de cada vez, e naquele dia eu me permitiria sentir sem reservas como a mãe de dois filhos crescidos e uma filha pequena. Abracei Verity alegremente até ela rir, gritar e se soltar.

Que dia fabuloso! Alguns poucos minutos haviam mudado minha vida. Depois de todos aqueles anos, eu tinha detalhes tangíveis sobre as pessoas em que meus filhos perdidos se transformaram.

Capítulo 28

Um Luddite, um bebê e uma cura

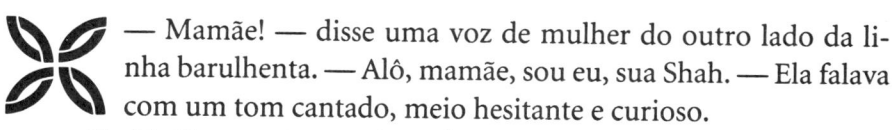 — Mamãe! — disse uma voz de mulher do outro lado da linha barulhenta. — Alô, mamãe, sou eu, sua Shah. — Ela falava com um tom cantado, meio hesitante e curioso.

— Shah? Oh, meu Deus, Shah! É você mesmo? Sua voz é tão adulta, meu amor — eu disse antes de começar a chorar e soluçar.

— Ah, não chore, mamãe, está tudo bem — Shah me consolou. Fui imediatamente invadida por uma variedade de pensamentos complexos e ilógicos: aborrecimento por não ser capaz de reconhecer a voz de minha própria filha; alívio por um dos meus maiores desejos estar se realizando; pânico por não saber o que dizer àquela estranha.

Eu não precisava ter me preocupado. Quando consegui me controlar, simplesmente começamos a conversar — com uma certa estranheza, sim, mas foi maravilhoso. Percebi que aquele primeiro telefonema devia ser acima de tudo honesto, mas também devia ser tão livre de ansiedade e pressão quanto possível depois de eu ter passado 11 anos, seis meses e 15 dias sem ver minha filha. "Sem desespero", uma voz dentro de mim aconselhava.

Shah soava esplêndida, ao mesmo tempo inteligente e ingênua, perspicaz, risonha e magoada — e tudo isso eu percebi no tom de sua voz. Onze anos vivendo isolada de mim, tendo as decisões tomadas por ela, haviam tido um efeito inegável. Havia certa fragilidade em nossa conversa, como se ela e eu ainda tivéssemos de aceitar e entender a nova realidade.

Racionalmente, eu sabia que havia vivido uma vida completamente nova depois do sequestro, e que o mesmo acontecera com Shah. Eu não tinha mais uma posição de autoridade com ela; estavam longe os dias em que ela tinha 6 anos e eu era sua importante mãe — e eu deveria manter isso em mente enquanto conversávamos, chorávamos e voltávamos a conversar.

Tentei manter um tom leve e fracassei miseravelmente. Mas devo ter feito algo certo, porque nosso relacionamento meio hesitante desabrochou. Naquele dia, nós duas demos um salto de confiança e começamos a ocupar um lugar, mesmo que pequeno, na vida cotidiana uma da outra. Para mim, a presença de Shahirah era uma constante, como havia sido desde o dia em que ela nascera, mas para Shahirah, eu precisava repetir sempre para mim mesma, eu não devia ser mais que uma presença pequenina e discreta em um canto de seus pensamentos.

Por anos, eu mantivera a convicção de que meus filhos voltariam para me ver quando fossem adultos, mas não esperava nada disso antes que eles tivessem 27 anos, mais ou menos. Eu precisava pensar nesses termos: havia calculado com calma os anos de educação, depois acrescentara o tempo que eles iam precisar para se estabelecer, profissionalmente ou em um casamento, encontrar sua autonomia e se libertar da presença invasora e do controle absoluto do pai deles. Sim, eu havia concluído, 27 anos seria uma idade plausível para adquirir independência dentro da família real de Terengganu.

Agora eu compreendia que havia subestimado a influência e o alcance da internet, e subestimara ainda mais a coragem de minha filha. Ela era, aparentemente, muito minha filha — fonte de muita dor de cabeça para o pai e as madrastas que ele dera a meus filhos. Confesso que saber disso me deu certa satisfação.

Que espantosa nova dimensão a tecnologia dera ao mundo! As crianças e eu havíamos sido censurados da vida um do outro, mas, algumas horas no Google, e Shah conseguira me rastrear e encontrar sozinha. Ela havia tomado conhecimento de meu trabalho na área da ajuda humanitária e em outras atividades. E agora, com a privacidade de um celular pré-pago, que não podia ser rastreado ou grampeado, uma infinidade de possibilidades se abria para nós.

Privacidade e sigilo eram minhas maiores preocupações. Os novos acontecimentos eram motivo de grande felicidade! Mas eu era obrigada a mantê-los escondidos do mundo. Shah ainda estava muito longe de ser considerada uma adulta na Malásia. Lá, a maioridade só chegava aos 21 anos, e mesmo um então integrante da família real islâmica era restrito a opções severamente limitadas. Iddin também não era legalmente adulto. Eu nem queria pensar no que o pai deles faria se descobrisse sobre esse contato, porque, pelas conversas que tive com Shah, pude deduzir que teríamos um sério problema se ele descobrisse. Meu maior medo era que casassem Shah contra sua vontade, ou independentemente dela, e ela fosse tragada pelo imenso abismo real.

Depois daquele primeiro telefonema de minha filha, escrevi uma lista de pessoas a quem sentia que podia contar a novidade sem correr riscos. Não que eu não pudesse confiar num maior número de amigos; pelo contrário, todos a quem eu contasse poderiam deixar escapar, talvez em um momento de euforia, aquela maravilhosa novidade relacionada à nossa família... e no final a imprensa acabaria tomando conhecimento de tudo, não por maldade, mas por excesso de alegria.

Sue MacArthur estava no topo da minha lista. Ela é madrinha de Shahirah. Eu ainda estava triste por Rob, marido de Sue e padrinho de Shah, ter morrido repentinamente durante a guerra em Kosovo, quando eu não pudera nem mesmo comparecer ao funeral. Sue havia conhecido Shah antes mesmo de minha filha nascer, e a amava, bem como a Iddin, com lealdade e incondicionalmente. Ela explodiu em soluços de alegria quando contei a maravilhosa novidade, e em seguida, antes mesmo de controlar-se, aconselhou:

— Não conte isso a ninguém. Pode ser perigoso demais para Shah.

Minha querida amiga compreendia os riscos envolvidos com tanta clareza que guardou segredo até dos dois filhos, Nick e Ben, dois rapazes que haviam sido praticamente criados com meus filhos e se consideravam primos.

Depois foi a vez de Patsy, que morava na Bélgica. Eu sabia que ela entendia minhas emoções, e minha conversa seria breve. Ela mesma preencheria as lacunas. Depois, Barry Goodman, meu querido amigo que voltara a viver em Londres. Meu querido Tony Williams nos havia apresentado durante um almoço, certo de que nos daríamos muito bem. Depois disso, Barry e eu dividimos nossas bibliotecas, e sempre tivemos grandes conversas e a confiança um do outro. Barry é um viúvo com um senso de humor esplêndido e uma espantosa capacidade de identificar e eliminar rapidamente bobagens e tolices. Foi ele quem providenciou para que o primeiro almoço em um restaurante e a primeira visita a uma galeria de arte de Verity acontecessem aos 8 anos e com a minha companhia. Barry é um padrinho maravilhoso para Verity e seria padrinho também do bebê que estava chegando. É claro, sussurrei a novidade para Deb Gribble, outra irmã que nunca tive; ela me apoiou em todas as horas tristes e nos dias de desespero e dor que se seguiram ao sequestro, e seu amor por Shah também era uma certeza em minha vida. Ela também chorou. Entrei em contato com Judith Curran na Nova Zelândia para informá-la, justamente quando ela se preparava para começar a filmar um novo documentário em algum clima exótico, e ela se sentou para chorar e rir. Sempre prática, sua primeira afirmação quando se controlou foi:

— Quer que eu vá hoje mesmo para lá e ajude a levá-la de volta para casa? O que mais posso fazer?

Meus amados padrinhos, tia Connie e tio Kevin, que eram mais pais que tios, atenderam ao telefonema na cozinha da casa onde viviam desde que se aposentaram e venderam a fazenda de produção de laticínios.

— Minha querida, que notícia maravilhosa — disse tia Connie. — Tome muito cuidado por você também, não só pelas crianças. Amamos todos vocês.

Alta e elegante, Heather Brown rompeu em lágrimas, debruçada sobre a pia da cozinha ao ouvir a notícia.

— Meu Deus! — Ela soluçou. — Não acredito! Não podemos contar a ninguém; já vivi na Malásia, sei bem que complicações poderiam surgir para todos vocês. Oh, isso é maravilhoso, não consigo parar de chorar!

Gostaria de que meu querido agente, Tony Williams, recebesse minha confiança nesse momento de euforia, mas ele morrera de repente, vítima de um tipo agressivo de câncer três meses antes. Mas eu podia jurar que ouvia sua voz rouca e profunda quando recebia a notícia. "Vá devagar, meu bem. Apenas vá devagar. Você não tem escolha, querida."

Exausta, ao final de um dia muito emocionante, me deitei com Verity dormindo em meus braços e mergulhei num sono profundo de felicidade envolvente e sem reservas. Perto do amanhecer, porém, um sopro gelado de medo penetrou em meu quarto. Sentei-me ao lado de Bill e retirei Verity de meus braços com todo cuidado.

De agora em diante eu teria de disfarçar. Teria de esconder a verdade sempre que ouvisse a inevitável pergunta:

— Você falou com seus filhos?

Como eu poderia me esquivar dessa inofensiva, mas assustadora, linha de questionamento?

Foi naquele momento que tracei minha estratégia, a manobra com a qual me libertaria dos perigosos cantos escuros, uma resposta padrão, que satisfaria os curiosos. Sempre que a pergunta fosse feita, eu mudaria sutilmente de assunto, como fazem os políticos e diplomatas do mundo todo.

— Gostaria de poder abraçá-los, só isso. Já faz tanto tempo... fico imaginando como seria maravilhoso ter um abraço. No momento, não posso falar sobre isso porque vou acabar chorando. Sei que entendem minha posição. — Eu concluiria com um toque rápido no braço do interlocutor e um agradecimento emocionado, encerrando o inquérito e mudando de assunto.

Não era realmente uma mentira, me confortei; estaria dizendo a verdade enquanto me esquivava da pergunta. Mais importante, e essa deveria ser minha principal preocupação, eu estava protegendo meus filhos. Eles deveriam vir em primeiro lugar, antes das minhas sensibilidades, do interesse do público e da imprensa.

Mas tudo isso era muito difícil, como logo descobri, e Bill e eu começamos a reduzir nossa atividade social a grandes eventos, como batizados e casamentos, ou pequenas reuniões com as pessoas que sabiam o que estava acontecendo. Era um esforço imenso manter aquele grande segredo, mas tudo isso valeria a pena. Era pelo bem dos meus filhos, para protegê-los nesse momento de iniciativa e ampará-los no início hesitante e incerto dessa longa caminhada de volta.

Meu contato com Iddin foi, inicialmente, muito mais difícil do que com Shah. De alguma maneira, com a irmã havia sido mais simples falar sobre coisas de mulher.

Felizmente, eu conhecia muitos adolescentes e jovens, e sabia que eles tinham dificuldades para verbalizar suas emoções. Imaginava que esse fosse o caso de meu filho: embora estivesse na idade em que a maioria dos rapazes ocidentais começa a se libertar dos elos que os prende aos pais, Iddin ainda pertencia à esfera de influência de meu ex-marido.

Tímido na infância, Iddin sempre fora cauteloso, raramente se envolvendo em uma atividade sem antes calcular a possibilidade de sucesso. Ele sempre fora o retraído, o pensativo, o que passava mais tempo ruminando problemas e procurando soluções, por isso eu podia imaginar a confusão que minha presença causava em sua vida razoavelmente estável agora. Queria conhecer e entender aquele jovem em que ele se transformara, e sabia que qualquer contato entre nós teria de servir para confirmar com clareza meu reconhecimento de sua condição de adulto.

Dentre todas as pessoas, eu tinha de respeitá-lo, e demonstrar esse respeito, porque suspeitava que seu pai, um consumado manipulador e tirano, ainda tentava controlar todos os aspectos da vida do filho mais velho. Jovens inteligentes precisam da segurança, do respeito e da certeza de igualdade com os pais quando amadurecem. Sem a confiança dos pais em seu caráter e bom senso, a autoestima e a confiança de um filho não podem se desenvolver.

Encarando a situação de frente, telefonei para Iddin, a pedido de Shah. Ela me deu o número. Eu sabia que Iddin nunca se sentira muito confortável com o mundo das palavras quando era menino e compreendera esse desconforto depois do diagnóstico de uma forma moderada de dislexia. Por isso, um telefonema rápido poderia ser a melhor maneira de começar a retomar o contato com ele. Além do mais, ele estava prestes a completar 20 anos, e eu não podia perder mais nenhum aniversário.

Telefonei três vezes para o número de celular e desliguei antes mesmo do primeiro toque, tentando controlar o nervosismo. Finalmente, na quarta ligação, deixei o telefone tocar do outro lado.

Rapidez, precisão e amor. Esses eram meus objetivos. Eu não sabia se teria outra chance.

Alguém atendeu.

— Alô, Iddin, é mamãe. Lamento estar invadindo sua privacidade, e não quero causar nenhum desconforto, mas queria muito ouvir sua voz. Amo você, sinto muitas saudades, e lamento profundamente não ter conseguido trazer vocês de volta para casa, mas eu tentei. Tentei muito, sempre, mas foi impossível.

(Rápido intervalo para respirar.)

"Mandei presentes, cartões e cartas e não sei se você os recebeu algum dia. Só queria que soubesse que tenho um orgulho imenso de tê-lo como meu filho e vou amar você para sempre, seja qual for sua opção quanto ao que vai fazer com sua vida."

(Mais uma pausa e um soluço contido.)

"Agora vou desligar. Lamento ter sido tão invasiva. Amo você e..."

— Mãe, não desligue! Sinto muito por não ter escrito ou telefonado depois de Shah ter conseguido seu e-mail e o seu telefone, mas, mãe, eu não sabia o que dizer ou como escrever. Estou assustado, mãe! E também amo você.

Aquele foi o telefonema mais tenso da minha vida, e o melhor, também. Uma imensa onda de paz me invadiu quando ouvi meu filho dizer que me amava e se lembrava de mim. Por enquanto, isso era suficiente.

Capítulo 29
Lysander, o magnífico

A importância de descobrir quem meus filhos eram como indivíduos adultos estava centralizada em minha mente. Por eles terem sido sequestrados juntos, era mais fácil pensar neles como um par. Eu precisava fazer um esforço consciente para permitir que eles tivessem a verdadeira individualidade. As experiências que tiveram naqueles anos, de acordo com gênero, conquistas escolares, obediência e capacidade de adaptação, deviam ser muito variadas. Pouco a pouco, enquanto conversávamos e nos correspondíamos, eu ia descobrindo mais sobre cada uma daquelas pessoas amadas.

E durante todo esse tempo eu via Verity crescer e progredir, tornando-se uma criatura muito divertida e sorridente, segura do amor de Bill e do meu amor. Ela adquiriu o hábito de dar banho em uma das bonecas que havíamos lhe dado, acostumando-se com a ideia de ter um irmão menor, e pressionava os lábios contra minha barriga e conversava com o bebê sobre pintura, comida e tudo que passasse por sua cabeça. Assistimos juntas a um vídeo sobre parto e ela não ficara perturbada; pelo contrário, o processo todo despertara seu interesse. Ela havia adorado saber que crescera dentro do meu ventre e ainda conseguia se lembrar de como era mamar em meu seio.

De longe, Shah também estava fascinada com as descrições dos movimentos do bebê dentro de mim e com as fotos que eu mandava para ela por e-mail. Eram imagens minhas e de Verity. A gravidez levou a inúmeras conversas com Shah sobre meus sentimentos por ela, seu nascimento e como ela havia sido quando pequena. Era importante para Shahirah ouvir e reconhecer o tom maternal em minha voz. Verity e Shah começaram a desenvolver um relacionamento. Elas tinham conversas rápidas por telefone e Shah começou a chamar Verity de "V", seu apelido para a irmã menor.

❧

A dor vinha em círculos concêntricos que começavam na parte inferior das minhas costas. Apoiando os braços na cama, eu balançava o corpo enquanto Bill massageava minhas costas e Sue lia em voz alta um artigo de um jornal. Era 21 de abril de 2003, segunda-feira, e eu estava em trabalho de parto pela quarta vez na vida.

Verity estava segura com os avós, os pais de Bill, e ficaria com eles até o nascimento do irmão. Eu sabia que eles a mimariam até não poder mais, porque eram inteiramente devotados à neta, a primeira da família. Bill comentava rindo que toda a severidade grega com que ele fora criado desaparecia por completo quando seus pais estavam com Verity.

As horas passavam e eu caminhava e me balançava, tentando acelerar o processo. Em determinado momento, telefonei para Shah na Malásia.

— Mãe! O bebê já nasceu? — ela gritou antes mesmo de eu dizer alô. Minha filha estava completamente envolvida naquele momento e queria uma descrição de como eu me sentia. Foi uma situação incrível aquela de sussurrar secretamente para minha filha, enquanto ela me incentivava a trazer ao mundo seu mais novo irmão!

As coisas nem sempre acontecem como planejamos com os bebês, e foi isso que aconteceu no nascimento de Lysander. Instintivamente, eu sabia que nem tudo estava bem, mesmo quando as dores se intensificaram, elas não eram realmente dolorosas. Doze horas se passaram desde o início do trabalho de parto, as contrações aconteciam a cada noventa segundos, e eu ainda podia falar, brincar e andar. Devia estar transtornada pela dor àquela altura, já sentindo a necessidade de fazer força, mas o peso na pélvis era estranho, diferente dos bebês anteriores.

O médico fez outro exame pélvico e a notícia não foi nada boa. A criança havia inclinado a cabeça para trás, desviando da passagem. Os batimentos cardíacos do bebê ainda eram fortes, mas meu coração começava a dar sinais de fadiga. Ter um parto normal bem-sucedido e seguro com um quadro como aquele era impossível, considerando a fragilidade de meu músculo cardíaco. Eu seria submetida a uma cesárea de emergência, e esse era meu maior medo com relação ao parto.

Menos de vinte minutos depois, eu me encontrava deitada em uma sala cirúrgica, entorpecida da cintura para baixo e sendo sacudida e pressionada enquanto o médico tentava puxar nosso filho pela incisão em meu ventre. Bill estava sentado ao lado do meu ombro esquerdo, e havia uma fina camada de suor cobrindo sua testa. Eu sabia que ele temia desmaiar ao ver o sangue, mas meu marido foi envolvido pela emoção do momento quando Lysander Antonio foi erguido sobre a cortina cirúrgica que cercava meu ventre. Eram 9h21 da noite de 21 de abril.

Bill cortou o cordão umbilical e eu tive um momento para beijar a testa do pequeno Lysander enquanto ele chorava alto.

Alegria e alívio me invadiram, e chorei, atordoada pela quantidade de analgésicos e anestésico circulando em meu corpo. Mas, de repente, tudo se complicou. Eu estava tendo uma hemorragia.

Bill foi retirado do centro cirúrgico, Lysander foi levado por uma enfermeira antes que eu pudesse realmente olhar para ele, e os médicos voltaram a trabalhar com afinco e seriedade.

Duas horas depois, suturada e dopada com morfina até as orelhas, segurei Lysander pela primeira vez e pude inspecionar nosso filho, com Bill alerta ao lado da cama, já que eu mal podia sustentar o peso do bebê sem ajuda. Ele era lindo! E enorme!

Dos meus quatro filhos, Lysander foi o que nasceu maior, com 3,900 quilos e 62 centímetros de comprimento. Decidimos que era melhor começarmos a economizar para mandar fazer sapatos por encomenda! Sua cabeça tinha uma circunferência de 37,5 centímetros, o que me fez sentir uma enorme gratidão pela cesariana.

Lysander tinha olhos azuis radiantes e cabelos muito loiros, e dedos muito longos nas mãos e nos pés. Ele mamava com gosto, emitindo muitos grunhidos de satisfação antes de adormecer.

Bill me deu o telefone anunciando que era Shah. Ele havia ligado para minha filha para dar a notícia do nascimento. A conversa foi emocionante: as drogas estavam fazendo efeito, e eu estava tão feliz que só conseguia chorar. Milhares de quilômetros distante dali minha filha chorava comigo e eu recordei o milagre do nascimento de todos os filhos que tive, esperando que logo pudesse apresentá-los uns aos outros.

Capítulo 30
Sobrecargas e montanhas-russas

Minha vida agora era repleta de leveza de espírito, e eu me dedicava à maravilhosa alegria de cuidar de meus dois filhos mais novos. Verity e Zan se amavam intensamente, quando não estavam brigando, como fazem todos os irmãos.

Verity havia começado a frequentar a pré-escola e estava encantada com a novidade, e Lysander era uma criaturinha feliz e tranquila com cachos loiros e brilhantes olhos azuis. Sempre que podia, Verity passava o dia todo pintando ou desenhando, e os dois me pediam para ler livros e contar histórias o tempo todo.

Às vezes, era impossível não pensar que, com a maravilhosa experiência de ser mãe novamente, meu mundo todo havia começado a se endireitar; minha vida era finalmente cheia de amor e paz.

As crianças cresciam, e comecei a escrever como *freelance* para algumas revistas e também estava participando regularmente dos cursos de treinamento consular do Departamento de Relações e Comércio Exterior (DFAT), como consultora. Ensinava aos diplomatas como lidar de maneira solidária com pessoas transtornadas, como pais deixados para trás que pudessem procurá-los em busca de ajuda e orientação. Eu considerava incrível que houvesse feito esse tipo de trabalho em Washington, para um governo estrangeiro, muitos anos antes. As engrenagens da mudança sempre giram lentamente na Austrália, embora nesse caso, por meio do meu trabalho com o departamento, tenha compreendido que um novo vento soprava para longe toda a rigidez e a falta de flexibilidade do antigo. Estava orgulhosa da minha ligação com o DFAT e com as mudanças ali ocorridas.

Naquele tempo, eu trabalhava apenas esporadicamente na área de sequestro parental — havia sofrido simplesmente um esgotamento nesse campo —, mas estava muito satisfeita porque, ao longo dos anos, algumas das minhas recomendações haviam sido adotadas pela União Europeia, pela Procuradoria Geral da Austrália, pelo Conselho de Tribunais da Inglaterra, pela Associação do Direito de Família de Hong Kong, por um corpo de juízes americanos especializados em direito de família e, mais recentemente, pelo DFAT.

Bill também havia feito mudanças se afastando de sua antiga vida de executivo em uma empresa multinacional de telecomunicações. Já com um diploma de ciências, ele voltou à universidade para prosseguir com os estudos, ao mesmo tempo dedicando-se à paixão pela construção civil e fundando uma nova firma de edificações. Ele também manteve um pé no campo da tecnologia e continuou atuando como consultor para grandes organizações que necessitavam de seus conhecimentos.

Havíamos decidido que precisávamos de mais espaço para a família, então maior, e queríamos nos preparar para a possibilidade de Shah e Iddin manifestarem o desejo de visitar-nos um dia. Por isso, Bill se dedicou a reformar e aumentar a casa que possuíamos ao lado da nossa, construindo mais um andar e transformando com grande habilidade e bom gosto uma casa térrea em estilo vitoriano num sobrado arejado, iluminado e moderno de quatro dormitórios. Ele mesmo realizou o trabalho durante o ano de 2005, com uma equipe de operários e minha ajuda, embora esta se limitasse ao preparo do almoço de todos os trabalhadores, todos os dias! Anton, meu incrível sogro, então com 70 anos, insistiu em trabalhar todos os dias na reforma. Seus netos, Verity e Lysander, amavam o *Papoo*, e se alegravam com sua presença.

Eu sentia falta do trabalho na área da ajuda humanitária, mas partir num piscar de olhos para uma zona de guerra ou desastre natural quando se tem uma família, especialmente com filhos pequenos, é algo simplesmente impossível. Depois do tsunami no Sudeste da Ásia, no final de 2004, fiz uma captação de recursos para a Care, e fiquei feliz por poder contribuir para o esforço de apoio, mesmo que tão discretamente. Provavelmente, sempre sentirei certa agitação quando vir lugares e pessoas que poderia ajudar se ainda estivesse no campo, e duvido que algum dia possa arrancar completamente de mim essa parte do passado. Não acho que queira tirar tudo isso de mim, porque espero que meus filhos um dia conheçam essa minha história e se orgulhem dela.

O contato com Shah e Iddin foi se tornando cada vez mais frequente, rico e íntimo. Não mediamos esforços para mantê-lo em segredo. O peso de guardar para mim essa maravilhosa novidade diante de tantos queridos e bem-intencionados conhecidos indagando sobre minha família era um desgaste diário; eu sempre dizia a mim mesma que as crianças deviam estar acima de tudo e de todos, e me mantinha calada.

Aos poucos, tive a honra de saber que me tornava confidente de Shah, e, aos poucos, amiga de Iddin. Foi uma grande alegria receber uma mensagem de texto dele, desejando-me um feliz Dia das Mães e dizendo que eu era a melhor mãe do mundo. Votos de um feliz Natal, ou simplesmente um olá inesperado, eram motivo de grande alegria. O simples prazer de uma mensagem de texto, ou um telefonema no meu aniversário, depois de tantos anos, significava muito para mim. Deixara de fingir que não sentia inveja quando todas as mulheres à minha volta viviam essas doces experiências da maternidade. Agora que havia recuperado tudo isso, jurei nunca mais tratar o amor de meus filhos como presença certa e constante.

Shah havia começado o curso de arquitetura. Ela não parecia muito entusiasmada com a faculdade, e me desapontava perceber que não era incentivada a prosseguir, ou que nem tinha a chance de descobrir sua verdadeira vocação ou seu real interesse. Mas algumas coisas, como o véu e os estudos, ainda pertenciam à esfera de comando de seu pai, aparentemente.

JACQUELINE PASCARL

Àquela altura, Shah e eu havíamos adotado apelidos. Shah tinha um amor profundo por *Little Woman*, de Louisa May Alcott, e há muito tempo eu também havia chorado debruçada sobre o livro. Falávamos sempre sobre a família March, e no fim eu me tornei sua "Marmee", e ela passou a ser minha "Jo Girl".

Enquanto isso, Iddin era um jovem adulto tentando encontrar seu lugar e seu caminho no mundo. Fiquei muito orgulhosa quando, no final de 2005, ele finalmente encontrou sua voz e sua paixão, a fotografia, e decidiu seguir a própria vontade em vez de se curvar aos ditames do pai. Era preciso muita coragem para ir contra as expectativas da família real.

261

Capítulo 31

A Dona Aranha

— Mãe, acho que vou a Londres e a Paris com Abah (o pai dela) e os outros por uma semana, mais ou menos. O que vou fazer? Vou ter de cuidar de cinco ou seis crianças, porque as mães não vão com a gente! — Shah se referia aos meios-irmãos, filhos das numerosas esposas do pai dela.

Eu queria entender o subtexto por trás daquela declaração.

O relacionamento de Shah com o pai era volátil; nem sempre ela era a filha obediente que ele exigia que fosse. As crianças nunca haviam tido permissão para fazer nem ao menos uma viagem sozinhas; a questão do passaporte certamente era um problema, mas lá estava Bahrin propondo uma viagem internacional a Shahirah, no auge do inverno, era verdade, e para o ponto do globo mais afastado de onde morava a mãe dela. Ao que parecia, ele evitara mencionar meu nome para as crianças e nunca entregara minhas cartas e presentes em todos aqueles anos; provavelmente, ele agora acreditava que os anos de doutrina e disciplina haviam varrido da mente dos filhos toda e qualquer lembrança do passado comigo. Ele ainda não tinha ideia de que eu, Shah e Iddin mantínhamos contato e se soubesse, certamente ficaria furioso! Afinal, aquele era o homem que insistia em escolher as roupas das esposas e dos filhos... para combinar com as dele!

A oferta a Shah era uma grande novidade, e criei vários cenários em minha cabeça. O pai dela propunha uma viagem de lazer por suspeitar de que ela se desencantava com a vida restrita, cheia de normas e regras?

Shah e Iddin haviam dito que queriam muito voltar para a Austrália, mas o rompimento definitivo era emocionalmente mais difícil para eles do que todos nós esperávamos. Visitar-me seria uma declaração de rebeldia contra o pai e tudo que havia sido incutido neles. Em uma cultura de submissão e obediência incondicionais, essa atitude seria considerada um desrespeito de primeira ordem e constituiria grave perda de autoridade para Bahrin entre seus pares e diante do povo em geral.

Para Shah e Iddin, pensar em deixar a Malásia era uma atitude incrível, porque lá estava tudo que eles conheciam.

Financeiramente, eu não tinha o poder para abrir o talão de cheques e assinar uma nova vida para meus dois filhos mais velhos. Podia pagar pelas passagens, sim; podia garantir um teto sobre suas cabeças e comida na mesa, é claro; e podia assegurar amor infinito e aceitação incondicional. Mas comigo eles não teriam o estilo de vida e os entretenimentos que tinham na Malásia. Nenhum dos dois jamais havia trabalhado; membros da realeza não iam trabalhar no balcão do McDonald's depois da aula. Shah tinha dado algumas aulas particulares em troca de algum dinheiro, mas essa não era a realidade da vida de um estudante na Austrália. Os dois estavam habituados à generosa mesada dada por Bahrin, mesmo que houvesse condições atreladas a esse dinheiro. Como eles lidariam com a nova vida em um novo país?

Dois anos se passaram desde o primeiro e-mail de Shah, e às vezes um ou outro se mostrava disposto a romper com tudo e ir viver na Austrália, mas nunca ambos ao mesmo tempo, o que era realmente frustrante. Percorríamos boa parte do caminho propondo soluções, até que um decidia que não queria partir sem o outro. O tempo ia passando.

Tentando soar casual, eu disse a Shah que, se ela quisesse, eu poderia providenciar para que ela chegasse em casa partindo de Paris ou Londres. Tudo que ela tinha de fazer era se dirigir à Embaixada australiana, e de lá eles a encaminhariam. Sob a lei da Austrália, eu lembrei, ela era adulta e perfeitamente capaz de fazer o que quisesse.

Ainda hesitante, ela começou a perguntar o que teria de fazer. Minha filha receava não conseguir sair sozinha pelas ruas de Paris ou Londres, por isso, dei a ela o número de telefone de Patsy e Barry. Ambos eram completamente confiáveis, e qualquer um deles largaria tudo que estivesse fazendo para ir ajudar minha filha. Barry vivia no centro de Londres e Patsy iria de carro buscar Shahirah sem demora em qualquer lugar de Paris.

Shah e eu traçamos um plano ao longo de alguns dias de intensos telefonemas. Se ela se sentisse suficientemente confiante, tentaria sair do hotel sozinha em Londres ou Paris, sem que o pai percebesse sua ausência, tendo antes ligado para Patsy ou Barry. Ou talvez ela simplesmente entrasse no provador da Harrods ou da Printemps, de onde desapareceria.

Em seguida, liguei para o Departamento de Relações Exteriores. Era muito bom poder falar diretamente com o chefe de gabinete, responsável pelos assuntos do Consulado, graças ao meu trabalho naquele departamento. Eles entraram imediatamente em ação, notificando as várias unidades no exterior e abrindo caminho para a arriscada empreitada.

Barry e Patsy também foram prevenidos e estavam prontos para agir. Eu mantinha os dedos cruzados e rezava por um milagre, mas sufocava o entusiasmo e fingia que nada de anormal estava acontecendo.

Nós nos mudamos para a casa recém-reformada no meio da viagem de Shah para a Europa. Estava tudo pronto, exceto a cozinha. A culinária doméstica estava limitada a churrascos e a alguns outros pratos preparados, adivinhem onde, na churrasqueira! Felizmente era verão.

Montei a árvore de Natal com Verity e Zan e coloquei no topo nossa fada já velhinha, sempre me perguntando se Shah ainda poderia vê-la ali no Ano-novo.

O Natal estava próximo. Barry telefonou para mim dois dias antes do feriado, e eu tive de prender a respiração para controlar minha ansiedade.

Sim, Shah havia entrado em contato com ele pelo celular algumas vezes, mas depois se seguira um período de silêncio.

Racionei minhas lágrimas a dez minutos de solidão no banheiro. Tinha anos de experiência com as mais variadas formas de desapontamento, disse a mim mesma no espelho. Era hora de usar essa experiência.

Ainda havia uma chance de Shah colocar nosso plano em prática, mas sentia que ainda não seria dessa vez que eu teria minha filha nos braços. Concentrei minha atenção nos pequenos, que estiveram cercados por papéis coloridos e fitas brilhantes quando Barry, padrinho deles, telefonara.

Mais tarde, Shah me explicaria que simplesmente não tivera coragem de deixar as irmãs menores sozinhas, inseguras e agitadas em uma grande e desconhecida loja de departamentos, e que ela também tivera medo de se aventurar. Disse a ela que estava tudo bem e que a decisão seria sempre dela. Eu garanti que não estava aborrecida. Amava-a de qualquer maneira, perto ou longe de mim, sem condições ou reservas, sem a necessidade de vê-la sentada na nossa sala de estar. Eu a veria quando e se o momento fosse oportuno para ela.

Capítulo 32
Veio a chuva forte

Terça-feira, 14 de fevereiro de 2006, mais um dia que começava como tantos outros. Verity havia iniciado o ensino fundamental alguns dias antes, na mesma escola que Bill havia frequentado, na esquina da nossa casa. Para ela, era motivo de orgulho seguir os passos do pai, como ela se alegrava em anunciar a todos que quisessem ouvir. Eu ainda tentava me conformar com a rápida passagem do tempo! Verity tinha 5 anos e era, de repente, uma pequena estudante.

Naquele dia, Lysander não estava muito animado, talvez em consequência da anestesia geral e das três horas de cirurgia a que fora submetido alguns dias antes para correção de um problema dentário. Um CD infantil conseguira provocar um esboço de sorriso e alguma participação, mas ele insistia em assistir a um DVD dos *Thunderbirds*, dizendo que a boca ainda doía e que ele não queria ir brincar no jardim naquela tarde tão agradável. Ainda tentava convencê-lo a ir brincar com o trenzinho, em vez de assistir à tevê, quando o telefone tocou:

— Mãe! — soluçou a voz do outro lado. — Quero ir para casa agora! Agora, mamãe! Não posso mais!

— Shah, o que aconteceu, meu bem? O que houve? Está ferida? — Eu estava em pânico.

— Não, mãe, simplesmente não posso mais continuar estudando arquitetura — ela chorou. — Odeio tudo aquilo, e quero ir para casa e ver você *agora*!

Gradualmente, consegui acalmá-la, e começamos a pensar em como ela poderia vir para casa.

— Shah, você ainda tem o passaporte malaio que usou para a viagem à Europa?

— Tenho, mãe, mas Abah pode ter posto um identificador de segurança no documento e, nesse caso, eu serei detida quando tentar deixar o país.

Bahrin podia mesmo usar esse tipo de artimanha, porque ela era legalmente menor de idade na Malásia.

Tentei pensar nas palavras certas para dizer. Tudo que consegui foi:

— Querida, se quer vir para casa, vamos encontrar um jeito de fazer isso acontecer.

Ela ainda estava nervosa, mas garantiu que era isso que queria; agora, eu só precisava pensar em um plano.

— Preciso de um tempo, querida, pelo menos até amanhã de manhã, para pensar em tudo isso e achar uma saída. Mas quero que comece a se preparar imediatamente. Se não queremos que seu pai descubra o que está fazendo...

— Não posso contar a ele — Shah chorou. — Ele vai me impedir, com certeza, vai me mandar de volta para Terengganu, e então nunca mais vou poder ver ou falar com você. Ele não entende que não sou feliz aqui e que não posso fazer o curso de arquitetura só porque ele quer que eu seja como ele! Preciso ver você, mãe! — Ela soluçava convulsivamente. — Quero ir para casa. Quero ser eu mesma.

— Tudo bem, querida, a primeira coisa é entender que a melhor maneira de partir, se acha mesmo que Abah pode ter criado algum tipo de alerta para detê-la, é chegar na Causeway.

A Causeway é a ponte que liga a península da Malásia com a República de Cingapura, a algumas horas de carro de onde Shahirah estava morando. Centenas de ônibus e carros atravessavam a ponte todos os dias, levando mão de obra barata da Malásia para a afluente Cingapura. Shahira teria mais chances de deixar a Malásia por aquela saída do que por qualquer outra. Era normal que os malaios fossem passar o dia em

Cingapura ou fazer compras. Shahirah daria a impressão de estar atravessando a ponte para um inocente passeio de compras. Se fosse pega, pareceria menos suspeito se ela estivesse sem bagagem. No fim, a impressão seria de que ela estava sendo um pouco travessa, saindo para comprar algumas bobagens sem autorização do pai. O fato de ela ainda precisar da autorização dele para alguma coisa aos 21 anos de idade me deixava furiosa. Minha filha era adulta; ninguém mais devia ter controle sobre ela.

— Vai ter de atravessar a ponte bem cedo — continuei. — Você ainda anda sempre com um guarda-costas?

— Não, não que eu tenha notado. Desde que fui para a universidade, não há mais guarda-costas. Por outro lado, papai sempre toma providências para manter muita gente de olho em mim.

— Muito bem, você vai ter de ser muito corajosa e organizada, e vai ter de fazer tudo exatamente como vou lhe dizer, Jo Girl. Não pode contar a ninguém que vai partir e não pode levar nada além de uma mochila, como se fosse apenas passar algumas horas fora de casa.

— Minha amiga acha que devo contar ao Abah que vou abandonar a universidade. Ela se ofereceu para ficar comigo, mas tenho medo.

— Por quê? O que acha que pode acontecer se falar com seu pai sobre isso? — Mentalmente, lamentei a influência da tal amiga ingênua em quem Shah havia confiado, e também me perguntei se essa amiga realmente sabia que lado estava a manteiga no pão de cada uma delas.

— Não quero contar nada ao meu pai, mas quero que Iddin saiba que estou partindo. Talvez ele decida ir comigo.

— Tudo bem, a decisão é sua, mas precisa ser rápida. E vou ligar para seu irmão.

Respirando fundo, continuei explicando o plano que se formava em minha cabeça.

— Você vai ter de descobrir quais são os horários dos ônibus de Kuala Lumpur para Johore ou Cingapura, e vai me informar o horário daquele em que decidir embarcar. Tem dinheiro?

— Acho que tenho o suficiente para o ônibus, mas é só isso, mãe. — Ela soava mais calma, o que me deixou menos preocupada.

— Não se preocupe. Eu providencio a passagem aérea de Cingapura para Melbourne. Vou entrar em contato com as autoridades australianas e ver o que é possível fazer para nos ajudar.

Pensando na diferença de fuso horário, fiz um cálculo rápido sobre quem eu teria de procurar primeiro.

— Agora preciso desligar. Mantenha o celular ligado. Falo com você mais tarde.

O que aconteceu em seguida foi uma incrível sequência de telefonemas. Era final de expediente, mas consegui falar com o Departamento de Relações Exteriores em Canberra, e tivemos uma conversa bastante intensa. Para minha sorte, fui atendida por Tracey Wunder, responsável pelos Assuntos Consulares, e ela não mediu esforços para me ajudar. Mensagens diplomáticas foram enviadas imediatamente para a missão em Cingapura, mesmo depois de eu ter informado que tudo poderia se desfazer em segundos, porque Shah estava muito abalada emocionalmente.

Horas mais tarde pude ligar para minha filha com um plano concreto e um número de contato no Consulado australiano em Cingapura. Havia conversado demoradamente com o cônsul, Ross Tysoe, e me surpreendi com sua incrível serenidade e seu bom senso. E como se não bastasse, ele também era muito solidário.

Felizmente, de acordo com Shah, meu ex-marido estava em Dubai a negócios, o que eliminava a possibilidade de ele perceber alguma coisa e impedi-la de partir.

— Mãe, minha amiga quer me levar de carro até Cingapura para se despedir — Shah me contou, e mais uma vez eu tive de engolir a irritação com a tal amiga. De qualquer maneira, a escolha cabia a Shahirah, e eu concordaria com qualquer coisa que pudesse contribuir para a travessia segura da Causeway e sua chegada ao ponto de encontro em Cingapura.

Já havia sido decidido que a travessia seria mais segura bem cedo, ao amanhecer. A equipe do Alto Comissariado australiano havia sido alertada sobre a possibilidade de uma passageira especial nos próximos dias para um dos voos para a Austrália. Ficara acertado que qualquer voo para a Austrália serviria; o imperativo era tirar minha filha daquela região. Se não houvesse lugar disponível no avião, Shah viajaria na cabine de uma aeronave da Qantas, porque aquele era considerado território australiano e, portanto, regido pelas leis desse país.

— Não vamos mais discutir esse assunto pelo celular, sra. Pascarl — determinou meu contato oficial. — Há sempre muitos interesses à nossa volta — ele concluiu com tom crítico.

❧

— Ainda está disposta a seguir com o plano, querida? — perguntei a Shah em nossa próxima conversa telefônica, suspendendo a respiração enquanto esperava pela resposta.

— Sim, mãe — ela respondeu sem hesitar. — Preciso ir para casa. Quero ser livre.

— Muito bem, se tem certeza... Quero que compre um chip pré-pago para mais tarde. Quando estiver fora de Kuala Lumpur e em segurança, vai ter de tirar o antigo chip do seu telefone e jogá-lo fora.

As instruções estavam definitivamente completas.

Naquela noite eu quase não dormi: ainda teria de esperar algumas horas para saber se meu plano dera certo, e então poderia apagar 14 anos de aflição e saudade.

No dia seguinte, 15 de fevereiro, Iddin completava 23 anos. Resolvi ligar para ele mais tarde, quando fosse maior a probabilidade de meu filho estar sozinho. Se ele não vinha para casa com a irmã, era melhor não dar muitas informações para não colocá-lo em risco. A última coisa que queria era que ele fosse culpado pela partida de Shah. No dicionário de Bahrin, omissão era tão ruim quanto mentira. As áreas obscuras do comportamento eram reservadas estritamente para ele.

No outro dia, Shah e eu nos falamos regularmente a cada três horas a partir das 11h da manhã, horário de verão de Melbourne. A Malásia estava três horas atrás de nós, e eu mal consegui fazer minhas coisas durante o dia enquanto os ponteiros do relógio se moviam lentamente, marcando minutos e segundos. Bill mantinha Verity e Lysander ocupados, me deixando à vontade para ficar nervosa. Pulando de susto cada vez que o telefone tocava, me mantive diante do computador, cuidando dos últimos detalhes com o pessoal das Relações Exteriores.

Sempre que Shahirah e eu conversávamos, ela oscilava entre a absoluta determinação e a ansiedade nervosa. Tentei acalmá-la quando percebi que ela começava a entrar em pânico:

— Querida Jo Girl, vai dar tudo certo, você só precisa ser corajosa e lembrar o que fazer. Tudo vai dar certo, meu bem. Você é uma mulher adulta e inteligente, e tem o direito de tomar essa decisão como adulta que é. Amo você, meu bem. Verity e Zan também a amam... e estão ansiosos para vê-la. Siga em frente, querida, e logo estaremos nos abraçando bem forte. Você vai conseguir, meu bem. Seja corajosa.

À noite, pus meus dois pequenos na cama e engoli a ansiedade enquanto lia para eles várias histórias. Deitada entre os dois, só baixei a guarda quando ouvi o som da respiração profunda e serena que indicava que meus filhos haviam dormido. Então me dei o direito de pensar em como seria se Shahirah estivesse em Melbourne na noite seguinte. Tentei imaginar como seria abraçá-la, ou se ela seria tímida demais para essas manifestações de afeto. Sonhava poder segurar seu rosto entre as mãos e redescobrir seus traços.

Levantei-me da cama e desci para telefonar para Iddin. Era aniversário dele, mas eu também pretendia ter uma conversa séria com meu filho mais velho.

Iddin me contou que sentia que ainda não era a melhor hora para ele voltar para casa. Ele também estava muito apreensivo com a partida da irmã.

— Abah vai ficar furioso, mãe. Não quero ser acusado de nada.

O que eu podia dizer? Nada. Só podia pedir que ele não tentasse impedir a irmã de seguir o caminho que ela havia escolhido.

— Eu amo você de verdade, mãe. Obrigado pelos votos de feliz aniversário. Lamento não poder ir agora, mas irei em breve. Prometo.

Horas depois meu estômago ainda queimava e minhas mãos tremiam. A hora da partida havia sido marcada para meia-noite na Malásia, 3h da manhã em Melbourne.

O último telefonema de Shahirah havia acontecido uma hora antes, às 10h30 da noite, e eu estava começando a me preocupar. A amiga que deveria levá-la de carro até Cingapura estava tentando convencê-la a se despedir de sua família, de quem Shah era muito próxima. Nunca teríamos paz? Haveria sempre alguém estranho tentando se meter nos assuntos de nossa família?

À 1h da manhã, o telefone tocou. Era Shah, e ela estava muito perturbada. A amiga a convencera de que era errado fugir sem antes conversar com o pai, e ela estava perdendo a coragem. A amiga se negara a levá-la a Cingapura, fizera um retorno, e aproveitava a oportunidade para pressioná-la. Eu estava furiosa! Aquela suposta amiga, concluí, era egoísta e não estava pensando na vontade de Shahira. Durante tantos anos, muita gente dissera a Shahira o que ela devia e o que não devia fazer, e esse era só mais um exemplo sobre sua falta de controle sobre a própria vida e sobre suas opiniões.

No meio de uma discussão emocionalmente devastadora, o celular de Shahira anunciou outra ligação:

— É Abah — ela gritou histérica. — Ele está vindo me encontrar agora! Não posso mais ir... Ele voltou antes da hora, e agora tudo está arruinado! É tarde demais, mamãe! Oh, mamãe, sinto muito, sinto muito mesmo! Amo você, mas não posso ir encontrá-la agora!

Ouvi as batidas violentas na porta, vozes alteradas ao longe, e sons de uma maçaneta forçada.

— Mamãe, sinto muito, esperei demais, eu amo... — A ligação foi interrompida.

Tomada pelo medo e pela preocupação, comecei a soluçar. Disquei várias vezes para o número do celular de Shahirah, sem sucesso. Desesperada com o que podia ter acontecido com minha filha, tentei lembrar o que exatamente havia escutado ao fundo nos últimos instantes da nossa conversa. Alguém havia alertado o pai dela sobre o que estava acontecendo, e ele voltara do Golfo Pérsico em tempo recorde. Tinha minhas suspeitas, mas era tarde demais para fazer alguma coisa a respeito. Shah havia sido retida, manipulada e pressionada até não ter mais tempo para agir.

Furiosa, fiquei olhando para a escuridão, esperando o sol nascer. Era como se ela tivesse sido sequestrada novamente. Saber que havíamos quase conseguido não me consolava.

Aquele jogo de paciência, a necessidade de sempre me recompor e seguir em frente, tudo isso estava se tornando muito mais do que eu podia suportar. Eu estava muito revoltada com todo e qualquer poder superior que pudesse estar flutuando por ali, puxando os cordões da minha vida.

Capítulo 33

Espera angustiante

Eram 2h da manhã na Bélgica, e a voz de Patsy era apática, atordoada. O marido dela, Walter, um homem fabuloso e extraordinário, sofrera um mal súbito e morrera.

Walter tinha pouco mais de 40 anos e era um homem muito forte. Patsy chorava, contando que ele havia viajado no último final de semana para praticar trekking e contraíra um vírus terrível que atacara a maior parte de seus órgãos.

Eu queria partir imediatamente para a Bélgica, mas Patsy insistiu que eu esperasse.

— Venha mais tarde, quando eu realmente estiver sozinha. Você é a primeira pessoa para quem estou ligando. Sempre soube que podíamos nos entender. Acabei de chegar do hospital e logo todos estarão aqui. Depois do funeral, quando todos partirem, então você poderá vir.

Bill e eu havíamos falado com Walter algumas semanas antes. Bill ouvia minhas palavras para Patsy e empalidecia, visivelmente abalado; ele e Walter haviam se tornado amigos pela internet. Os dois tinham personalidades parecidas e haviam rido muito das provocações mútuas e bem-humoradas.

Melbourne estava tomada por uma espécie de febre esportiva; os Jogos da Commonwealth chegavam à cidade, trazendo com eles atletas de elite de todo o mundo e um festival de artes que era um banquete ambulante de atividade e cor. A cidade brilhava ao sol do começo de outono e o tempo ajudava, levando os termômetros aos 35 graus e o povo ao rio, à praia e a outros lugares que Melbourne oferecia aos visitantes.

Eu superava o luto para levar Verity e Lysander para participar de todas as atividades programadas em função dos Jogos da Commonwealth. No período de férias escolares, qualquer entretenimento infantil era sempre bem-vindo.

A cidade era barulhenta naquele dia glorioso; menestréis empolgados faziam aumentar a cacofonia, e os acordes de uma banda de jazz competiam com o riso e os gritos das crianças que construíam castelos de areia na praia artificial montada do lado de fora da galeria de arte. O céu estava azul e sem nuvens e o sol, quente e cintilante.

Havíamos nos reunido à melhor amiga de Verity, Lavínia, sua irmã mais velha, Kiara, e a mãe delas, Andrae Talarico. Lysander e as meninas cavavam entusiasmados na areia, enquanto Andrae e eu os supervisionávamos e conversávamos. As meninas haviam passado dois anos na pré-escola sempre juntas, e agora frequentavam a mesma escola.

Senti uma vibração estranha no bolso da minha calça, e levei alguns segundos para perceber que era o celular tocando. Quando o peguei, vi o número de Shah brilhando no monitor.

Nosso contato desde a fuga abortada para Cingapura havia sido muito limitado. Vários dias se passaram antes que eu tivesse certeza de que ela estava bem fisicamente, mas muito fragilizada. Semanas depois, minhas emoções finalmente retornavam a um patamar mais controlado.

De alguma forma, Shahirah conseguira esconder do pai a verdade de suas intenções, e ele ainda não sabia que ela e Iddin haviam desenvolvido um relacionamento secreto comigo. Portanto, as recriminações haviam sido limitadas. Bahrin considerava a ida da filha a Cingapura para um dia de compras um simples capricho, uma bobagem de uma menina tola e rebelde. Ele não tinha a menor ideia sobre quem era nossa filha e sobre quais eram suas necessidades. Fiquei me perguntando se ele algum dia havia realmente olhado para ela e visto alguma coisa além do próprio reflexo.

— Oi, mãe! Quando será a festa de aniversário de Verity e Lysander? Ah, e a Páscoa, também? Quando é? — Shah perguntou do nada.

Levantei-me, fazendo um gesto para Andrae, indicando que precisava me afastar para atender ao telefonema, e me dirigi à lateral da galeria, onde não havia movimento.

Forneci todas as datas e, de onde estava, continuei olhando para Zan e Verity enquanto perguntava como ela estava.

— Estou ótima, mamãe! Vou ver você no próximo sábado. Abah vai pagar a passagem!

Era quarta-feira. Aperte o cinto de segurança, eu disse a mim mesma, lá vamos nós outra vez.

— Mãe, você está me ouvindo? Dessa vez eu vou mesmo! Contei a Abah que quero ir vê-la, e ele me deu autorização para viajar. Serão como umas férias breves.

Eu queria gritar contra a palavra "autorização". Shahirah tinha 21 anos de idade! Ela não precisava de permissão para nada, muito menos para visitar a mãe, de cuja casa havia sido sequestrada! Se a visita realmente acontecesse, seria apenas três meses antes de seu 21º aniversário, a maioridade pelas leis da Malásia.

Consegui transmitir um entusiasmo cauteloso, tentando não desanimar Shah naquele momento de intensa felicidade, mas duvidando seriamente de que o capítulo terminaria como ela imaginava. Era bom demais para ser verdade. Eu não podia deixar de pensar que Bahrin podia estar fingindo concordar com tudo isso só para, na última hora, recuar, causando à filha e a mim grande decepção.

— Não está contente? Vou estar aí para a festa de aniversário de Verity! — Shah repetiu.

— Estou muito feliz, querida, mas como tudo isso aconteceu? Até onde seu pai tem conhecimento sobre nós?

— Ele não sabe muito. Ele pensa que falei com você uma vez e recentemente, há duas semanas.

— Bem, essa é uma notícia incrível, querida, agradeça ao seu pai por mim!

Minutos depois, com Shahirah ainda eufórica e eu ainda perplexa e desconfiada, nos despedimos.

Não pude deixar de notar que sábado seria dia 1º de abril, dia da mentira. Isso tudo seria uma brincadeira cruel de Bahrin?

No dia seguinte, repeti todo aquele procedimento de entrar em contato com o pessoal do Departamento de Relações Exteriores e traçar um plano com a ajuda de Tracey Wunder, uma mulher adorável, com um fabuloso senso de humor e infinito bom senso. Preocupada com a possibilidade de estar emitindo mais um alarme falso, expliquei a ela todas as dificuldades e pedi desculpas antecipadamente, só para me prevenir.

Se Shah realmente chegasse em dois dias, a última coisa que eu queria era um circo armado pela mídia. A imigração se preparou para a chegada de Shah e me garantiu que ela não seria obrigada a passar pelos procedimentos normais na área pública do aeroporto. O responsável pelo aeroporto de Melbourne foi incluído no esquema; combinamos que eu estacionaria o carro na parte de trás do terminal, longe da atenção pública, e ficaria esperando por Shah na sala VIP reservada aos integrantes do governo, onde havia pouca chance de encontrar alguém que pudesse adivinhar o que estava acontecendo. Oficiais da alfândega acompanhariam Shahirah no desembarque e a levariam diretamente àquela sala. Para evitar que me vissem, ficou acertado que eu chegaria duas horas antes do voo dela, e me acomodaria na sala VIP para esperar por minha filha.

Eu teria de sair de casa às 4h30 da manhã, e decidimos não acordar Verity e Zan. Bill ficaria em casa com eles, e nosso amigo Peter Wallace iria comigo ao aeroporto. Era melhor para Verity e Lysander não serem informados sobre a possível chegada da irmã. Sábado era o dia da festa do quinto aniversário de Verity, e acordar tão cedo não seria bom para ela em um dia de tanta excitação. Além do mais, se Shahirah não aparecesse, Verity ficaria desapontada e isso estragaria seu aniversário. Por isso tentamos manter os preparativos em ritmo normal. Ou o mais normal possível.

Os amigos de nossa família chegariam cedo para a festa, mas todos haviam jurado guardar segredo; os que chegassem mais tarde seriam apresentados a Shah como uma estudante de intercâmbio que não dominava a língua inglesa. Assim, com 24 horas pela frente e uma festa para 25 crianças ainda por organizar, arregacei as mangas e comecei a cozinhar freneticamente. Se Shah realmente embarcasse naquela noite, eu não teria tempo para os preparativos no dia seguinte, e era imprescindível que o grande dia de Verity não sofresse nenhuma alteração com relação ao planejamento original. Psicologicamente, cancelar a festa não contribuiria para estabelecer uma ligação favorável entre ela e uma irmã mais velha jamais vista, alguém cuja presença já prometia mudar definitivamente a dinâmica familiar. Quanto menos ondas no litoral da rivalidade entre irmãs, melhor para todos.

Finalmente, consegui colocar Verity e Zan na cama na noite de sexta-feira. Não foi fácil, porque eles estavam muito agitados. Depois, telefonei para Shah. Eram 7h30 da noite e quase chorei quando ela disse estar com a passagem na mão.

Às 7h45 da noite, autoridades australianas confirmaram que Shah tinha um visto de viagem ativo no sistema local.

Às 8h30 voltei a falar com Shah: ela ainda estava fazendo as malas e não conseguia decidir o que levar.

Às 8h45 nossos amigos começaram a telefonar. Heather queria saber se estava tudo confirmado; ela não seria capaz de dormir sem antes saber que Shah já estava no avião, e me fez prometer que eu telefonaria para ela com as últimas notícias antes de ir me deitar.

Às 8h50 Sue ligou para saber se havia ocorrido alguma mudança nos planos.

Às 9h00 da noite Judith ligou da Nova Zelândia. Ansiosa, ela se preocupava comigo.

Às 9h10 Deb telefonou perguntando se Shah já estava no aeroporto. Eu disse que não, que ainda estava esperando.

Com uma risada nervosa, pensei que aquilo era como estar grávida e todos os amigos saberem a data prevista para o parto: todo mundo telefona para saber se a Mãe Natureza está cumprindo a agenda. Nesse caso, éramos todos reféns do pai de Shah e da possibilidade de, na última hora, ele a impedir de embarcar e arruinar nossos planos.

Às 9h30 Shah terminou de fazer as malas e se preparava para sair para o aeroporto. Eu disse a ela que não ligaria novamente antes das 11h da noite na Austrália.

Às 9h47 liguei para Iddin:

— Não se preocupe, mãe, Shah embarca esta noite. Amo você. Logo eu também irei vê-la. Prometo.

Às 10h da noite o responsável por aquele plantão no aeroporto telefonou para repassar comigo os detalhes relativos à segurança e aos arranjos para o estacionamento e o desembarque. Ele foi muito prestativo e estava bastante animado por nós.

Sentei-me diante do computador e comecei a enviar mensagens de agradecimento a todos aqueles que colaboravam para a remessa segura da minha "encomenda". Queria que todos soubessem que eu estava muito grata pela ajuda e pela consideração, qualquer que fosse o final da história.

O e-mail que enviei para Barry em Londres naquela noite diz tudo.

Bem, pode ser no sábado... Não saberei ao certo até a meia-noite na Austrália. Tudo estará resolvido às 8h da manhã do sábado!!! Estou ora enjoada ora paralisada pela agitação.

Enquanto isso, preciso terminar os preparativos para a festa de 5 anos de Verity no mesmo dia, às 2h da tarde. Estou literalmente cercada por doces e confeitos de chocolate! E ainda tenho de preparar o bolo de sereia!

Eu mando notícias!

Com amor,

Jack

Meus sentimentos e pensamentos eram uma tremenda confusão. Disse várias vezes a Bill:

— Ela não vem, eu sei, ela não vai conseguir embarcar. — Meu mecanismo de defesa entrara no modo de autoproteção.

Bill era extremamente reservado, mas ele confessou, emocionado:

— Sempre acreditei que quando esse momento chegasse, quando as crianças mais velhas voltassem para casa, eu conversaria com Walter e perguntaria a ele o que fazer e como agir. Ele era a única pessoa que conheci que passou por algo parecido.

Quando telefonei para Patsy, ela tinha dito que Walter "estava lá em cima" olhando por nós, orquestrando um desfecho positivo. Mas a reação maníaca persistia:

— Ela não vem. Ela não vai conseguir embarcar.

O relógio marcava 11h30 da noite. Liguei novamente para Shah.

— Oi, mãe! Acabei de fazer o *check in*! Estou embarcando!

— Depressa — eu disse ofegante —-, me dê o número de sua poltrona. Preciso notificar as pessoas no aeroporto. Você deve permanecer a bordo até um oficial da Alfândega e Imigração ir buscá-la. Entendeu, meu bem?

Anotei o número da poltrona e disse a ela que a amava muito.

— Também amo você! — respondeu a voz animada. — Logo estaremos juntas, mamãe! Até amanhã. Verity não sabe, não é? Quero que minha chegada seja uma surpresa de aniversário!

Disse a Shah que Verity certamente ficaria surpresa e depois desliguei o telefone. Só então percebi que estava tremendo. Meu coração enfraquecido suportaria esperar até a manhã seguinte?

Telefonei para o número especial que me fora fornecido pelo Departamento de Relações Exteriores.

— A encomenda está no EC e permanecerá esperando coleta.

Desliguei depois de ouvir a resposta afirmativa do outro lado.

Bill e eu nos sentamos para assistir a um filme, depois, como não conseguia relaxar, decidi que tinha de depilar as pernas. Sentei-me no banco da cozinha e espalhei cera quente sobre as pernas, puxando as tiras adesivas e ouvindo Bill gemer, aflito com os meus grunhidos de dor. O tempo todo eu resmungava para mim mesma:

— Ela não vem, ela não vem, ele vai arrancá-la do avião no último minuto.

Pouco depois da meia-noite recebi uma mensagem de texto:

Até amanhã. Amo você. Jo.

Bill e eu fomos nos deitar. Estávamos exaustos, e o dia seguinte seria histórico. Pelo bem ou pelo mal. De qualquer maneira, haveria uma festa de aniversário para comemorar os 5 anos de nossa filha, e a casa estaria repleta de crianças. Seria um dia cheio.

Beijei o rosto de Verity e o de Zan, ajeitei as cobertas e fechei a porta do quarto. Se tudo corresse bem na manhã seguinte, a vida das crianças mudaria para sempre. A dinâmica da família seria alterada. Ajustes teriam de ser feitos por todos nós, e absorveríamos as mudanças com amor e com a ajuda uns dos outros. Fiz uma prece silenciosa, agradecendo por ter finalmente a oportunidade de enfrentar esse desafio.

Mas, antes, como uma criança na véspera de Natal, eu me revirava na cama tomada por intensa agitação, dizendo a mim mesma que precisava dormir, pois assim poderia ver mais depressa o que Papai Noel deixara para mim sob a árvore. A manhã diria...

Capítulo 34
E a dona aranha continua a subir

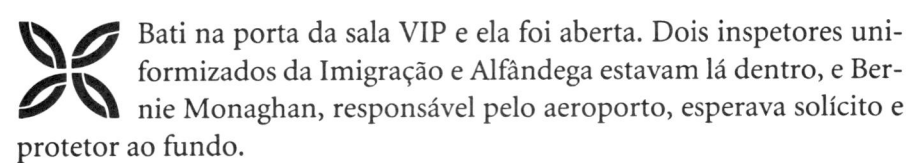Bati na porta da sala VIP e ela foi aberta. Dois inspetores uniformizados da Imigração e Alfândega estavam lá dentro, e Bernie Monaghan, responsável pelo aeroporto, esperava solícito e protetor ao fundo.

— Bom dia, Jacqueline. Meu nome é Paul, e esse é Mick — disse o mais alto dos dois oficiais. — Não vai lembrar, mas você estudou com meu irmão na escola fundamental.

— É claro que me lembro de seu irmão. Como ele está? — respondi com um sorriso nervoso. Mal podia me lembrar do meu nome àquela altura.

— Bem — Paul continuou —, só queria dizer que acompanhei sua história por muitos anos e realmente lamento por você e as crianças. Nós dois lamentamos — ele acrescentou, olhando para o parceiro —, e esperamos que dê tudo certo para vocês hoje. O avião já pousou, e estamos a caminho do portão. Cruze os dedos — ele concluiu, com um sorriso de incentivo.

Movi a cabeça com grande nervosismo em sentido afirmativo, depois agradeci emocionada. Enquanto não visse minha filha, eu não acreditaria que aquilo tudo era verdade. Ainda havia a possibilidade de ser um trote cruel.

Os dois oficiais saíram e fecharam a porta. Peter e eu nos sentamos para esperar em silêncio. De repente pensei que era propício ter a companhia de um médico; se meu coração parasse, de dor ou alegria, ele saberia o que fazer.

— Anime-se — disse Peter —, em pouco tempo tudo estará acabado. — Ele se levantou para me dar um forte abraço, depois foi examinar o monitor de aterrissagens. — Aqui diz que o desembarque está em andamento — ele me disse. Peter era meu amigo desde os 14 anos, conhecera Bahrin e vira Iddin e Shah comigo nos anos anteriores ao sequestro. — A propósito, para que tudo isso? — ele riu e apontou para meu cabelo e maquiagem. — Por que se arrumou tanto?

— Bem, não é todo dia que se reencontra uma filha depois de mais de dez anos de separação. Quero causar uma boa impressão — expliquei com um sorriso tenso e embaraçado.

O tempo se arrastava. Eu podia ouvir o ruído do relógio na parede do outro lado da sala. Estava atormentada pela ansiedade e pelo nervosismo.

— Ela não está no voo. Não conseguiu embarcar — repetia para mim mesma o tempo todo.

Batidas fortes soaram na porta. Peter e eu nos levantamos ao mesmo tempo.

Eu estava na metade do caminho quando a porta se abriu e um furacão marrom se atirou nos meus braços abertos.

Um som muito parecido com um choro de dor ecoou na sala.

— Mamãeeeeee!

Eu nem vi o rosto de Shahirah, porque os braços dela apertavam minha cintura e nós duas chorávamos muito, ao mesmo tempo. Peter nos afastou delicadamente para trás, saiu e fechou a porta. Estávamos sozinhas.

O abraço não enfraquecia; não conseguíamos nos soltar, e os 14 anos de distanciamento iam desaparecendo rapidamente. Shah e eu chorávamos copiosamente. Nunca imaginei que fosse possível manifestar de maneira sonora uma dor e uma angústia tão grandes e sobreviver.

Não dissemos nada por um bom tempo, exceto:

— Mãe...

— Shah...

Soluços e lágrimas brotavam de minha garganta e do peito de minha filha, e permanecíamos abraçadas sem mover um músculo sequer. A cabeça de Shah estava enterrada na curva do lado direito do meu pescoço, e eu a apertava contra o peito com um misto de desespero e medo de perdê-la.

Nós nos balançávamos, como se embalássemos um bebê tentando confortá-lo. Eu era mãe dela novamente e ela era minha filha. E eu a abraçava e embalava.

Continuamos chorando por um tempo que parecia impossível, e ainda assim as lágrimas corriam.

— Meu pescoço está doendo — eu disse depois de muito tempo, meio rindo, meio chorando, e nós mudamos a posição do abraço; não conversávamos, não nos afastávamos.

Em algum momento, tive a impressão de que a porta abrira e fechara rapidamente.

— Nem sei como você é — finalmente murmurei quando nos acalmamos e paramos de chorar, arfantes pelo esforço e totalmente exaustas. — Vamos contar até três e olhar uma para a outra — sugeri.

— Não, ainda não — Shah protestou. — Só mais um pouquinho...

E eu a embalei mais um pouco. Os ombros dela tremiam, e os cabelos estavam molhados pelas minhas lágrimas.

— Um... dois... três — contei, recuando para encarar minha filha, a menina a quem eu dera a luz tantos anos atrás.

Ela era incrível.

Linda.

Olhos castanhos e amendoados, vermelhos de chorar, olhavam para os meus. Traços delicados e braços finos. Cabelos castanhos abundantes e um sorriso tímido.

Segurei o rosto dela entre as mãos e o beijei com grande ternura. Deslizei os dedos pelos cabelos sedosos e os ajeitei atrás das orelhas, as mesmas orelhas com que eu havia brincado ao fazê-la dormir, muitos anos antes.

Ela havia tirado o tradicional véu ainda dentro do avião, explicou, afagando meus cabelos. Eu queria saber mais, mas as perguntas podiam esperar.

A porta se abriu outra vez. Peter enfiou a cabeça pela fresta e disse que era hora de partirmos. Ele já havia colocado a bagagem de Shah no carro. Nós nos abraçamos mais uma vez e nos viramos para a porta, caminhando enlaçadas. No corredor, os dois oficiais da alfândega, Paul e Mick, sorriram para nós com lágrimas nos olhos. Abracei cada um deles, e Shahirah fez o mesmo. Caminhamos do terminal até o carro cercadas por uma espécie de escolta protetora. Shah, envolta em meu casaco longo e largo, estava protegida do frio. Eu mantinha a cabeça baixa e andava depressa. Peter nos acomodou gentilmente no banco de trás e partimos em velocidade considerável, ocultas pelas janelas escurecidas. Ninguém nos viu; o caminho por onde seguíamos era deserto.

Shah e eu viajávamos de mãos dadas. Estávamos indo para casa. Ela retirou da bolsa uma pilha de fotografias e começou a me mostrar o registro dos anos que eu perdera. Sorríamos o tempo todo, e percebi que meu rosto começava a doer.

Ainda era difícil absorver a realidade da presença de minha filha.

— Você está realmente aqui — eu repetia atordoadamente. — Senti tanto sua falta!

Depois me lembrei de contar a Shah sobre as pessoas que poderiam estar na festa de aniversário naquela tarde.

Shah riu quando soube que teria de representar uma estudante de um programa de intercâmbio incapaz de falar inglês, depois se virou para olhar para a paisagem do lado de fora.

— Isso tudo é tão perfeito! A cor das árvores e do céu, e cheiro... A Malásia sempre me pareceu estranha. Era *assim* que eu me lembrava da minha casa.

Eu sabia o que ela queria dizer. Quando vivi na Malásia, também achei o verde exuberante e onipresente sufocante e opressor; suspeito que muitos turistas tenham sentido a mesma coisa, mas não conseguiram identificar o que os incomodava. Deve ser por isso que as pessoas que vão trabalhar em outro país acabam sempre voltando para casa. Na Austrália, o céu e as árvores são diferentes.

Quando paramos diante da casa, Shah olhou para mim com insegurança e nervosismo. Meus filhos estavam prestes a se conhecer.

Ela se escondeu atrás de um pilar da cerca quando toquei a campainha.

— Mamãe! — soou o grito excitado pelo interfone. Shah e eu ouvimos Bill conversando com as crianças.

— Mamãe tem uma surpresa para vocês. Por que não vão ver o que é? — ele sugeriu.

O portão foi aberto pelo mecanismo eletrônico acionado pelo interfone, e Verity e Lysander correram na minha direção com evidente expectativa.

— Onde está a surpresa? — eles perguntaram.

Shah apareceu e se abaixou para cumprimentá-los.

— Oi, Verity! Oi, Zan! Sou eu, Shah-shah. Vim para a festa de aniversário.

Verity gritou de alegria e se atirou nos braços de Shahirah, que quase caiu.

— Você trouxe um presente para mim?

— Tar-tar — disse Zan, aproximando-se para segurar a mão dela.

— Oi, Shah. Seja bem-vinda — Biil cumprimentou-a. — Esperamos muito por isso — concluiu antes de abraçá-la.

Entramos em casa numa fenomenal confusão de crianças e malas. Mal tivemos tempo de levar Shah ao quarto que ela ocuparia e os pequenos já a chamavam para ir conhecer todas as coisas que eles mais apreciavam e valorizavam.

Exausta e feliz, mergulhei nos braços de Bill e deixei escapar um suspiro aliviado.

— Vou dar cinco minutos às crianças e depois tentarei resgatar Shah de toda aquela avidez amorosa — eu disse.

Depois de algum tempo, conseguimos tirar Shahirah de perto de Verity e Lysander e a instalamos em seu quarto, depois de mostrar a ela todos os outros cômodos da casa. Ela não havia dormido no avião, por isso a abracei novamente e mostrei o conjunto de camisola e robe verdes que havia comprado para ela.

— Ainda tem algumas horas para descansar antes de seus padrinhos chegarem.

Quando ela terminou de trocar de roupa, eu a pus na cama, cobri minha filha, beijei seu rosto e saboreei aquele momento, duvidando de que fosse real. Sussurrando a bênção da hora de dormir tantas vezes recitada em seu ouvido durante a infância, eu não pude conter as lágrimas.

— Tenha bons sonhos. Deus a abençoe. Amo você milhões, bilhões, trilhões e infinitos.

O resto do dia passou numa confusão de ruidosa alegria: abraços demorados; balões coloridos, amigos e "tias" de olhos lacrimejantes; a euforia de Shah ao descobrir que a festa incluía docinhos de mel e chocolate — seus favoritos nas festas de aniversário da infância distante; Lysander tentando fotografar o evento com a ajuda de Shah, que se ajoelhava ao lado dele; o suspiro de profunda felicidade de Verity ao abrir o presente da irmã mais velha: um vestido e acessórios rosa-shocking, o bolo de aniversário em forma de sereia.

Havia paz e contentamento também. No meio de um furacão formado por crianças de 5 anos que corriam, riam e gritavam, Shah sorria para mim, para os irmãos, para os amigos.

Tio Eric, padrinho de Shahirah, um homem de 83 anos, não contivera as lágrimas ao abraçá-la. Sue conversara em particular com minha filha, e seus olhos haviam adquirido um brilho que perdurara por toda tarde depois disso; a aparência firme e forte de Heather se desfizera em algum momento do abraço emocionado e pontuado por mais lágrimas. Naquele dia, os lenços de papel eram artigo de primeira necessidade em minha casa.

Eu parecia pairar fora do meu próprio corpo, observando e me deixando envolver por todo aquele júbilo.

Alguns amigos a quem eu não tivera tempo ou oportunidade de prevenir me chamavam a um canto para fazer perguntas. Essa estudante japonesa se parece muito com você, diziam, compreendendo aos poucos a realidade daquele momento inesquecível, sorrindo de alegria ao encontrarem no meu rosto a confirmação de suas suspeitas.

Não podíamos atrair a atenção da mídia, eu dizia a todo instante, mas, ainda mais importante, eu sentia que, apesar do jeito firme e espontâneo de Shahirah, eu tinha em minhas mãos uma garota muito traumatizada. Tempo e espaço para nos conhecermos, para a família e os amigos integrarem a nova dinâmica, eram de vital importância. Um circo montado pela mídia impediria a tão necessária tranquilidade e tornaria essa delicada reaproximação mais difícil.

Vinte e oito dias era o tempo máximo, cuja contagem já havia começado em minha mente. Essa seria a duração da visita de Shahirah, embora eu ainda não soubesse de onde tiraria forças para dizer adeus.

Decidi ignorar essa questão do tempo e simplesmente viver os próximos dias. Pensaria nisso mais tarde.

✺

Todos os convidados haviam partido, o grande dia de Verity havia sido um sucesso, a pior parte da limpeza já estava encerrada e era hora de irmos dormir.

Lysander e Verity se deitaram para ouvir a história de todas as noites. Eu me coloquei entre eles, e Shahirah encontrou espaço para se encolher aos meus pés, deitada no sentido transversal da cama, enrolada em um cobertor. Eu li *Possum Magic*, um livro que fizera parte da infância de Shahirah, e agora integrava a rotina dos irmãos menores. Mais tarde, quando as crianças dormiram, Shah e eu saímos. Estávamos descendo a escada quando minha filha fez uma pergunta:

— Mãe, posso tomar um banho de imersão? Não temos água quente lá e senti muita falta dos banhos de imersão.

— É claro, querida, esta casa também é sua — eu disse.

Então, acanhada, ela formulou uma questão mais ousada:

— Mãe — Shah murmurou com os olhos voltados para o chão —, você tomaria um banho comigo?

Engolindo o pânico diante da ideia de expor meu corpo de quarenta e tantos anos a uma "estranha", respondi que sim. Não que eu tivesse algum problema com nudez, os pequenos tomavam banhos e duchas comigo sempre, e eu havia feito o mesmo com Iddin e Shah no passado. O que me surpreendia era que Shah se sentisse confortável o bastante para fazer essa proposta, considerando sua formação religiosa. Além do mais, eu também considerava a possibilidade de assustá-la ou desapontá-la com meu corpo. Se houvesse crescido comigo, ela teria se acostumado com meu corpo envelhecendo, perdendo a elasticidade da juventude. Isso teria fornecido a Shah uma boa perspectiva da própria natureza física e de sua imagem corporal. Eu já havia notado que tínhamos o mesmo tipo físico, exceto por minha "comissão de frente", agora alguns centímetros mais larga e mais baixa do que tinha sido no passado. Afinal, eu havia amamentado quatro filhos. Mas, se Shahirah queria tomar banho comigo, eu não me oporia.

No banheiro, acendi velas e fui buscar meu óleo de banho mais perfumado. Abri a torneira de água quente e liberei o jato forte, agradecendo por termos escolhido uma banheira tão grande e luxuosa.

Quando entramos na água, as bolhas da espuma rica e aromática nos envolveram imediatamente. Depois de um tempo na água quente, Shah começou a abrir o coração. Ela preenchia as lacunas de todos aqueles anos roubados, o tratamento que recebera da primeira madrasta, Norela. Para domar uma menina pequena e rebelde, Norela não havia perdido uma única oportunidade de dizer à minha bela filha que ela era feia, deformada e inútil. Minha filha havia sido arrancada de um país distante e de sua verdadeira mãe; por que Norela não fora capaz de tratá-la com um pouco de compaixão e amor em uma terra estranha? Abordamos rapidamente o sequestro, sobre o qual Shahirah ainda hesitava em falar 14 anos mais tarde, tal o impacto do trauma sofrido. Falamos sobre a vida dela na Malásia. Embora o pai houvesse tido o trabalho de raptar os dois filhos, ele os deixara nas mãos de estranhos para serem criados e educados; Shahirah e Iddin nem moravam com ele em sua casa. Tinham sido instalados em quartos de hóspedes na casa da avó, vizinha à de Bahrin.

Quando ouvi sobre como o pai de meus filhos disciplinava as crianças, fiquei devastada. Shah relatou com frieza como era punida por responder à madrasta. No meio da noite, Bahrin a colocava no carro e a levava ao cemitério, onde a retirava do automóvel e a deixava sozinha para passar a noite no cemitério deserto e na mais completa escuridão. Iddin não havia sofrido esse tipo de castigo, mas havia enfrentado outras punições também.

— Às vezes — Shah relatou num tom neutro —, eu tentava correr atrás do carro e chegava a agarrar os pneus antes dele arrancar.

Um breve comentário no fim do relato de Shah me aborreceu mais ainda.

— Eu provavelmente merecia o castigo por ter discordado de Norela — ela disse.

Minha filha não tinha noção de que nenhuma criança, especialmente sendo uma criança pequena e tão traumatizada depois de um sequestro, não merecia ser abandonada no meio da noite em um cemitério escuro e deserto, e em muitos países um pai poderia ser preso por dispensar ao filho esse tipo de tratamento.

Shahirah podia contar nos dedos de uma das mãos as pessoas que haviam sido gentis ou amorosas com ela durante todos aqueles anos na Malásia. Somente três tinham dito coisas positivas sobre mim, e sempre sussurrando, para que Bahrin não as ouvisse.

Eu sempre estivera certa: o rapto estava relacionado a poder, não a amor. A vingança era vazia. Eu adoraria poder usar um passe de mágica para apagar todos aqueles anos de sofrimento da vida de meus filhos.

A água do banho esfriou, e nós acrescentamos mais água quente, processo que repetimos algumas vezes, passando quase três horas na banheira, de forma que, quando decidimos sair, parecíamos gigantescas uvas-passas.

Para Shahirah e para mim, aquele banho era um renascimento. Mais uma vez nos tornávamos mãe e filha; mas também nos tornávamos mulheres ligadas por mais que genética e circunstâncias.

— Fique comigo, mãe. Estou com muito medo de dormir sozinha — pediu Shah.

Conversamos por mais algumas horas, acomodadas sobre pilhas de travesseiros na cama de Shahirah. Falamos até minha voz ficar rouca, até a exaustão me vencer e eu precisar dormir.

Quando acomodei minha cabeça ao lado da de Shah, o dia já estava amanhecendo, e eu lembrei as palavras da canção infantil:

A dona aranha subiu pela parede
Veio a chuva forte e a derrubou
Já passou a chuva, o sol já vem surgindo,
E a dona aranha continua a subir.

Isso provava, eu pensei, que se você resiste por tempo suficiente, o sol volta e a chuva vai embora.

Capítulo 35

Clamores por nossa intimidade

Os dois dias que se seguiram foram maravilhosamente normais de um jeito estranhamente anormal. A lista de pedidos de Shah nada tinha a ver com visitas turísticas, porque ela não se considerava uma turista. Ela queria restabelecer sua conexão com lugares e coisas que lhe eram familiares. Por isso fomos às casas em que havíamos morado, à escola e ao jardim de infância onde ela havia estudado; parávamos sempre que ela reconhecia algum detalhe, ou sentia um arrepio na espinha e olhava mais atentamente para algo que chamava sua atenção, tentando entender por quê. Tive de arrancar diversas histórias do meu banco de memórias para esclarecer os incidentes e lugares de que Shah se lembrava de maneira específica ou particular.

Certa tarde, andávamos pelo Royal Botanic Garden alimentando os patos e os cisnes, para encanto de meus filhos mais novos. Aquela era uma atividade gravada nas mais profundas lembranças de Shah, porque havíamos passado muitas tardes ali quando ela era pequena.

Deitada na grama, eu me sentia quase como se cuidasse novamente de uma menina de 6 anos enquanto Shah desfrutava do sol brilhante e do espaço aberto. As aves se aproximavam das crianças e eram alimentadas por elas e pela irmã mais velha.

Na segunda-feira tivemos tempo para uma expedição feminina, e passamos na minha cabeleireira, Nicky Reid, amiga de longa data que trabalhava em uma sala de sua casa. Quando apresentei Shahirah, Nicky começou a chorar e não conseguia mais parar. Mas aquilo era mais do que eu esperava; Nicky soluçou e chorou copiosamente durante uma hora, depois de saber que Shah e eu nos havíamos reencontrado.

Mas não ficaríamos em paz por muito tempo. Quando Shah telefonou para o pai na segunda-feira, Bahrin deixou escapar que mencionara a viagem da filha a Melbourne com algum representante da mídia. Duas horas depois, um amigo ligou dizendo que uma emissora de rádio especulava sobre um possível retorno de Shah à Austrália.

O telefone começou a tocar e pouco depois tocava sem parar. Já era tarde demais para nos tornarmos assunto de manchete, mas eu sabia o que aquilo significava. Numa conversa particular com Bill, disse que achava melhor pegarmos algumas roupas e sairmos de casa até o clamor da mídia diminuir, mas ele estava irredutível: devíamos permanecer num ambiente familiar.

— Você não tem ideia do que vai ser — argumentei, mas ele estava firme. Eu me resignei e decidi tirar o melhor proveito possível de uma situação ruim. Estava particularmente preocupada com as duas crianças, meus filhos menores. Shah provavelmente tinha ideia da voracidade da mídia, mas, para os pequenos, ficar trancado dentro de casa não seria uma coisa muito saudável, nem no aspecto físico nem no mental.

Fomos para a cama depois de baixar o volume da campainha do telefone.

Mas às 7h da manhã seguinte, a extensão do interesse da mídia ficou bem clara. A campainha soava insistentemente, como as de nossos vizinhos, tocadas por repórteres em busca de informação e fofoca. A casa ao lado da nossa era observada por uma das janelas e nosso telefone tocava baixinho. A memória da secretária eletrônica lotou em uma hora. Mantínhamos todas as cortinas fechadas e permanecíamos escondidos lá dentro.

Horrorizada, Shah começou a chorar e depois se recolheu ao quarto, onde ficou deitada na cama olhando para o teto. O abalo sofrido era profundo, e aquela atenção da mídia revivia o trauma.

Carros e equipes de tevê lotavam a rua, e por volta das 9h30 era quase impossível que transeuntes e moradores entrassem ou saíssem, a pé ou de carro. A polícia foi chamada e começou a distribuir multas de trânsito. Foi inútil; repórteres e fotógrafos sabiam que seus empregadores pagariam as multas e por isso permaneciam no mesmo lugar.

A única coisa engraçada era que todos esperavam diante da casa vazia ao lado da nossa, as câmeras voltadas na direção errada. Mas o erro logo foi corrigido, porque o oficial de polícia que desejava falar conosco tocou a campainha de nossa casa, e fomos obrigados a abrir a porta.

Foi então que tive certeza de que Bahrin havia divulgado a história de propósito. Ele era o único que ainda não conhecia nosso novo endereço. No último minuto antes da partida de Shah, ele havia pedido o endereço a ela e, sem saber sobre a mudança, ela fornecera o número errado.

Durante quatro dias, centenas de telefonemas congestionaram as linhas da minha agente literária, Deborah Callaghan, que certamente teve de abandonar todos os outros projetos que estava desenvolvendo. Na ausência de manifestações de nossa parte, a imprensa passou a assediar Bahrin, que dava entrevistas veiculadas em todos os canais da mídia. Shah telefonou para o pai e pediu que ele parasse, descrevendo o assédio que estávamos sofrendo em casa, mas ele continuou alimentando o fogo da imprensa.

Acredito que Bahrin quisesse arruinar a volta de Shah à Austrália e dar a impressão de que eu era ávida pela atenção da mídia e me dispunha a explorar minha própria filha para aparecer.

Desesperados voltamos a pedir a ajuda da polícia, e os oficiais tentaram evacuar a rua. Mesmo assim, Verity era forçada a sair para ir à escola com a cabeça coberta por um cobertor, e fazíamos o mesmo com Lysander.

À noite, os *paparazzi* mostravam uma persistência terrível. Vestindo jaquetas para enfrentar o frio, eles jogavam pedras contra nossas janelas na esperança de que isso nos levasse a abrir as cortinas e olhar para fora, permitindo uma foto sem foco e tremida. Meus dois filhos menores estavam apavorados com esse comportamento e era cada vez mais difícil fazê-los dormir. Amigos que nos visitassem à noite para levar comida tinham de ultrapassar a barreira dos fotógrafos, porque não podíamos sair de casa para fazer compras.

Shahirah estava muito abalada e eu me transformava rapidamente numa desagradável e transtornada leoa protegendo os filhotes. Lysander estava tão apavorado que o surpreendi colando Band-aids na porta de seu quarto para impedir a entrada das "pessoas más". Verity estava confusa e carente; ela só queria sua vida normal de volta. A escola teve de colocar vigias na porta, porque os repórteres também estavam por lá, tentando encontrar outro ângulo para a mesma história.

Aquilo precisava parar. Era evidente que a imprensa não nos deixaria em paz enquanto não déssemos a eles ao menos uma parte do que queriam. Eu entendia que não havia má intenção no assédio e que a maioria dos repórteres estava feliz com nossa felicidade, mas eu também tinha plena consciência da voracidade por uma foto.

Bem no meio de toda aquela insanidade, Judith chegou da Nova Zelândia para partilhar de nossa alegria. Ela foi como uma luz verde se acendendo.

Decidimos nos reunir e permitir fotos e imagens. Haveria uma foto de Shah e eu juntas. Não estávamos interessados em dar entrevistas ou aceitar pagamento, embora tenhamos nos espantado com as somas assombrosas que eram oferecidas. Mas, no final, decidimos que seria melhor se as fotos fossem distribuídas a todos os veículos da mídia que manifestassem interesse dentro da Austrália ou em outros lugares do mundo. Por quase 14 anos, as pessoas haviam sido bondosas e solidárias, e aquela era a maneira que nossa família encontrava para expressar gratidão.

❀

Saímos de casa pela primeira vez em cinco dias.

Dois *paparazzi* tentaram tirar uma foto. Mas, no geral, ninguém nos importunou.

Uma coisa que realmente nos emocionava era a boa vontade das pessoas que nos reconheciam. Estranhos atravessavam a rua correndo para nos abraçar e rompiam em lágrimas. Quando íamos às compras, éramos repetidamente abraçadas e parabenizadas. Muitos pais de alunos do jardim de infância local, pessoas que eu havia considerado distantes e indiferentes na época do sequestro, agora expressavam sua felicidade por nós, dizendo que por muitos anos haviam evitado falar conosco por não saberem o que dizer ou como lidar com nossa tragédia.

Aquele era um comportamento que Shah jamais testemunhara. De maneira geral, ela explicava, o povo malaio a tratava como uma curiosidade real, e ao longo dos anos a maioria havia sido rude, com perguntas pessoais e invasivas. Bondade era algo tão desconhecido por Shah que eu sentia vontade de chorar outra vez.

Conseguimos ter uma maravilhosa comemoração familiar no feriado da Páscoa, que passamos aos pés das pistas de esqui de Victoria, em uma cabana rústica, nos divertindo com a procura pelos ovos de chocolate e com a adorável companhia de amigos queridos, Heather e Graham Brown, donos de um pub naquela região. As crianças corriam como loucas e pisavam na água gelada perto da margem do rio e tudo foi muito divertido. Se éramos reconhecidos, as pessoas se limitavam a nos felicitar e depois nos deixavam em paz.

Minhas duas meninas, embora separadas por 16 anos de idade, às vezes manifestavam uma esperada rivalidade típica de irmãos. Para elas, era difícil entender e aceitar a existência da outra; o amor entre elas era profundo e evidente, mas elas nunca deixavam de competir por minha atenção. Enquanto Verity e Shahirah seguiam naquela disputa natural, eu tentava dissipar qualquer manifestação de ciúme e dar a elas as ferramentas para resolverem sozinhas o conflito. Elas ainda estavam aprendendo que meu amor era elástico, adaptável e grande o bastante para cobrir meus quatro filhos. Família é sempre um desafio para os filhos.

Com o passar do tempo, a vida encontrou um ritmo confortável, e eu vi Shah ganhar confiança e começar a desabrochar. Foi maravilhoso.

As coisas mais ordinárias de nossa vida diária proporcionavam tanta felicidade que eu me recusava a enxergar o tempo pela lente de uma câmera, e tirei apenas algumas poucas fotos. Para mim, a simplicidade e a rotina eram importantes, e eram também o mais extraordinário presente. Se eu tivesse passado o tempo todo com uma câmera na mão, nunca teria vivido os pequenos momentos de amor intenso, a cola que mantém uma família unida.

Em uma noite já perto do final da visita de 28 dias, Shah, Bill e eu assistíamos a uma filme na televisão. Durante uma cena na qual um dos personagens disparava uma pistola, Shah comentou de maneira casual:

— É como a que eu uso. — E apontou para a arma na tela.

— Como assim? — perguntei espantada.

Shah explicou que ela e Iddin haviam aprendido a atirar alguns dias depois do sequestro. Quando chegaram na Indonésia a caminho da Malásia, eles receberam rifles e tiveram aulas usando latas como alvos. E foram informados de que precisavam aprender a se defender de mim, se eu tentasse levá-los. Depois disso, Bahrin tomara providências para que eles treinassem com pistolas, caso eu aparecesse. Às vezes, Iddin e Shah iam ao campo de tiro para relaxar.

Ótimo, eu pensei, meus filhos não só usam armas, como foram ensinados a atirar contra a própria mãe!

Era horrível saber que Shahirah empunhava e disparava armas tão tranquilamente.

— Abah anda armado, como todos os guarda-costas da família — ela contou.

Comecei a bater a cabeça contra o sofá. Literalmente. O que mais eu descobriria sobre os anos que meus filhos haviam passado na Malásia?

❧

O dia em que Shahirah partiria se aproximava depressa, e finalmente ele chegou.

— Mamãe, por favor, acredite em mim, eu volto logo — ela disse quando tentei sorrir.

Verity e Lysander se agarravam às pernas da irmã, que estava deitada no chão da sala VIP do aeroporto com a cabeça apoiada em meu colo.

Sim, ela tinha de ir; havia prometido ao pai, e Iddin sofreria as consequências se ela não cumprisse a promessa de retornar. Mas a chamada para o embarque soou terrivelmente final, de alguma maneira.

— Logo estarei com você novamente. Amo todos vocês. Muito! — Ela agora soluçava. David George, responsável pelo aeroporto naquela noite, a acompanhou até o portão de embarque.

Senti um profundo vazio e chorei quando ela desapareceu. Bill e os pequenos fizeram o possível para me consolar, e voltamos para casa juntos.

Capítulo 36

Reme, reme, reme seu barco

Oito dias depois da partida de Shah o telefone tocou.

— Mãe, aqui não é meu lugar. Agora sei disso. Quero ir para casa definitivamente. Pode me tirar daqui?

Foi assim que, 24 horas depois, Shahirah desembarcou novamente daquele avião para começar uma vida nova na Austrália. E ela chegou bem em tempo para o Dia das Mães.

A decisão sobre onde iria morar e o que faria era inteiramente dela: minha filha era adulta e tinha o direito de construir a própria vida. Ela precisava descobrir o que queria dar ao mundo e como poderia contribuir. Precisava descobrir seus gostos e suas paixões, sem chantagem moral, sem manipulação. Ela necessitava simplesmente viver cercada por nosso amor e apoio. Precisava cometer erros e aprender com eles, sabendo que a amaríamos incondicionalmente.

Tivemos o grande privilégio de participar da comemoração do 21º aniversário de Shahirah. Comemoramos em nossa casa com um bolo escolhido por ela e preparado por mim! Era o tradicional bolo de aniversário da nossa família, de chocolate e rum. Os presentes que ela pediu não podiam ser comprados, mas davam uma boa ideia de seus interesses: ela pediu aulas de guitarra e piano, argumentando que precisava se apressar para conhecer ao menos uma parte das coisas que muitos australianos já haviam feito em sua idade. Shah está descobrindo quem realmente é e como nutrir e enriquecer sua alma.

Sempre sorrio quando a escuto cantando no quarto, porque a música havia sido uma paixão explorada apenas parcialmente até aquele momento.

Como mãe de uma mulher adulta, eu também estava aprendendo muito: a lutar contra o instinto de proteção e o impulso de verificar todas as decisões de Shah. Todos procurávamos caminhos em nossa nova família, e essa procura incluía também as crianças.

É muito divertido quando Shahirah e Verity abrem meu armário e cobiçam abertamente minha coleção de sapatos e bolsas, ou outro item específico, cada uma se dizendo candidata a herdar algum objeto ou obter um empréstimo, disputando o direito de ser a primeira a usar uma joia ou um acessório agora ou, no caso de Verity, quando crescer. Às vezes o espaço entre elas é preenchido por paetês e Manolo's, e elas discutem pela primazia do uso de brincos e pulseiras, mesmo que seja só para ficar em casa. Divirto-me e me encanto como esses episódios "normais" entre mãe e filhas. Eu também precisava superar pelo menos um marco maternal com Shah: a ensinei como andar elegantemente sobre o salto fino, sem dobrar os joelhos e deixar os ombros caídos. Um momento pequeno e bobo para a maioria das pessoas — um momento definitivamente superficial e de indiscutível vaidade —, aquele foi para mim um triunfo maternal de importância redobrada, porque eu já havia perdido muitos outros.

Às vezes é frustrante ter nossa própria princesa em casa: há uma distinta ausência de habilidades domésticas em Shahirah. Precisávamos começar um programa de desenvolvimento no campo das atividades domésticas, porque Shah nunca tivera de se preocupar com tarefas tediosas, mas necessárias para a sobrevivência e a independência de qualquer ser humano. Mas me orgulho por ela ter mergulhado de cabeça, experimentando empregos de garçonete e recepcionista, na tentativa de encontrar alguma área de interesse. Tenho certeza de que quando encontrar o caminho ela se dedicará inteiramente, e eu a apoiarei nisso.

❊

Uma grande comoção começou no andar de baixo. Eu estava quase pronta, mas corríamos o sério risco de nos atrasarmos naquela manhã. Era hora de sair para a breve caminhada até a escola de Verity. Terça-feira, 22 de agosto de 2006, seria um dia atribulado.

Os pequenos gritavam excitados. Saí do banheiro assustada e vi uma criatura alta e forte subindo a escada na minha direção.

Atrás dele, Verity pulava, como Lysander e Shah.

— Mãe — disse aquele homem.

— Iddin! — gritei. Ele me pegou quando cambaleei no alto da escada. Comecei a chorar enquanto o abraçava e era beijada por ele.

Atordoada, chocada, sem saber o que dizer, eu tocava seu rosto e agarrava suas mãos.

Iddin tentava conter as lágrimas enquanto repetia:

— Está tudo bem, mãe. Estou aqui. Estou em casa. Sou eu mesmo, mãe. Não chore. Tudo vai ficar bem. Estou em casa.

Eu me encolhi como uma criança pequena nos braços daquele homem, invertendo nossos papéis.

Dezenas de perguntas ricocheteavam em minha mente.

— Como? Quando? — eu gaguejava.

— Shah me ajudou, mãe. Queria fazer uma surpresa. Consegui? — ele perguntou, esperançoso.

A resposta devia estar estampada no meu rosto aturdido.

Nesse momento, Bill saiu do banheiro onde havia tomado uma ducha. Sem se alterar, ele estendeu a mão e disse:

— Seja bem-vindo!

Só então ele riu e balançou a cabeça.

Verity deu ao irmão o desenho que acabara de fazer, uma espécie de homenagem à ocasião.

— É para você, Iddin — ela disse, tímida, se sentando para observá-lo.

"BEM-VINDO EM CASA IDDIN", dizia o cabeçalho. Na imagem, Iddin chegava em nossa casa e o sol brilhava sobre todos nós.

Zan olhava para Iddin com evidente admiração; suspeito que ele esperava que o irmão tivesse o tamanho que exibia nas fotos espalhadas pela casa, mas lá estava ele, adulto e exibindo uma barba! Daquele momento em diante, meu menininho grudou em meu meninão e passou a segui-lo como uma sombra, com os olhos cheios de adoração.

Notando que eu o observava, admirada, Iddin riu e disse:

— Vou fazer a barba, mãe, mas queria que você a visse.

Adorei aquilo! Um jovem touro exibindo sua virilidade para a própria mãe!

Depois de um tempo, Iddin voltou a falar:

— Mãe, se a mídia vier, daremos a eles o que procuram desde o início, diretamente; não quero desperdiçar meu tempo com vocês.

Fiquei triste por ver que meu Iddin era tão pragmático, mas o abracei emocionada.

Como eu, tão pequena, havia gerado um homem tão grande? Era espantoso e curioso.

Finalmente, me recuperei e disse:

— Venham, todos vocês, quero caminhar para a escola pelo menos uma vez cercada por todos os meus filhos.

E assim, naquela manhã radiante de primavera, caminhamos de mãos dadas para levar Verity à escola. Éramos Bill, Zan, Verity, Iddin, Shah e eu. Foi absolutamente glorioso, melhor do que todos os meus sonhos.

Em algumas horas, o primeiro representante da mídia já havia feito contato. Felizmente, dessa vez tínhamos um experiente relações públicas para nos ajudar, e logo foi criado um plano de ação que a mídia aceitou prontamente. O intervalo na universidade de Iddin era muito breve, de apenas dez dias, por isso não podíamos perder nenhum segundo daquele tempo precioso em família.

Bahrin havia convocado uma coletiva de imprensa para anunciar que permitira de maneira magnânima que seus filhos me visitassem por um breve período. Era uma tentativa patética de salvar aparências, mas a falta de respeito demonstrada por sua independência aborreceu Shahirah.

Resolvemos que eu e meus dois filhos mais velhos apareceríamos no portão de casa para uma sessão de fotos e um breve comentário no dia seguinte. E, depois disso, a mídia realmente nos deixou em paz, embora tenhamos recusado firmemente todos os pedidos de entrevistas posteriores.

❀

Conversamos muito, mais uma vez preenchendo algumas lacunas daqueles anos perdidos, mas, na maior parte do tempo, Iddin se mostrava mais interessado em viver o presente que relatar o passado. Ele sabia, sem dúvida alguma, que eu nunca havia desistido de lutar por eles; o esforço do pai para me arrancar de suas vidas e lembranças só confirmava minha decisão, Iddin me disse.

Meu filho tinha uma lista de pedidos para o tempo que passaria em Melbourne, muitos deles tão simples quanto eu preparar alguns pratos de que ele se lembrava da infância. Reencontrar os amigos da antiga escola também era uma de suas prioridades. Ele também queria comprar algumas peças de roupa de surfe da Quicksilver e, como Shah, visitar lugares onde havia estado quando era menino.

O momento era um pouco difícil, porque eu me submeteria a uma pequena cirurgia naquela sexta-feira, mas conseguimos realizar uma fascinante expedição de compras que incluiu uma visita à loja da Quicksilver um dia antes de eu ir para o hospital. Iddin se divertiu muito, graças a sra. Geraldine Law, da família Quicksilver, que arranjou com o gerente da loja algumas horas de atenção e privacidade para nossas compras. Depois de 14 anos, poder dar um presente como esse a meu filho, após tantos aniversários e Natais longe dele, era simplesmente fabuloso.

Iddin e eu sempre desfrutávamos de alguns momentos de tranquilidade à noite, depois de todos irem dormir. Instalados no sofá, falávamos de sua paixão por fotografia e mergulho. Ver seu rosto iluminado pelo entusiasmo me fazia agradecer a Deus por ele ter encontrado suas paixões. Ele estava decidido a concluir o curso de fotografia e queria se especializar em imagens subaquáticas, o que seria a união perfeita entre as duas paixões.

Um dia antes dele partir, organizei tudo para Iddin ir mergulhar com os tubarões no Melbourne Aquarium. Lysander e Verity ficaram hipnotizados pela imagem do irmão mais velho nadando entre arraias e tubarões no interior do imenso tanque de vidro. Eu estava fascinada pela linguagem corporal de Iddin: ele se colocava no fundo do tanque e se deixava cercar por peixes ornamentais coloridos que iam mordiscar as bolhas no respirador em sua boca. Parecia completamente concentrado e sereno, como um Buda subaquático.

Sendo tipicamente um homem, Iddin esperou até aquele último momento para expressar suas emoções. Quatro horas antes do horário previsto para a decolagem de seu voo ele nem parecia ter muita consciência de tudo que deixara por dizer. Segurando minha mão, ele se certificou de ter minha atenção integral antes de começar.

— Mãe, eu amo você de verdade. Quero que saiba disso. Quero terminar meu curso e depois pretendo voltar para viver aqui, mas quero poder trabalhar e me manter. *Eu volto* — ele enfatizou. — Mãe, quero que saiba que tenho um grande orgulho do trabalho que você fez no exterior, ajudando gente de todos os lugares. Estou orgulhoso por você ser minha mãe. E realmente amo você. Sei que nunca desistiu de nós. Nunca! Sei que tentou de tudo para nos trazer de volta.

— Eu tentei, eu tentei — confirmei, sem conseguir conter as lágrimas que já transbordavam dos meus olhos.

— Mãe, quero que diga que acredita que vou voltar. Você vai me ver nas próximas férias. Nada do que aconteceu conosco foi sua culpa, mãe. Eu sei disso, está bem? Eu sei! E amo você. Muito!

Nós nos abraçamos muito forte, tanto que ainda sinto um pouco do meu filho nos braços. Como eu o amava, e como queria pedir que ficasse! Porém, quando o vi passando pelo portão de embarque senti orgulho de mim mesma por ter me contido.

Eu agora era mãe de filhos adultos, e tinha de me habituar a me separar deles. Tinha de deixar Iddin e Shah seguirem os próprios caminhos, pois assim eles voltariam sempre, por vontade própria.

Meu maior desejo havia sido um dia poder apresentar meus filhos uns aos outros, estender a mão e poder tocar o rosto de cada um deles, sem vê-los desaparecer numa nuvem de fumaça como sempre acontecia nos meus sonhos. Felizmente, esse dia chegara... e tudo era realmente maravilhoso.

Quanto ao que eu quero agora, não é muito. Gostaria de receber a graça de criar Verity e Lysander, vê-los crescer e ajudá-los a se desenvolver. Meu maior sonho se realizara quando, na minha cozinha, eu vira meus quatro filhos, todos eles únicos, maravilhosos e muito amados, reunidos em torno da mesa do jantar, brincando e sorrindo, esperando que eu servisse a comida que havia acabado de preparar. Nada pode superar o que considero ser o maior e mais fabuloso presente da vida — meus filhos.

Meus filhos Iddin e Shah sempre mereceram ter a presença constantes de pai e mãe em suas vidas. Sim, sofri ao longo dos anos, mas minha principal preocupação sempre foi com meus filhos sequestrados, e como eles estavam lidando com a situação. O relacionamento que eles tinham com o pai era complexo, mas não os culpo ou questiono pelo amor e a lealdade que sentem por Bahrin. E por mais duro que seja, por mais desagradável que possa ser tudo isso, meu papel é aceitar e respeitar seus sentimentos. Bahrin é pai deles como eu sou e sempre serei a mãe. Como adultos, o estabelecimento de limites e parâmetros cabe a eles, e nós, como pais, devemos aceitar suas escolhas, mesmo que algumas vezes não concordemos com elas. Para mim, tudo isso sempre foi uma questão de amor, não de poder.

No futuro, quando alguma mãe ou algum pai vier me procurar depois de ter seu filho sequestrado, direi que, se eles sempre virem os filhos como indivíduos, não como posse, e se os amarem com respeito por suas necessidades e não pelas próprias, esse amor um dia atravessará fronteiras e preconceitos e doutrinas, e seus filhos voltarão.

É preciso viver sempre com esperança.

Epílogo

Espero que este livro e seu precursor, *Era uma vez uma princesa,* sirvam de aviso e incentivo para os pais que estão enfrentando o fim de um relacionamento, ou um momento de dificuldade com os antigos parceiros, a perceberem que vingança, ressentimento e retaliação são ações fúteis e prejudiciais. Usar os filhos como armas contra um parceiro os deixará profundamente feridos, mas não vai prejudicar o relacionamento dos filhos com o pai deixado para trás. Muitos anos depois, constato que minha convicção estava correta: filhos roubados sempre voltam para casa quando podem. Mas o relacionamento que terão com o pai sequestrador quando forem adultos maduros e informados refletirá o que foi feito a eles na infância.

Raiva e vingança são motivações que corroem a essência do indivíduo, maculando toda e qualquer felicidade que possa existir no horizonte.

O direito de família é um complexo e emocional campo minado; pode marcar a vida de uma pessoa, e a de seus filhos, por décadas inteiras. Uma resposta radical a certas situações nem sempre é o mais racional ou o melhor plano em longo prazo quando se lida com uma família ou relacionamento, mesmo que seja uma relação que evoluiu para algo estranho e amargo. Dignidade e respeito são princípios fortes que mantêm uma pessoa em posição razoável e firme quando ela prepara as bases para reconstruir a vida depois de um divórcio ou de uma separação.

O controle físico só pode ser exercido sobre os filhos enquanto eles são pequenos. A forma como alguém se comporta como pai no aqui e agora é que vai determinar se ele é uma obrigação a ser cumprida, ou um hóspede bem-vindo e um agradável participante nos grandes acontecimentos de suas vidas adultas.

Minha história abriu portas incontáveis para mim em todo o mundo. Algumas eu decidi atravessar, outras, não, e por algumas fui arrastada aos berros e me debatendo. Por mais incongruente que possa soar, tenho me sentido igualmente à vontade tomando chá em uma barraca suja e lamacenta na terra Maasai e sentada em um bar na Casa dos Lordes em Londres. Conversei com atores de cinema no meio de zonas de guerra e dividi macarrão instantâneo em um campo de refugiados kosovares com outros trabalhadores da ajuda enquanto ouvia mísseis zunindo sobre nossas cabeças; contornei o globo dúzias de vezes e utilizei todo tipo de transporte, de luxuosos voos de primeira classe a veículos militares blindados, motocicletas velozes e caminhões de lixo imundos no Timor Leste. Tomei banho em uma lagoa que era morada de um crocodilo e me deliciei em uma banheira hollywoodiana. Jantei em Embaixadas e em bares modestos na beira das estradas da Bélgica — cada uma dessas atividades foi uma aventura e cada experiência me proporcionou novo conhecimento a respeito do coração humano.

Durante os 14 anos que vivi sem Iddin e Shah, descobri o pior e o melhor em outras pessoas, mas, acima de tudo, encontrei algo que é comum a toda humanidade em todo o mundo, algo que me deu esperança de que nossa qualidade mais comum seja nossa salvação. Apesar do tumulto existente no mundo, existe uma paz e uma calma dentro de cada um de nós que, independentemente de raça, credo ou nacionalidade, leva adiante nossos sonhos, nossas esperanças e expectativas, transmitindo-os aos nossos filhos e aos filhos de nossos filhos. Acredito que na essência de cada ser humano, de todo ser humano, existe um desejo fundamental de nutrir e valorizar as coisas mais simples da vida, e que por meio dessa sanidade coletiva é possível celebrar nossa igualdade e não nossas diferenças.

Aprendi muitas lições importantes durante meus 14 anos de teimosia, reinvenção, luta e esforço, mas três, em particular, têm especial ressonância: primeiro, nunca devemos tomar por certo alguma coisa ou alguém, especialmente nossos filhos. Não podemos simplesmente contar com o amanhã para dizer "eu amo você"; segundo, aprendi a nunca desistir; e terceiro, agora sei transformar sempre o negativo em positivo.

A vida é simplesmente um trabalho em andamento; o truque consiste em ter certeza de que você faz bem esse trabalho.

Este livro foi composto na tipologia Minion-Regular,
em corpo 11,5/14,7, impresso em papel off white 80g/m²,
no Sistema Cameron da Divisão Gráfica
da Distribuidora Record.